Jesús el Maestro Constructor

JESÚS
el Maestro Constructor

el Misterio de los Druidas y el Nacimiento del Cristianismo

Gordon Strachan

Grupo Editorial Tomo, S. A. de C. V.
Nicolás San Juan 1043
03100 México D. F.

1a. edición, julio 2002.
2a. edición, abril 2005.

Nicolás San Juan 1043, Col. Del Valle
03100 México, D.F.
Tels. 5575-6615, 5575-8701 y 5575-0186
Fax. 5575-6695
http://www.grupotomo.com.mx
ISBN: 970-666-496-3
Miembro de la Cámara Nacional
de la Industria Editorial No 2961

Traducción: Ana María Martín del Campo
Portada y formación tipográfica: Luis Rutiaga
Supervisor de producción: Leonardo Figueroa

Impreso en México - *Printed in Mexico*

Contenido

Reconocimientos

Aunque se ha hecho todo el esfuerzo posible para investigar los derechos de autor de ciertas ilustraciones o textos, no siempre se ha podido lograr. Cualquier omisión se corregirá en ediciones futuras.

Mi agradecimiento a Thames y Hudson por las Figuras 6, 7 y 33 de *Sacred Geometry*, de Robert Lawlor, y por las Figuras 43 a la 56 de *Stonehenge Complete* de Christopher Chippindale; a Little Brown por las Figuras 14, 15, 16, 38 y 40 de *City of Revelation* por John Michell (Abacus Sphere Books 1973); a Shambala Publications por las Figuras 3, 20, 21 y 22 de *The Power of Limits* de György Doczi; a Vernon Jenkins por las Figuras 24, 25, 26 y 29 de *Figuring the Facts*, (folleto inédito en poder del autor); a Oxford University Press por las Figuras 44, 49 y 52 de *Megalithic Remains in Britain and Brittany* de A. Thom and A.S. Thom y por las Figuras 46, 47 y 48 de *Megalithic Sites in Britain*, de A. Thom; al Doctor Aubrey Burl por la Figura 58 de *Stone Rows and Standing Stones, Britain, Ireland and Brittany Part ii*, de A. y A. S. Thom, cotejado por Aubrey Burl (BAR International Series 560 (ii) 1990), y por la Figura 51 de *Megalithic Rings* por A. y A. S. Thom, con notas arqueológicas de A. Burl (BAR British Series 81, 1980); a Robin Heath por las Figuras 45 y 55 de *A*

Key to Stonehenge, de Robin Heath (Bluestone Press); a The Covenant Publishing Co. Ltd. por las Figuras 1 y 2 de *Did Our Lord visit Britain as they say in Cornwall and Somerset?* del Rev. C.C. Dobson; a Dover Publications por la Figura 19 de *Vitruvius: The Ten Books of Architecture*, traducido por Morris Hickey Morgan; al Rev. Norman Macrae por la Figura 54; a Routledge por selecciones de *Imitations of Christianity among the Greeks*, de Simone Weil (Ark, 1987); a SCM Press por selecciones de *Judaism and Hellenism*, de Martin Hengel.

Salvo que se enuncie de forma diferente, todas las citas de la Biblia son de la Versión Revisada Oficial. (Nota del Traductor: La mayoría de las citas bíblicas en español fueron tomadas de la Biblia de Jerusalén).

Prólogo

En el solsticio de verano de 1977, mi esposa Elspeth y yo acampamos cerca del Círculo Megalítico de Callanish. El lugar estaba casi desierto y, entre las piedras, tuvimos la oportunidad de observar una puesta de sol espectacular y un amanecer igualmente asombroso.

Unas semanas después, asistimos a una boda en Edimburgo, en donde tuve la fortuna de conocer al Profesor Alexander Thom. Le platiqué que había estado en Callanish para el solsticio y me había extrañado no poder identificar ninguna alineación. Él me dijo sonriendo: "¡Porque es un observatorio lunar y no solar!" Me sobrepuse a mi confusión e intenté hacerle un nuevo comentario: "Bueno, es evidente que yo soy un novato en la materia pero estoy convencido de que el trabajo de usted es muy importante". "¿Por qué?", me interrogó de forma directa. "Porque si es verdad que la civilización megalítica se remonta a un periodo anterior al de Grecia y Egipto, este hecho invertiría la teoría difusionista de la cultura occidental". "Así es" —dijo, moviendo la cabeza en señal de aprobación.

Desde entonces, he tratado de lograr una mejor comprensión del trabajo de Thom y del constante debate respecto a su valor.

En la primavera de 1986 hice mi primera visita a Glastonbury y regresé varias veces en el transcurso del siguiente año, hospedándome en Little St. Michael, en donde quedé prendado con el Chalice Well Garden. Sentí que de pronto se abría ante mí una gama de leyendas relacionadas con las visitas de José de Arimatea y del mismo Jesús.

En esa época tenía pensado emprender un estudio serio de estos relatos cuando las circunstancias me llevaron a Israel, en donde permanecí dos años pues fui invitado a dirigir un Centro en la Iglesia Escocesa del Mar de Galilea, en Tiberíades, con mi esposa Elspeth, como administradora. Llegamos a Israel a finales de agosto de 1987; yo había estado trabajando en la organización Chalice Well Companions' Day hasta julio.

Como preparación para desempeñar nuestro trabajo, los dos tuvimos que asistir a la Escuela Hebrea en Jerusalén durante dos meses y como soy un caso perdido en cuanto a los idiomas, la experiencia me resultó agotadora, por lo que después de clases solía escaparme a la quietud del Garden Tomb (Jardín o Huerto de la Tumba), a fin de recuperarme.

En una ocasión, le pregunté al Vicario Anglicano en turno la ubicación de Arimatea. Me contestó que nadie la conocía a ciencia cierta, pero que algunos decían que estaba en Ramla, al sur de Tel Aviv. Le comenté que tenía interés porque mi último trabajo como conferencista en el Reino Unido, lo llevé a cabo en Chalice Well, Glastonbury. Me miró perplejo y me confesó que no veía ninguna relación. Le dije que Chalice Well y Garden Tomb eran los únicos dos huertos que habían pertenecido a José de Arimatea. "Ah" dijo, "¡qué interesante!"

A la siguiente semana, un joven arqueólogo hizo la buena obra de distraerme de la sintaxis hebrea invitando a nuestro grupo del St. Andrew's Scots Center a visitar el Museo Arqueológico de Israel. Mientras hacíamos el recorrido, pasamos frente a un grupo de pequeñas piedras erectas provenientes de una capilla que había sido excavada en Hazor. "¿Es todo lo que puede ofrecernos Israel?", pregunté con cierto sarcasmo. "Oh no", objetó con presteza el guía, "hay unas piedras muy grandes en Tel Gezer". "¿Y en dónde está eso?", pregunté. "Cerca de Ramla, al sur de Tel Aviv", me contestó. Me pareció una extraña coincidencia. En una misma semana, me habían informado que Arimatea bien pudo haber sido lo que ahora era Ramla y que había grandes círculos de piedra en los alrededores. Esto despertó mi curiosidad y decidí que tenía que investigar.

El siguiente fin de semana Evelyn Simpson del Scot's Centre, nos ofreció amablemente a Elspeth y a mí, llevarnos a la antigua ubicación de Tel Gezer. Después de batallar con caminos llenos de baches, por fin llegamos hasta lo más alto del Tel Gezer donde se encuentran las piedras erectas. ¡Eran impresionantes, diez en total y la mayoría entre seis y doce pies de altura! El panorama me recordó tanto los sitios megalíticos de la antigua Britania, que me sentí casi de vuelta en casa. Mi única decepción fue que todas estaban en línea recta y no en círculo como yo esperaba. Sin embargo, mientras caminábamos entre ellas, empecé a percatarme de que me eran conocidas. Ya había visto antes piedras en hilera, pero ¿dónde? Entonces recordé: ¡Fue en Callanish hacía diez años! También me vino a la memoria que al mismo Profesor Thom le había impresionado mucho la hilera de piedras en Callanish porque señalaban al Norte, algo muy difícil de lograr en los años 3,000 a. C. porque en ese tiempo no había Estrella Polar y tampoco había brújulas. ¿Acaso las piedras en Tel Gezer también señalaban al Norte? ¡Habíamos llevado una brújula, y descubrimos que también lo hacían!

Me quedé tan impresionado que me senté a la sombra de las piedras para reflexionar. Tomábamos el refrigerio que habíamos llevado y cuando le pregunté a Evelyn: "¿Qué aldea queda hacia el Norte de donde estamos?" La buscó en el mapa: "Ayalon", contestó, "y un poco más adelante se encuentra el Valle de Ayalon". "Ayalon", dije en tono meditativo, "Ayalon, Ayalon", me sonaba conocido. "¿Qué te trae a la memoria la palabra 'Ayalon'?" le pregunté a Elspeth. De inmediato contestó: "Avalón". Me reí. "Esto es extraordinario, ¿Crees que tenga alguna relación con Glastonbury?". La mera sugerencia parecía casi una atrocidad y sin embargo, me atrevía a insinuar que tal conexión explicaría por qué Arimatea estaba tan cerca de Ramla. Evelyn se quedó desconcertada: "¿*Cómo* y qué explicaría eso?", preguntó con frialdad.

Estas extrañas coincidencias continuaron despertando mi curiosidad cuando necesitaba distraerme de mis clases de hebreo. En el transcurso de los siguientes dos años descubrí otras cosas que reforzaron mi deseo de hacer un estudio serio de las evidencias que apoyaran una posible relación entre el antiguo Israel y la antigua Britania.

Esto es lo que he hecho a intervalos desde que regresamos a casa en el otoño de 1989. Durante el proceso, me he convencido de que en realidad existió una conexión muy fuerte que se manifiesta en la conformación de lo que ahora conocemos como la tradición pitagórica.

Como Caesar en su obra *Galia*, dividí el estudio en tres partes. Ésta parece ser la mejor forma de presentar la información que se recabó acerca de los tres temas principales: las leyendas de Glastonbury, la identidad de Jesús y los orígenes de la tradición de la antigua sabiduría. En todos ellos el común denominador que surgió fue el Pitagorismo, en especial las disciplinas que están asociadas con números y que se conocieron más tarde como el Cuadrivio.

En la Parte I "¿Y acaso se posaron esos Pies?", apoyé el consenso romano y griego que afirmaba que los Druidas eran Pitagóricos, lo que muy probablemente sea correcto; y en cuanto al hecho de que Jesús haya estado en la antigua Britania, su razón primordial habría sido encontrarse con los Druidas. Ésta sería una *razón* válida para su visita, cuya posibilidad, para nuestra sorpresa, no niegan de forma categórica ni los historiadores más críticos.

En la Parte II "Jesús, el Pitagórico", presento el caso para llegar a una respuesta afirmativa de la pregunta: ¿Fue Jesús un Pitagórico? Después de repasar la historia de la teoría del número desde Pitágoras y Platón, y de ahí en adelante, demuestro que durante dieciséis siglos, hasta el Renacimiento, los eruditos bíblicos suponían que el simbolismo numérico de la Biblia era Pitagórico. ¿Estaba el mismo Jesús consciente de esta dimensión? Ciertas evidencias de la Septuaginta, la traducción griega del Antiguo Testamento, indican que probablemente sí lo estaba. Esto se refuerza con un análisis de la numerología de las versiones hebrea y griega de su nombre. Es creíble que los Esenios le comunicaran estos conocimientos y él les haya dado un uso práctico como el gran artífice en la construcción de la ciudad de Séforis, cerca de Nazaret.

Si Jesús fue artífice o artesano, entonces también debió tener relación con la antigua tradición de la sabiduría. En la Parte III "La Sabiduría en el Norte", afirmo que la tradición Pitagórica estaba íntimamente relacionada con esa antigua tradición, y que se creía que ambas se habían originado en el Norte. Examino evidencias de la mitología griega y hebrea que demuestran la creencia de que el lejano Norte era el lugar en donde habitaban los dioses y la Sabiduría misma. Esto, con el tiempo, nos lleva de regreso a Glastonbury, a Stonehenge y a la civilización megalítica: los círculos de piedra, que bien pudieron ser los complementos terrenales de las "Columnas celestiales de la Sabiduría". Es muy probable que estas columnas celestiales hayan sido estrellas circumpolares, en especial las siete estrellas de la Osa Mayor.

Si Jesús personificó la tradición de la sabiduría Pitagórica, entonces es posible que haya ido a la antigua Britania, no sólo a encontrarse con los Druidas, sino también para regresar a la fuente terrenal de la gnosis divina, de la que los Druidas eran herederos. Es posible que haya sido en el Norte donde Jesús se haya percatado por primera vez de su identidad como la encarnación del Artífice

Celestial, Cristo, a través de quien Dios había hecho toda la creación.

Muchas personas han contribuido a mi investigación a lo largo de los años. En Glastonbury, donde empezó, quisiera agradecer a Geoffrey Ashe, Patrick Benham, Marke Pawson, Leonard and Willa Sleath, al Reverendo James y a Rosemary Turnbull.

Durante mis años en Israel, recibí ayuda de Fray Peter du Brul, del Dr. Doron Chen, el Dr. Menashe Eyni, Emil Friedman, Richard Harper, el Dr. Isaac Khayutman, Fray Jerry Murphy O'Connor, el Reverendo Bob Pitt y de Fray Bargil Pixner.

En el Sur de Inglaterra, estoy agradecido de manera especial con Philip Carr-Gomn, Robert Crowley, Elizabeth Leader, John Michell, Walter Seaman, Tessa Strickland y Patricia Villiers-Stuart.

En la zona de Edimburgo, recibí ayuda de diversos tipos: de John Baker, Fiona Davidson, Maryel Gardyne, el Reverendo Michael Jones, el Reverendo Norman y la Dra. Clare Macrae, el Reverendo Robin Watt, el Dr. Nick Wyatt y de mi esposa, Elspeth.

Desde 1990, el punto central para mi investigación ha sido el Centro de Educación Continua de la Universidad de Edimburgo. Aquellos que han asistido a mis clases vespertinas han sido para mí un gran estímulo y un invaluable foro de discusión, tanto fuera como dentro de las clases: Harry Bland, Rachel Blow, Dra. Anne Marie Bostyn, Alison Brown, Eileen Brownlee, Laura Chalmers, Richard Cherns, Theresa Churcher, Peggy Connarty, Madeleine Cosgrove, Annie Dale, Jim Crockett, Betty and David Cuthill, Ina Elliot, Colin Forsyth, George Fraser, Karin Gardner, Chris Garner, Ray Green, Francesca Greene, Alan Hitching, Vicky and Ali Jack, Alan Jamieson, Delia Kerr, Rev. Dr. John Kirk, John and Cecilia Lawrie, Michael Leslie-Melville, Marianna Lines, Alastair MacDonald, Betty MacDonald, Ranald MacKechnie, Ross McPhail, Andy Munro, Anna Munro, Dra. Karen O'Keefe, Iain Oughtred, Hugh Parry, Roger Pears, Edward and Sheena Peterson, Jerry Peyton, George Rankin, Fred Robinson, Janet Romankevich, Morelle Smith, Chris Stephen, Helen Stevenson, Pete Stewart, Don Stubbings, Avis Swarbrick, Paul Turner, Hazel Wager, Bob Walker, Doris Whitley y Rev. Jenny Williams.

No es mi intención dar a entender que las personas que enumeré estuvieron necesariamente de acuerdo con la totalidad de mis argumentos o el uso que haya dado a su contribución en particular. He valorado el debate crítico tanto como el estímulo y por ambos, estoy profundamente agradecido.

Mis secretarias Sheila Barnes y Margaret Cochran merecen una felicitación por mecanografiar un cúmulo de apuntes y anotaciones de mis conferencias, y por ayudar a darles forma hasta lograr un manuscrito coherente.

Por último, un agradecimiento especial para Anne Macaulay por su apoyo práctico y por compartir su investigación excepcional concerniente a Apolo en la antigua Britania, que me proporcionó la inspiración inicial; y para Sheila Erdal, ya que sin la generosidad de su ayuda financiera, nunca hubiera podido terminar este proyecto.

I

¿Y acaso se posaron esos Pies?

1

¿Cuándo llegó el Cristianismo a las Islas Británicas?

Al igual que las colinas de Somerset están veladas por la niebla, el inicio del Cristianismo en la Gran Bretaña está envuelto en la oscuridad. En 1776, Edward Gibbon, utilizando una metáfora meteorológica aún más sofocante, habló de "la nube oscura que cubre la primera era de la iglesia" porque las fuentes literarias son "escasas y dudosas".[1] Desde entonces esta opinión ha sido repetida por historiadores, aún en los tiempos actuales. Por ejemplo, Henry Chadwick en su obra *The Early Church,* dice: "la fecha en que el cristianismo llegó a Inglaterra es incierta; ...es probable que la Iglesia no haya tenido una posición firme o establecida sino hasta la mitad del tercer siglo",[2] y sostiene que la primera alusión confiable es la presencia de tres obispos británicos en los Concilios de Arlés en el año 314 y de Rímini en 359. Dom Louis Gougaud, en su libro *Christianity in Celtic Lands,*[3] opina de la misma manera; de igual modo, Charles Thomas en *Christianity in Roman Britain* afirma que "hasta épocas posteriores al reinado de Constantino I, a fines del siglo IV, el Cristianismo Británico era en cuestión numérica, muy insignificante; carecía de concentración geográfica y hasta entonces no había fructificado en cuanto a algún pensador cristiano o mártir, ni siquiera en cuanto a algún paladín expatriado cuyo nombre pudiera sobresalir en los círculos refinados como un alma distante, eminentemente ganada para Cristo".[4]

Estos autores y otros como W.H.C. Frend en *Christianity in Britain 330-700* y Lelslie Hardinge en su libro *The Celtic Church in Britain,*[5] dicen que las primeras fuentes, es decir Tertuliano y Orígenes, se han considerado como "simples cuentos de viajeros que tiene muy poco fundamento".[6] Todos estos autores siguen la tradición de Harnack quien pensaba que: "las observaciones de Tertuliano no tenían ninguna importancia". Sin embargo, algunos no están de acuerdo y tienen un enfoque más positivo.

En su obra *Against the Jews,* escrita en Cartago entre los años 200 y 206, Tertuliano apuntó: "¿En quién han creído todas las naciones sino en Cristo, quien ya ha venido?".[7] Después menciona algunas naciones, entre otras a Getuli, Mauritania: "las fronteras de España, los diversos habitantes de Galia y también las regiones de los Britanos a donde no habían llegado los romanos, pero que dependían de Cristo". Esta frase, "*Britannorum inaccesa Romanis loca*" no la interpretan literalmente los historiadores mencionados con anterioridad, quienes aseveran que Tertuliano "no estaba interesado en asegurar ni las condiciones de las fronteras romanas de la antigua Britania en el año 200 después de Cristo, ni tampoco los lugares exactos en los que hubieran podido localizarse los pocos cristianos que existían entonces".[8]

De la misma manera, cuando Orígenes escribió desde Atenas por el año 240 y preguntó: "¿A partir de cuándo aceptó la antigua Britania la creencia en un solo Dios, antes de la venida de Cristo?".[9] Se cree que él también estaba utilizando una simple fórmula retórica "para enfatizar el hecho jubiloso del triunfo de la Iglesia".[10] No obstante, ésta no es la opinión de J. R. H. Moorman en *A History of the Church in England,* quien vincula el testimonio de estos primeros padres de la iglesia al de Ireneo, Obispo de Lyon del año 185 al 200, quien indicó que "cuando irrumpieron brutales persecuciones en Galia en el año 177, un número de cristianos huyó hacia el norte y ... que algunos encontraron su camino en esas costas".[11] Asimismo, R.G. Collingwood y J.N.L. Myres en *Roman Britain,* aceptan también que "el cristianismo llegó a las Islas Británicas en una fecha temprana y ahí hizo progresos considerables. A principios del siglo III, Tertuliano aseguraba que las regiones británicas a las que no habían tenido acceso los romanos habían sido conquistadas por Cristo, lo que parece implicar que la nueva religión no sólo se había introducido a los lugares con mayor influencia romana en el país, sino que ya se había extendido más allá de la región de las Tierras Altas, o Highlands". De igual manera aceptan de forma positiva la referencia que hace Orígenes, "que aunque es vaga y retórica, es suficiente para confirmar que es una realidad bien fundada. Se deduce que tal parece que el Cristianismo se estableció en las Islas Británicas por lo menos en el siglo II y que en el III, estaba cobrando impulso".[12]

En su libro *They Converted Our Ancestors,* John Foster va más allá de Collinwood y de Myres al afirmar que Tertuliano en realidad sabía de la conversión de Getuli y Mauritania en el norte de África, porque él vivía en Cartago. También sabía del cristianismo en España que se remontaba hasta Clemente, obispo de Roma, quien afirmaba que San Pablo había ido hasta "los confines del occidente",[13] es decir, hasta España, como lo menciona el mismo apóstol en Romanos 15:24 y 28. Foster cree que Tertuliano pudo haberse enterado de la existencia de "los diversos habitantes de Galia"[14] por Ireneo, quien llevó a cabo su ministerio en Lyon entre los Celtas. Así que, ¿por qué deberíamos de suponer que cuando él habla de "regiones de los britanos a las que no habían tenido acceso los romanos, pero que habían estado supeditadas a Cristo", tendría que cambiar de repente un hecho por una ficción? Foster responde que Tertuliano con toda seguridad debe haber conocido los detalles de la Britania Romana:

> Un hombre como Tertuliano debía saber de la Muralla de Adriano construida en 128 A.C., y también estar enterado de lo que significaba la Muralla de Antonino para proteger los Estuarios de Forth y de Clyde como frontera de su civilización. Unos años antes de que Tertuliano concluyera sus escritos, en 196, el gobernador de la antigua Britania se rebeló en contra del Emperador Séptimo Severo y avanzó con sus tropas hacia Galia. Las tribus del norte se sublevaron e irrumpieron a través de la Muralla de Antonino devastando todo el sur hasta llegar a York. En años subsecuentes la Muralla de Adriano tuvo que ser reconstruida. En el año 206, el nuevo gobernador de la antigua Britania hizo un llamado para hacer una campaña y restablecer el área costera de los Estuarios de Forth y Clyde; ésta fue la última campaña de Séptimo Severo, quien murió en York en 211. Éste es exactamente el periodo de los escritos de Tertuliano, 200 a 206. Cualquiera que haya sido el año exacto, de todas formas la antigua Britania era noticia. Tertuliano vivía entonces en Cartago que era casi el centro del Imperio como también lo era Italia. Y en medio de estos sucesos, él afirmaba

> que la Iglesia llegaba más allá del poderío de Roma. Su entusiasmo pudo haberlo hecho perder la perspectiva ya que con frecuencia exageraba, pero uno no puede afirmar que no contaba con hechos para asegurarlo.[15]

Desde el punto de vista de este breve estudio, es obvio que la opinión erudita está profundamente dividida en cuanto a la fiabilidad de estas fuentes. Esta discrepancia continúa cuando procedemos a considerar las dos siguientes autoridades: Eusebio y Gildas. Cuando Eusebio escribió en Cesarea, en el año 330, su obra *The Proof of the Gospel,* dijo: "Los Apóstoles atravesaron el océano hasta las Islas llamadas Islas Británicas".[16] En 560, Gildas, el historiador británico, escribió en *The Ruin of Britain*: "mientras tanto estas islas, rígidas por el frío y la escarcha, ubicadas en una región tan distante, apartadas del sol visible, recibieron los rayos de luz, es decir, los sagrados preceptos de Cristo, el verdadero Sol... al final, como sabemos, del reinado de Tiberio César".[17]

Estos dos famosos historiadores británicos sostienen de manera singular, que en épocas muy tempranas hubo una misión apostólica en las Islas Británicas; y en especial Gildas, porque Tiberio César murió en el año 37 A.C. Margaret Deansley en su libro *The Pre-Conquest Church in England,* descarta a ambos historiadores sin concederles valor alguno. Refiriéndose a la época que señala Gildas, ella nos dice:

> ...es una simple conjetura, una deducción sacada de la teoría tan extendida de que los Doce Apóstoles se dividieron el mundo según les tocó en suerte y empezaron a predicar en las regiones que les fueron asignadas. Eusebio tenía conocimiento de esta teoría y varios pasajes de su Historia Eclesiástica están basados en ella; Gildas había leído esta Historia en la traducción al latín de Rufino de Aquilea.[18]

Sin embargo, John McNeill en *The Celtic Churches* difiere en opinión y no considera que se deba desechar tal posibilidad, aunque sí admite que lo que narró Gildas no se puede comprobar:

> ...pero cuando nos damos cuenta del pesado tránsito en los caminos romanos y en los mares del Oeste, lo consideramos ciertamente erróneo. Los cristianos de la época de Tiberio eran bastante prematuros para ser neófitos de San Pablo, pero de acuerdo al libro de los Hechos de los Apóstoles había muchos de ellos y "se esparcieron por todos los confines de la tierra y predicaron la palabra".[19]

Geofrey Ashe en su libro *King Arthur's Avalon* es aún más asertivo y sostiene que Gildas no estaba tratando de adivinar. Al igual que la interpretación que hace John Foster de Tertuliano, Ashe cree que Gildas sabía algo muy definido y fue representante de una tradición:

> No da la impresión de que él estuviera simplemente especulando, mas bien parece ser como si se refiriera a una idea con la que estaba familiarizado. Es más fácil llegar a esta deducción que rechazarla. En el siglo VI, los britanos de la región occidental que todavía no había sido conquistada y que continuaban con tradiciones que se remontaban hasta la llegada de los primeros cristianos, sostenían que todo esto había sucedido en épocas muy tempranas.[20]

Ashe procede a enumerar otras referencias que favorecen la validación hecha por Gildas: En primer lugar, como ya se refirió antes, Clemente, obispo de Roma mencionó que San Pablo había llegado "al punto extremo del Occidente", que tal vez pudo tratarse de España; pero después, en 435, Teodoreto dijo que "San Pablo había traído la salvación a las islas que yacen en el océano", o sea las Islas Británicas.[21] En segundo lugar, San Pablo, en su epístola a los Romanos dice: "Saludad a los de la casa de Aristóbulo", y a Aristóbulo se le conocía como el "obispo de Britania" según un texto del siglo IV que se le atribuye a Doroteo de Tyre.[22] En tercer lugar, los historiadores británicos Beda y Nennius dicen que el Rey Lucio (c. 170 A.C.) mandó pedir al Papa Eleuterio que le enviara a los misioneros Fagano y Deruviano, quienes tenían mucho éxito en lograr conversiones y en organización de iglesias. Ashe piensa que Lucio era ficticio pero no así las misiones. En cuarto lugar, se alude a San Felipe, ya que Isidoro de Sevilla afirma que Felipe, el apóstol, fue a Galia alrededor del año 638.[23] Esto mismo lo repitió el historiador Freculfo doscientos años después. En quinto lugar y de acuerdo a varios relatos del medievo o edad del oscurantismo, se dice que San Simón, llamado el Zelote, y San Pedro estuvieron en las Islas Británicas.

Estos fragmentos de evidencias son suficientes para convencer a Ashe que Gildas no estaba "simplemente especulando" acerca de una temprana misión enviada a las Islas Británicas. Ashe es de la opinión que el contexto romano es crucial para poder salvar un juicio justo en esta materia.

> La conquista de Claudio, emperador romano de los años cuarenta de la Era cristiana, llevó a las Islas Británicas de forma ineludible hacia una esfera de influencia romana y al mundo de las noticias. Los proyectos del Imperio permitieron la apertura en la isla para un desarrollo económico. Las disputas de los romanos con el Druidismo dieron a la nueva provincia un interés religioso especial, y la

> rebelión de Boadicea alteró a la capital misma. Ni San Pablo ni San Pedro, ni ningún otro residente de Roma que estuviera alerta a la situación, hubiera podido dejar de escuchar todo lo relativo a los asuntos británicos. Es muy probable que se haya contemplado alguna misión pero no podemos afirmar que ésta se haya llevado a cabo durante la vida de los Apóstoles ya que sólo tenemos una razón negativa para refutarlo. Son sólo rumores y no existe ninguna crónica digna de llamarse así. Pero después de todo, muchos sucesos reales nunca se registraron.[24]

Para poder afirmar que una misión muy temprana se llevó a cabo, Ashe ha llegado tan lejos como lo permite una pobre evidencia. John McNeill ha retomado la idea de Ashe acerca de la posibilidad de misiones que se efectuaron y no fueron registradas.

Él se refiere específicamente al caso de Epafras: "Estamos justificados al suponer que en las Islas Británicas, como en cualquier otra parte, hubo mucha actividad cristiana temprana que no ha sido documentada. San Pablo tiene un alto concepto de Epafras como maestro del Cristianismo para los Colosenses (1:7), pero no nos narra esta primera misión. Deben haber existido muchos Epafras cuyo nombre y trabajos no fueron registrados".[25]

De este examen general podemos concluir de manera justa que, mientras la mayoría de los historiadores se muestran escépticos en cuanto a que el Cristianismo haya llegado a las Islas Británicas en forma temprana y no confían en fuentes anteriores a los siglos tercero y cuarto, existe una minoría significativa que piensa de diferente manera. Estos historiadores están preparados para aceptar que es posible y aún probable que hubiera Cristianos en las Islas Británicas en el siglo segundo y aún en el primero. Algunos de ellos también reconocen que aunque es imposible probarlo, la cuestión de una misión apostólica real no puede descartarse totalmente.

John McNeill y Margaret Deansley dan un inesperado giro positivo a esta apertura cautelosa, ya que ninguno de los dos pudo resistir la tentación de cambiar la discusión al inicio de Glastonbury. Al hacer esto, ambos encuentran evidencias de una fundación primitiva aunque no acepten la historicidad de la visita de José de Arimatea. McNeill escribe:

> Aunque la leyenda de José de Arimatea se considera incierta, Glantonbury, un puerto muy activo del Estuario de Severn desde tiempos muy antiguos, estaba muy bien situado como para poder ser el punto de entrada para una nueva religión en la antigua Britania Occidental. Es muy probable que fuera originado por el intercambio comercial, como lo sugiere Margaret Deansley y es

> factible también, que se haya iniciado en el segundo o aun, en el primer siglo. Deansley hace notar "la curiosa oportunidad de un sitio elegido por la tradición como el de la iglesia más antigua de las Islas Británicas".[26]

Así pues, encontramos que la puerta que sólo parecía ligeramente entreabierta cuando las fuentes literarias se estaban considerando, empezaba ahora a abrirse una vez que la evidencia en Glastonbury se tomó en cuenta. Deansley desarrolla este tema con amplitud, sin embargo regresaremos a él en el siguiente capítulo; mientras tanto, es suficiente resumir su argumento cultural:

> La afirmación que se hizo en cuanto a que la iglesia de Glastonbury tiene una antigüedad más allá de la memoria, fue, de hecho, una confirmación de que el antiguo asentamiento céltico, la cultura Tène, estuvo en contacto con el Cristianismo independientemente de los romanos, quienes lo llevaron a las Islas Británicas vía Londres y Kent. No hay evidencia histórica que apoye esta afirmación, excepto las palabras de Tertuliano, pero uno o dos puntos pueden ganarse a su favor.[27]

Tal pareciera que el solo estudio del antiguo lugar en Glastonbury pueda ofrecer una mayor evidencia respecto a la posibilidad de Cristianismo durante el primer siglo en las Islas Británicas, que todas las fuentes literarias. Si éste es el caso, ¿por qué se debe considerar la leyenda de José como una ficción? ¿Por qué no sabemos nada de José de Arimatea en las primeras fuentes?

2

¿Estuvo José de Arimatea en la Antigua Britania?

Si la bruma y las nubes oscuras que opacaron los orígenes del Cristianismo en la antigua Bretaña por un momento parecían estar despejándose para dejar ver características más claras en el panorama de un siglo primero o segundo, cuando volvemos los ojos a la supuesta visita de José de Arimatea éstas regresan con mayor tenebrosidad. La mayoría de los historiadores que hasta ahora hemos consultado si acaso lo mencionan, lo hacen para menospreciarlo, al grado de considerar el asunto fuera del ámbito de su reputación profesional. Por ejemplo, Moorman dice: "Pero donde la historia guarda silencio, la leyenda y la tradición han proliferado en maravillosos relatos de jornadas realizadas por San Pablo, San Felipe o San José de Arimatea a esta isla, así como relatos de la fundación de una Iglesia Cristiana en

Glastonbury".[1] Collinwood y Myres se refieren a estos relatos como "inventos piadosos",[2] mientras que Charles Thomas dice: " tratan de llenar un vacío, de explicar lo insondable con algo inverosímil; de hacer una mezcolanza posterior a la memoria de apóstoles anteriores". Aún John McNeill, quien como ya hemos visto, está abierto a una misión temprana, declara que "el relato de José se debe considerar ficticio".[3]

¿Por qué se da esto? ¿Por qué la mayoría de los historiadores descartan los relatos acerca de José? No es difícil encontrar una respuesta debido a que no hay fuentes antiguas que proporcionen al menos un indicio sobre José y su relación con las Islas Británicas, y menos aún con Glastonbury. Se le menciona por primera vez hasta 1240, casi 1,200 años después de que acontecieran los sucesos en los cuales se decía que él había tenido un papel muy importante. Por esto, las leyendas que se refieren a José, no son tomadas en serio por los grandes profesionales en este campo.

Aún cuando José hizo su debut en 1240, encontramos que la información estaba en un manuscrito, el cual se había alterado y falsificado, lo que dio pie a aumentar las serias dudas de los escépticos respecto a la autenticidad del relato. El manuscrito al que nos referimos era *De Antiquitate Glastoniensis Ecclesiae (The Antiquities of Glastonbury Church)*, escrito por William de Malmesbury. La versión original, publicada en 1135, no hace mención alguna de José.

En 1125, William de Malmesbury había publicado *De Gestis Regun Anglorum* en donde decía que la Abadía de Glastonbury había sido fundada por Ine, Rey de Wessex (688-726). Los monjes de la Abadía le señalaron que estaba equivocado y lo invitaron a que ampliara la investigación en su magnífica biblioteca y él aceptó. Encontró tanto material que se vio obligado a volver a escribir los primeros capítulos ya que descubrió que el Monasterio era mucho más antiguo de lo había calculado. Después de estos hallazgos escribió el libro *Antiquitate Glastoniensis Ecclesiae*, en el que aceptaba que "Glastonbury había sido la primera iglesia en el Reino Británico y que era el origen y fuente de toda religión". Por supuesto a los monjes les encantó la idea procediendo a copiar el libro una y otra vez, y según los escépticos lo empezaron a alterar para acomodarlo a sus crecientes ambiciones.

Las únicas copias que aún prevalecen de *De Antiquitate* son versiones alteradas de un siglo posterior. Es sólo en esta última edición, ya muy transformada, que José aparece por primera vez. De aquí nace la incertidumbre de esta referencia. Éste es el relato:

> Según el testimonio de Freculfo en el capítulo cuarto de su segundo libro, San Felipe llegó a la tierra de los francos a convertir a la fe a muchos de ellos, por la predicación y el bautizo. Con el deseo de diseminar la palabra

> de Cristo a otros lugares, envió a doce de sus discípulos a las Islas Británicas para que enseñaran la palabra de vida. Se dice que nombró como líder a su entrañable amigo, José de Arimatea, quien había enterrado el cuerpo del Señor. Llegaron a las Islas Británicas en el año 63 A.C., quince años después de la Asunción de la Virgen María... treinta y un años después de la pasión del Señor... terminaron la construcción de una capilla como se les había indicado, hicieron la parte inferior de todas las paredes con una armazón de juncos entretejidos; sin lugar a dudas era una construcción de aspecto desagradable, pero ataviada por Dios con muchos milagros. Ya que era la primera en esa región, el Hijo de Dios la ennobleció dedicándola para honrar a su madre.[4]

El relato continúa narrando cómo el rey de la región no estaba receptivo a una conversión, mas sin embargo, cedió tierra a los discípulos en la isla de Ynys-vitrin. Dos de sus sucesores también concedieron territorios para construir los tradicionales Doce Refugios. Estos discípulos llevaron una vida devota y monástica hasta que murieron. Evidentemente no hubo más conversiones porque después de su muerte, la región que habitaban se convirtió en "una guarida de bestias salvajes". La narración nos dice que el Rey Lucio le pidió al Papa Eleuterio que enviara a los misioneros Phagano y Deruviano, como se mencionó en el capítulo anterior. La datación de estos hechos se remonta hacia los años 174 y 189. Fue hasta tiempo después que los sitios cristianos originales se descubrieron y volvieron a ser habitados.

Como se puede ver, no quedan manuscritos del original sin correcciones de *De Antiquitate,* pero William Malmesbury se refirió a Glastonbury en la última edición de su obra anterior *De Gestis Regum Anglorum (The Actos of the Kings of England)* que terminó de escribir en 1140:

> Por otra parte, existen documentos de no poco valor que se han descubierto en ciertos lugares y que sirven para los siguientes propósitos: "Ninguna otra mano que no fuera la de los discípulos de Cristo construyó la iglesia de Glastonbury". Tampoco existe ninguna discordancia entre una y otra probabilidad; porque si Felipe, el Apóstol, les predicó a los Galos como relata Freculfo en el capítulo cuarto de su segundo libro, es creíble que también haya llevado la palabra a este lado del Canal. Pero como no quiero resistirme a las expectativas de mis lectores por vanas imaginaciones dejando tanto asunto dudoso, procederé a relatar las verdades importantes.[5]

La naturaleza incierta de esta referencia junto con las alteraciones en la última versión de *De*

Antiquitate, ha dado origen a un consenso sabio, un tanto antiguo, de que en estos documentos estamos enfrentándonos, en primer lugar, con el fraude y en segundo, con el escepticismo de William. El ya fallecido Profesor R.F. Treharne es uno de los más recientes protagonistas de este consenso y no da ningún puñetazo en serio al libro *Glastonbury Legends*, como él mismo comenta en su última referencia:

> Se verá que William relata con cuidado lo que sus anfitriones de Glastonbury le han narrado y lo que él mismo vio que pretenden decir los documentos, pero su interpretación de la evidencia es decisiva e imparcial. Él vivió en lo que se ha llamado "la época de la falsificación"; cuando las grandes iglesias, sin mencionar príncipes, jefes de estado y juristas, pensaban que era su derecho, si es que no su deber, fabricar evidencias documentadas para llenar las lagunas que habían quedado en los escritos; cuando se requería comprobar algo que pudiera hacer valer sus demandas sobre bienes materiales, derechos y aún prestigio. El vivir entre hombres que empleaban a expertos en falsificación de documentos, altamente adiestrados en su arte, William no podía ignorar todo lo relativo a la práctica de la adulteración, ni tampoco carecía de conocimientos para reconocer documentos falsificados. Él no creía todo lo que veía o se le decía.[6]

Treharne continúa demostrando en detalle las sospechas obvias que William tenía sobre el material que los ingenuos monjes de Glastonbury le habían mostrado, y el hecho de que le convencía más el relato posterior sobre la misión que envió el Papa Eleuterio entre los años 174 y 189.

Casi todo el libro de Treharne es una amplia revelación de la naturaleza fraudulenta de las leyendas de Glastonbury. Es obvio, debido a su peculiar estilo, que él disfruta enormemente burlarse en cada aspecto de ese género. Por ejemplo, al acercarse a sus conclusiones, presiona la lengua en la parte interior de su mejilla en tanto finge aflicción porque se debe descartar toda la vida falsificada de José en las Islas:

> Mucho más deplorable es la desaparición de San José de Arimatea. Trasladado a Glastonbury a principios del siglo XIII y ligado al resto del relato recientemente encontrado en las leyendas artúricas, José, junto con sus más famosos compañeros, ha florecido bajo una variedad de firmamentos, echados todos de su tierra natal. No sólo como el primer evangelizador de la antigua Britania, el fundador de Glastonbury, el que plantó su cayado y echó raíces, el constructor (por poder) de *La Vetusta Ecclesia* (La Antigua Iglesia) y el portador del Santo Grial, ha llegado a ser, en tiempos modernos, un judío

> y mercader adinerado que importaba el estaño de las minas de Cornualles a Palestina, aún antes de que los romanos conquistaran a Britania ... en la plenitud de los tiempos, San José fue enterrado en Glastonbury y así se unió, posiblemente a finales del siglo XIII, a la aplastante multitud de los santos de la Abadía ...[7]

Y así sigue y sigue, disfrutando la oportunidad de poder desacreditar, con el rigor de un historiador, las leyendas que pretenden ser historia. Por más de 100 páginas, con un tono seguro y su magistral fluidez hace que sus conclusiones parezcan obvias. Por lo mismo es sorprendente, por no decir desconcertante, ver cómo pretende cambiar los sentimientos de su corazón. De pronto se torna inesperadamente cauteloso, ya que muy cerca de la victoria total surge de su trompeta un sonido incierto: "Debemos tener cuidado con las palabras que utilizamos. No podemos asegurar categóricamente que José nunca estuvo en Glastonbury, porque es algo que no puede probarse".[8] Esto nos desorienta, pero él de inmediato, hace que nos sintamos seguros una vez más cuando dice por centésima vez que no existe ninguna evidencia para hacer esta afirmación. Después, enseguida, sufre un ataque de dudas: "Es bueno reflexionar que, gracias a la *Pax Romana* y en especial después del año 43 A.C. y hasta la conquista romana de Britania , un judío rico, que por ser mercader, podía viajar con mayor facilidad de Palestina a Glastonbury durante los treinta años que siguieron a la Crucifixión, aún más que en tiempos posteriores hasta bastante entrado el siglo XIX. Estrictamente hablando, no es imposible que José de Arimatea haya estado en Glastonbury".[9]

Este extraordinario *volte-face* (cambio de actitud) no nos convencería más de lo que haría una conversión en el lecho de muerte, si no fuera por sus constantes protestas en cuanto a que "no hay ni un fragmento de evidencia", lo cual pone de manifiesto que está discutiendo consigo mismo. El lector de mente abierta ya se ha convencido de su escepticismo. Su concepción de la evidencia por la falta de ésta, ha sido impresionante. Sólo él puede debilitar su propio caso y lo hace a intervalos en las últimas diez páginas de su libro. Vale la pena citar en su totalidad el último párrafo porque nos regresa a Margaret Deansley y a John McNeill, a quienes mencionamos en el capítulo anterior. Con toda y su rigurosa erudición, Treharne no nos deja ninguna duda acerca de su último punto de vista:

> Debemos recordar la importancia económica a partir del inicio de la Era Cristiana, tanto antes como durante los siguientes cuarenta años, y tener presente la floreciente comunidad de artesanos y mercaderes que vivían en las aldeas lacustres de Glastonbury y de Meare; no debemos olvidar la excelente planeación

> de sus rutas comerciales... **en los últimos** años, los eruditos nos han familiarizado con la posibilidad de que el Cristianismo pudo haber llegado primero a estas islas, por supuesto no por la accesible y lógica ruta marítima de Dover a Londres, sino que, como muchas culturas primitivas y algunas religiones de la prehistoria, es posible que hayan llegado en pequeñas embarcaciones como las de los mercaderes y de algunos aventureros que se atrevían a cruzar las tormentosas vías entre las costas de Armórica y de Cornualles. No lo podemos probar y tal vez nunca lo hagamos, pero si aceptamos esta idea como una posibilidad, ¿existe algo inverosímil en el hecho de pensar que, viniendo del Sudoeste y por la línea costera del Sur del Canal de Bristol, fue bajo Glastonbury Tor que el Cristianismo haya encontrado su primer refugio seguro y su morada en nuestra remota tierra?[10]

Ésta es una conclusión poco común de alguien que, más que ningún otro, se propuso desaprobar todo lo relativo a José. Sus propias normas rigurosas son muy significativas y a final de cuentas han prevalecido obligándolo a ser más justo de lo que se esperaba. En última instancia descubrió que no podía negar que las circunstancias políticas de aquel tiempo propiciaron la llegada de José, como tampoco podía negar la evidencia de las rutas comerciales occidentales con Armórica y Cornualles y las implicaciones culturales tan favorables que tuvieron los descubrimientos arqueológicos en las aldeas lacustres de Glastonbury y de Meare. Al hacer esto, surge el pensamiento de Margaret Deansley, quien cinco años antes, en 1961, había escrito:

> Cuando Julio César invadió las Islas Británicas en los años 55 y 54 a. C., Londres todavía no existía y el comercio entre Britania, Galia y el Mediterráneo se llevaba a cabo por la desembocadura del Río Severn y por Glastonbury. Los historiadores de la economía subrayan la importancia de Glastonbury como el punto central de las trayectorias desde las Highlands (Tierras Altas), Wilts y Somerset, así como la cercanía para los trabajos con plomo que se llevaban a cabo en la región de Meare y los de estaño en Gales ... Glastonbury era el Bristol de aquel tiempo ... La velocidad con que se extendió el Cristianismo desde Europa Oriental hasta Edessa y Persia a lo largo de una gran ruta comercial, no hace imposible que en los siglos I y II se haya dado una expansión semejante a lo largo de una ruta comercial en el Occidente, por el Mediterráneo, Marsella y el valle del Ródano hasta el Norte de Galia y de la antigua Britania, o circundando los promontorios

> occidentales hasta la desembocadura del Severn.[11]

Éstas son las similitudes entre Margaret y Treharne, y parecería que Deansley tuvo una fuerte influencia en la aceptación de aquél con respecto a la forma tan fácil de decir que "un judío rico, que por ser mercader", podía viajar de Palestina a Glastonbury. Ya es suficiente con su confiada declaración: "José... debe salir de la escena". Es evidente que no es fácil deshacerse de este mercader adinerado de Arimatea. Si queremos llegar a alguna parte, aunque parezca irónico, ¡José debe regresar a Glastonbury! Deansley hace otra revelación relativa a la posible autenticidad de las primeras tradiciones de Glastonbury:

> Por otra parte, es extraño que las primeras tradiciones medievales de las Islas Británicas afirmaran que la iglesia de Glastonbury fue la más antigua en todo el territorio, aun cuando los hombres que elaboraron esta tradición, no mostraban predilección alguna por tener un origen occidental sin la evidencia de la importancia económica y cultural de la que disponen los arqueólogos modernos, y sin el indicador que compruebe que Glastonbury y la desembocadura del río Severn eran, en verdad, los lugares en los que un Cristianismo nacido del comercio hubiera llegado en el

> segundo o incluso en el primer siglo.
> No existían vestigios romanos patentes en Glastonbury como para sugerir que empezara una tradición. No se contaba con ninguna afirmación de que alguna otra iglesia en la Britania Romana fuera considerada como la primera en ser fundada. Y es mucho más tarde, en el siglo XII, cuando hubo una: la Abadía de Westminister. Así que fue fácil para William Malmesbury poder eliminarla.[12]

Este argumento que parece muy fuerte fue extraído de la tradición de los inicios de la Edad Media y se inclina a favor de la primacía de la iglesia de Glastonbury. Deansley no menciona a José de manera específica y parece que le duele no haberlo hecho. Sin embargo, todo lo que ella dice acerca de Glastonbury en el *inicio* del medievo se puede aplicar a José en el final de la Edad Media, como está registrado en Pisa en 1409, en Constanza en 1417, en Siena en 1424 y en Basilea en 1434. En todos estos Concilios de la Iglesia, invariablemente se sostenía que "las Iglesias de Francia y de España tenían que ceder en cuestión de antigüedad y prioridad ante la iglesia de Britania, ya que ésta última había sido fundada por José de Arimatea inmediatamente después de la pasión de Cristo".[13] La frase *statim post passione Christi* nos recuerda la afirmación que hizo Gildas respecto a que el evangelio llegó a las Islas Británicas antes de la muerte de Augusto César en el año

37 A.C., pero algo que no especificó Gildas es que fue José quien lo trajo. Y aunque los letrados modernos se muestren escépticos ante la autenticidad del material relacionado con José, como se ha detallado con anterioridad, esta afirmación sin embargo, se consideró lo suficientemente fuerte en el inicio del siglo XV como para prevalecer ante la competencia con San Denis de París y San Felipe de Francia. Esto es un descubrimiento notable pues sugiere que, como también se mencionó antes, Gildas representaba una tradición y no estaba simplemente adivinando. Es evidente que este reconocimiento de la primacía de José no fue una simple moda pasajera porque ya en el siglo XVI, el Cardenal Pole acepta que "esta Isla, antes que cualquier otra, recibió la luz de la religión de Cristo" y Polydore Virgil estaba convencido de que "las Islas Británicas, en parte a través de José de Arimatea... fue entre todos los reinos, el primero en recibir el Evangelio".[14]

Al fin tal parece que los nubarrones y la niebla impenetrable que rodean la interrogante de la visita de José de Arimatea a la antigua Britania, se han empezado a dispersar. El sol está a punto de aparecer para revelar la silueta majestuosa de Glastonbury Tor, de Wearyall Hill, la Sagrada Corona de Espinas y las ruinas de la Abadía. Los escépticos han hecho su mejor esfuerzo para probar que no hay nada detrás del espeso velo que cubre una leyenda, pero no tuvieron éxito. En tal caso, los restos de Glastonbury y el material sobre José no se pueden refutar tan fácilmente y de alguna forma se las arreglan para sobrevivir a la más severa y crítica embestida como lo han podido hacer por muchos cientos de años. De hecho, su misma existencia a través de los siglos ha llegado a ser una parte de la historia.

Hay una pregunta más que debe hacerse con respecto a José y es la siguiente: ¿Por qué fue específicamente José y no alguien más quién trajo el Cristianismo, las ampolletas con la sangre y el sudor de Cristo, la Sagrada Espina, el Cáliz y el Santo Grial? ¿Por qué fue José y no algún otro de los apóstoles como Pablo, Pedro, Simón, llamado el Zelote, Felipe o aún Aristóbulo, obispo de Britania, ya que cada uno de ellos tenía una categoría mayor, y se decía que todos ellos habían ido alguna vez a las Islas Británicas? ¿Por qué fue el emblemático José que destaca tanto en los romances artúricos de finales del siglo XII y durante el siglo XIII, y no algún líder apostólico importante y bien conocido? Geoffrey Ashe en su libro *King Arthur's Avalon* se hace la misma pregunta y da una respuesta inesperada. Ashe dice que es la misma rareza y singularidad de la selección de José, un virtual 'don nadie', sin ninguna relación con alguna misión conocida, lo que él encuentra extrañamente convincente. Argumenta que "es difícil evitar el sentimiento de un hecho contumaz implícito en la leyenda... la presencia de San José de Arimatea en tierras de Britania, dadas las circunstancias, es demasiado extraña, tanto que llega a tener casi el aire de una mera invención".[15] Sostiene que el florecimiento de todo el material sobre José que aparece a principios de la Edad Media, no podría salir de la nada, ya que hay demasiado escrito sobre él y muy variado como para que fuera de fabricación reciente y que este material debió de haberse originado en tiempos antiguos: "Debe de haber existido en algún lugar una creencia anterior, latente y furtiva, demasiado obstinada como para ser desechada; una creencia que tenía una buena razón para ser utilizada".[16]

Creo que Ashe ha subrayado con mucha astucia un punto que por fin hará que aparezca el sol en el escenario de Glastonbury. Fortalece su argumento al hacer una comparación llena de intrigas entre José y el Rey Arturo, cuya tradición había estado inactiva por cientos de años:

> Durante el medievo, los ingleses tenían muchos escribanos y personas letradas, pero ninguno de ellos insinúa la existencia de Arturo, ni siquiera la existencia de alguna leyenda artúrica. Sin embargo, esa leyenda existía: los habitantes de Gales la tuvieron acaparada durante seiscientos años antes de que los ingleses la descubrieran... Y lo mismo sucedió con José de Arimatea... Encuentro más fácil el creer que esa fantasía existiera desde tiempos remotos que tener que aceptar la repentina maquinación de todo este asunto en la Edad Media.[17]

Aquí, el razonamiento de Ashe es más convincente. Es muy fuerte la comparación que hace entre la tradición extraviada de José y la galesa de Arturo, también perdida. Sin embargo, al usar el concepto de una "tradición perdida" ¿no abre acaso, *en principio,* la posibilidad de la existencia de una tradición, también extraviada, relacionada con la presencia de Jesús en las Islas Británicas? Después de todo, por lo menos una de las fuentes que más adelante citaré, asegura que la *Vetusta Ecclesia,* la antigua Iglesia de Glastonbury, "fue construida, no por arte humano, sino por las manos de Cristo mismo, para la salvación de su pueblo",[18] mientras que las leyendas sobre Jesús nos dicen que Jesús llegó con José. Ya que la tradición de Jesús en Britania es parte de la tradición de José en Britania ¿no parece razonable extender el argumento de Ashe para cubrir a ambos? ¿No es sensato sugerir que es más fácil creer que por lo menos algunas de las leyendas sobre Jesús existían desde épocas tempranas, que aceptar que todas fueron invenciones de una Era posterior? ¿No podría ser la conclusión de Ashe con respecto a la presencia de José en territorio británico bastante extraña "como para parecer un simple invento", y que de igual manera se aplicara a la insistencia de la opinión de que Jesús vino con José?

3

¿Llegaron juntos Jesús y José?

En mi opinión, es totalmente lógico suponer que, si las leyendas artúricas estuvieron extraviadas durante seiscientos años, entonces las de José pudieron perderse mil cien años. También me parece legítimo hacer esta misma conjetura respecto a las versiones sobre la estancia simultánea de Jesús y José en las Islas Británicas. Sin embargo, esta suposición equivale a desviarse de los límites de un rigor académico. Por ejemplo, Treharne nos previene de aquellos que creen que José "envió 'a su sobrino' Jesús a Cornwall, siendo éste aún muy joven, para que atendiera los negocios de su 'tío' en Cornualles", considerándolos como simples "fanáticos de las formas más extremas de la leyenda de Glastonbury".[1] Incluso Geoffrey Ashe con su mordaz pregunta ¿por qué José?, la cual nos llevó en forma directa a cotejar esta información, ya no quiere hacer más especulaciones. En su *Mythology of the British Isles,* Ashe hace un resumen de las leyendas de Jesús en las Islas Británicas:

> Algunos dicen que Jesús visitó la antigua Britania durante su vida oculta, antes de comenzar su ministerio público y que estuvo en Somerset tal vez por un tiempo considerable. Como los Druidas tenían un dios llamado Esus o Yesu, estaban preparados para recibirlo. Dicen que construyó una pequeña casa cerca de la Abadía de Glastonbury que fue su hogar por algún tiempo. También es posible que haya estado en Cornwell, donde está el Pozo de Jesús, cerca de la desembocadura del río Camello, un lugar donde todavía se le conmemora y existen vestigios del folklore relacionado con su visita a otros lugares como St. Just en Roseland. Si acaso Jesús estuvo en la antigua Britania fue, con toda probabilidad, en su juventud y en compañía de José de Arimatea, el hombre rico que pidió a Poncio Pilatos el cuerpo de Jesús para sepultarlo. En el monasterio de Glastonbury no se menciona nada de la visita de Jesús, pero en el relato del inicio de la Abadía, se habla mucho de José.[2]

Ahora bien, el siguiente es un resumen breve y objetivo hecho por Ashe. Más adelante, en este mismo capítulo, él hace un comentario basado en el libro de Robert Graves *The Greek Myths*. Éste se refiere a sus puntos de vista sobre el material de José en Glastonbury, como ya se comentó con anterioridad. Ashe tiene muy poco que decir acerca de Jesús y todo lo que explica está lleno de escepticismo:

> La leyenda que se refiere a Jesús está ligada a la teoría relacionada con los negocios del estaño. Los que apoyan esta teoría aseguran que José era pariente de la Sagrada Familia y que se hizo acompañar del hijo de María en varios de sus viajes. El problema está en saber qué tan antigua es esta leyenda y en realidad cuándo empezó.[3]

Su problema respecto a la antigüedad de la leyenda demuestra que no la considera verdadera porque casi, en la siguiente frase, señala la probabilidad de que "haya surgido de una lectura demasiado fiel del relato sobre la fundación de la Antigua Iglesia por orden divina". Sugiere que la dificultad estriba en la exagerada atención que se dio al sentido literal del texto, atribuyendo su construcción a Jesús y no a José. Los fanáticos del tema tuvieron que aceptar que dicho texto "se refiere a una casa pequeña que Jesús construyó y que después se utilizó como capilla". Asimismo opina que la narración, en donde se habla de San David, quien tuvo una visión en la que Cristo le dijo que él había erigido la Antigua Iglesia en honor de su madre, se ha tomado también de forma demasiado literal. Enseguida, rechaza cualquier precisión en el contenido del relato de William Blake "¿Y acaso se posaron esos pies?", el que debe considerarse de manera simbólica, y así, de esta manera, continúa con un rechazo a todos los detalles que había dado en un resumen anterior:

> Los escépticos se oponen a la versión de Priddy por ser un tanto victoriana o conservadora. Una maestra de escuela escribió una obra de teatro para sus alumnos en la que se imaginaba a Jesús que llegaba a Priddy. Esta fantasía como tantas otras, se volvió una "tradición antigua en Somerset". Los Druidas en efecto tenían un dios llamado Esus, aunque más bien en la Galia que en la antigua Britania, pero como se le identificaba con cualquier otro, bien podía ser una equivalencia con Marte o con Mercurio. Dado que el principal hecho en lo relacionado con este dios fue que se le rendía culto con sacrificios humanos, parece un asunto muy poco prometedor como para llegar a considerarse.[4]

Se podría argumentar que este párrafo es demasiado breve para que se puedan apreciar en forma debida las innumerables reflexiones que sobre éste y otros temas relacionados, nos han llegado de la pluma de Ashe a través de muchos años. No obstante, yo sé de buena fuente que, de todo lo que ha escrito, lo que más le satisface es este relato, por lo que no deja de ser desalentador encontrar que es tan negativo. Puede ser comprensible que descarte la leyenda de Priddy, pero que en dos frases descarte la posibilidad de cualquier conexión con los Druidas, es un acto de rechazo que no se puede aceptar. Por sus comentarios es claro que, hasta este momento, está oponiéndose a C.C. Dobson quien, en su obra *Did Our Lord Visit Britain as they say in Cornwall and Somerset,* expone un caso fascinante que da pie a la posibilidad de algún vínculo entre los Druidas y Jesús. ¿Por qué no al menos lo ventila y nos dice un poco más acerca de este asunto? ¿Acaso se debe a que en gran parte, la tesis de Dobson está fundamentada en las tradiciones orales? Esta omisión no es característica de Ashe, porque en otros libros combina su erudición con un reconocimiento muy positivo a las realidades expresadas en sentido no literal o textual, tales como la tradición oral, el espíritu del lugar y la mística de Glastonbury. ¿Podría deberse a su incapacidad para enfrentarse a las posibles consecuencias de su pregunta anterior? ¿por qué José? Él argumenta que si hubiera existido una tradición real sobre Jesús en la antigua Britania o en Glastonbury, los monjes lo hubieran mencionado y nunca lo hicieron y por lo tanto, la tradición debe ser falsa:

> No es posible que la tradición de Jesús no se haya conocido en Glastonbury cuando aún estaba en funciones el monasterio porque los monjes hubieran mostrado mucho interés en esa distinción tan maravillosa, y ni siquiera hacen mención de ella.[5]

Ésta es una opinión más moderada pero igualmente decisiva, tal como la que dio algunos años antes en *Avalonian Quest*:

> La fundación de la gran Abadía cristiana de Glastonbury siempre fue católica y nunca estuvo separada de Roma, pero fue destruida por el mismo rey cuando empezó la reforma en Inglaterra. La necesidad de exorcizar el fantasma, sirve de fundamento para las fantasías acerca de que José o Jesús llegaron ahí antes que nadie y establecieron una Iglesia distinta en Britania.[6]

Esto es en esencia una forma extremista de la misma posición dudosa que hemos estado considerando. Hay una falla en la hipótesis en cuanto a que la tradición de Jesús no se haya conocido en Glastonbury "porque los monjes hubieran mostrado mucho interés en esa distinción tan maravillosa, pero ni siquiera hacen mención de ella". Si los monjes hubieran estado enterados de esta tradición ¿necesariamente tenían que hablar de ella? Ashe debe estar consciente de lo que podría ocurrirles a muchos de los monjes celtas cuando las prácticas de la Iglesia Romana prevalecieron en los siglos XVII y XVIII, pues básicamente, tenían que observar las normas o se quedarían sin el trabajo, o quizá les sucedería algo aún peor. Ashe tiene que recordar lo que pasó en Glastonbury cuando los normandos reemplazaron a los sajones; cuando Thurstan, el Abad normando designado, tuvo una confrontación sangrienta con los monjes sajones en la que algunos perdieron la vida y otros fueron gravemente heridos.[7] Parece extraño que él haya ignorado los conflictos étnicos que están escritos en la historia de la iglesia de Glastonbury. Los celtas o sea los antiguos monjes británicos, tenían que mantenerse callados en lo relativo a sus propias creencias celtas o británicas cuando los anglosajones los reemplazaron. De igual manera los monjes anglosajones, hasta donde sabemos, tenían que obedecer a sus superiores eclesiásticos normandos porque de otra forma sufrirían terribles consecuencias. Esto es tan importante en la historia de Glastonbury y en la historia de la iglesia en general, que excluirlo del debate sin siquiera mencionarlo, mostraría una debilidad bastante seria.

Es más factible todavía que, cuando aparecieron los registros escritos durante el periodo anglosajón, todos los elementos determinantes de la tradición oral celta ya habían sido ocultados y suprimidos. Ashe no es consistente ya que por una parte dice, refiriéndose a la tradición artúrica inactiva, que ningún escribano inglés "ni siquiera menciona" su existencia, mas sin embargo "tal leyenda existía"; mientras que por otra parte señala, al referirse a la tradición de Jesús, que el hecho de que los monjes "ni siquiera la mencionen" es porque *no* existía tal leyenda. Usa el mismo argumento para llegar a conclusiones totalmente opuestas. Sin embargo, así como las leyendas medievales o artúricas, las de Jesús *están ahí y existen,* aunque de todos modos la complicada lógica de Ashe niega que existen. Como se citó con anterioridad, asienta previamente su posición en la *Avalonian Quest*, en donde, por lo menos, tiene el mérito de reconocer que las leyendas sí existen, aunque sean sólo "fantasías" protestantes.

He aquí la débil justificación relativa a la continuidad de la historia completa de la Abadía. Esto implica la postura que tomó Ashe, pero no es así. Seguramente se dieron considerables interrupciones durante los periodos celtas, sajones y normandos, y en cada uno de estos enormes cambios, revoluciones e invasiones, algunas de las tradiciones y enseñanzas populares debieron haberse perdido.[8] Las creencias contenciosas se hubieran sofocado y, ¿qué podía haber sido más disputable que asegurar que José fue quien fundó la Abadía sin siquiera mencionar a Jesús? Contrario a lo que expresa Ashe, es el mismo silencio de los monjes el que habla más fuerte. Habla de unos hombres que tenían miedo porque sabían lo que podía pasarle a cualquiera que no siguiera las normas establecidas y favoreciera a una supuesta fundación británica más antigua, amenazando supuestamente a la primacía de la Iglesia Romana. Los monjes no dijeron nada porque estaban obligados a "no saber nada", y se veían obligados a "no saber nada" porque durante muchos siglos, a ellos y a sus predecesores, se les había ordenado no decir nada si es que aspiraban a una vida tranquila. Consecuentemente, el argumento que se basa en su silencio señala en dirección opuesta a la de Ashe. Es mucho más idóneo pensar que los monjes ni siquiera mencionaron la tradición de Jesús porque estaba ahí, y había estado desde los primeros siglos como un remanente, antes de que las creencias y prácticas propias de la Iglesia Celta fueran declaradas heréticas y Roma las erradicara. Éstas sólo pudieron volver a surgir después de la Reforma.

Creo que Ashe tiene parte de la verdad, pero no la verdad completa. No le ha dado seguimiento a su poderosa comparación entre la tradición perdida de Arturo y la de José. Se retiró a un campo más seguro. ¿Acaso vio con una percepción clara, a dónde hubiera podido llegar esa comparación específica? Tal vez si hubiera desarrollado esa comparación hubiera tenido que enfrentar la pregunta: ¿por qué se pierden las tradiciones religiosas? ¿Por qué desaparecen? Ya que esto se ha tornado en un asunto crucial para nuestra investigación, creo que es pertinente echar un vistazo a otras dos tradiciones religiosas que se perdieron durante más tiempo que la de Arturo o la de José, y se han redescubierto en nuestros días. Tal vez podamos aprender algo de ellas.

Las tradiciones perdidas

Las dos tradiciones religiosas perdidas que se han redescubierto en la Era moderna son los tratados gnósticos de Nag-Hammadi, los cuales se encontraron en la ribera del Alto Nilo en 1945, y los Manuscritos del Mar Muerto, hallados en unas cuevas de la región del Qumran en 1947. Ambos e inesperados descubrimientos, se han tornado para los hombres de letras en algo más preciado que el oro, porque han proporcionado evidencias hasta ahora inasequibles para interpretaciones alternativas sobre quién se creía que era Jesús y sobre los tiempos en que se desarrolló la primera Iglesia. Los trece manuscritos o papiros escritos en lengua copta que fueron encontrados en la región de Nag-Hammadi, han mostrado con toda claridad, las diversas formas en que la interpretación gnóstica de Jesús dificre de aquellas que tienen un punto de vista ortodoxo, y cómo esta interpretación está centrada en una alta percepción espiritual de su presencia como resucitado. Por otra parte, los 800 manuscritos en hebreo y arameo que se encontraron en Qumran han proporcionado evidencias más realistas y prácticas de los judíos, de los esenios y posiblemente de los zelotes en cuanto a la dimensión de los Evangelios.

¿Por qué se ocultaron estos documentos? ¿Por qué fueron amontonados dentro de vasijas de barro y enterrados en la arena y en cuevas del desierto? La respuesta es la misma para las dos preguntas: porque pertenecieron a grupos que fueron perseguidos. Eran escritos sagrados de personas que, en mi primer ejemplo, la iglesia consideraba heréticos; y en el segundo, la nación había declarado subversivos y por lo tanto, estaban condenados a la destrucción. Fue todo lo que quedó de las comunidades religiosas predestinadas a ser aniquiladas y desaparecer así de las páginas de la historia. Eran las sagradas reliquias de los perdedores en una historia escrita por los ganadores. En el caso de los manuscritos de Nag-Hammadi, los perdedores eran los herejes gnósticos y los ganadores los cristianos ortodoxos, perseguidores del siglo IV, aliados de las autoridades del Imperio Romano. En cuanto a los Papiros del Mar Muerto, los perdedores pertenecían a la secta judía de Qumran, mismos que fueron pasados a cuchillo por todas las legiones conquistadoras romanas de alrededor del año 68 A.C. En ambos casos, los documentos se escondieron ya que las creencias de sus autores eran una amenaza para los ganadores. Los Evangelios gnósticos o apócrifos amenazaban el influjo creciente de la nueva y bien definida Iglesia ortodoxa, en tanto que los manuscritos de Qumran, representaban una amenaza para el dominio político del Imperio Romano. Unos y otros eran amenazantes para la iglesia y el estado, por eso, si se hubieran descubierto los hubieran quemado. Para que sobrevivieran los tuvieron que esconder bien, y así lo hicieron.

Es extraño que durante los numerosos años transcurridos entre el descubrimiento de estos tesoros escondidos y su eventual publicación, se reactivaran, hasta cierto grado y en opinión de algunos observadores, los mismos motivos originales que los mantuvieron ocultos. Los tratados gnósticos de Nag-Hammadi tardaron treinta y cinco años (de 1945 a 1980) en ser divulgados, y los Manuscritos del Mar Muerto demoraron cuarenta y cinco y treinta y seis años (los primeros, de 1947 a 1992 y los segundos, de 1956 a 1992), para ser publicados en su totalidad. Elaine Pagels en su libro *The Gnostic Gospels* cita al Profesor Hans Jonas, una eminente autoridad en el gnosticismo, quien se queja de que la tremenda demora en cuanto a los textos gnósticos se debió a "la tenaz maldición de los obstáculos políticos, a las disputas y discusiones y, sobre todo, a las envidias de los intelectuales".[9] En lo que se refiere a los Manuscritos del Mar Muerto, hay muchos que creen que las presiones que venían del Vaticano inhibieron al Consejo Internacional que estaba concentrado en la *Ecole Biblique in Jerusalem* (Escuela Bíblica de Jerusalén), para la publicación de la mayoría de los Papiros, por miedo a una represalia inquisitorial. Hay muchos que creen que si no hubiera sido por la firmeza de algunos de los eruditos y por la prensa que luchó por largos años, mucho del material de los Manuscritos se hubiera vuelto a "perder" porque representaba una amenaza para la doctrina Católica. La famosa relación de todo este asunto que hicieron Michael Baigent y Richard Leigh en su obra *The Dead Sea Scrolls Deception,* fue censurada y tachada por grupos con ciertos intereses creados como simple periodismo sensacionalista documentado con muchas evidencias de otras fuentes, y que por lo tanto debería ser totalmente descartado.[10] Es grave la reflexión en el sentido de que después de haber estado enterrados en el desierto por dieciséis mil y diecinueve mil años respectivamente, estos documentos debieran surgir en un mundo, en donde el poder para alarmar es todavía bastante considerable. ¿Han existido bombas de tiempo con fusibles detonadores de mayor duración?

¿Es posible hacer una comparación entre estas sagas o leyendas del Nag-Hammadi y los manuscritos de Qumran, por un lado y por el otro, el material existente sobre José acompañado de Jesús? Obviamente, la respuesta es "afirmativa" en cuanto a los motivos eclesiásticos para ocultarla y sofocarla. Si tomamos esos fragmentos de evidencia tal como son, ya sean escritos u orales, así como todo lo que queda de una tradición reprimida, entonces se puede ver que la primera fundación de la Antigua

Iglesia de Glastonbury, presentada como si la hubiesen llevado a cabo Jesús o José, representa una terrible amenaza para la primacía de Roma. Con toda probabilidad, la Iglesia Romana negaría que alguna vez hubo alguna visita apostólica de Pedro, Pablo, Simón el Zelote, Felipe o inclusive de Aristóbulo, el famoso "Obispo de Britania". Dicho cristianismo primitivo se hubiera atribuido a una derivación de la misión de Felipe a Gales y se hubiera incluido en esa categoría. Si se supiera que José había estado en Britania, la afirmación de que hubiera establecido una Iglesia se hubiera descartado porque él no era uno de los Apóstoles, y en el sentido técnico, sólo los Apóstoles podían fundar iglesias y ordenar a sus sucesores. De la misma manera, no hubiera habido ningún reporte de conversos o mártires, ya que esto parecería sumamente sospechoso ¿Cómo podía existir una misión sin contar con mártires y conversos? Ambos eran componentes esenciales de todas las otras iglesias auténticas. Por otra parte, se encontraba la enorme brecha cultural y étnica entre el Mediterráneo y el noroeste de Europa ¿Cómo se podría esperar que los residentes del mundo greco romano, cristianos o no, creyeran que alguien, que no era Apóstol, se hubiera establecido felizmente con sus compañeros cristianos entre los bárbaros del Norte, no sólo sin derramamiento de sangre sino en una tierra donada por príncipes paganos?, y todo esto *antes* de que Pedro o Pablo se hubieran establecido en Roma. Simplemente hubiera sido inconcebible.

Lo mismo se podría aplicar a la más mínima insinuación de que Jesús visitó las Islas Británicas, lo que se hubiera considerado, como en realidad todavía lo es, una burla irrisoria, a pesar de que hasta ahora, nadie sabe lo que Jesús hizo o a dónde fue entre la edad de los doce a los treinta años.

Así que, en lo que toca a los motivos que hay para ocultar información, existen suficientes razones para asegurar que la comparación con las sagas o leyendas de Nag-Hammadi y de Qumran es válida. ¿Se puede ir más lejos? Seguramente no, porque para poder hacerlo, tendrían que existir más evidencias con respecto a la estancia de José y de Jesús en Britania, y no las hay. Los descubrimientos de Nag-Hammadi añadieron nueva luz a la comprensión de descubrimientos menores anteriores, así como a los escritos polémicos de Ireneo y otros que odian todo lo relacionado con lo gnóstico. Los descubrimientos de Qumran incrementaron conocimientos anteriores que se remontaban hasta Filón de Alejandría, Plinio el Viejo y Flavio Josefo. En realidad no existen nuevas evidencias literarias a las que se puedan recurrir y nunca se ha desenterrado ningún manuscrito perdido en Glastonbury, en St. Just o en Looe. Tampoco se han añadido fragmentos de tradición oral reunidos por los excéntricos vicarios Anglicanos de principios de este siglo. Y sin embargo yo creo, que por todo eso, hay una evidencia indirecta y circunstancial que puede examinarse y que se basa en inferencias de descubrimientos y teorías arqueológicas recientes. Es probable que no sean suficientes por sí mismas para comprobar algo, pero creo que pueden ser tomadas en cuenta para ser examinadas antes de que la discusión sobre el tema pueda concluirse en forma definitiva. No afirmo que la tesis de Dobson, que continúa la de Geoffrey Ashe, contenga los elementos necesarios para completar una verdadera analogía de un posible extravío de la tradición relativa a la estancia de Jesús con José, y las Gnósticas o de Qumran también perdidas, pero sí creo, que si se ventila lo suficiente, podría abrir una forma diferente de mirar ciertas investigaciones arqueológicas recientes que podrían tener algún efecto en este asunto ya que prepararía el camino para tener una actitud diferente en el tema, un enfoque distinto y un paradigma potencialmente nuevo. Esto debe hacerse por etapas y la primera es resumir los escritos de Dobson, quien viene de una línea de especulación que se remonta hasta el siglo XVIII. Él, al igual que sus asesores o consejeros, ha sido marginado porque ahora se piensa que sus fuentes de información adolecen de historicidad, al grado de que es culpable de una credulidad inaceptable, y por lo tanto, ha sido desacreditado por haber fabricado el equivalente moderno de las "fábulas monásticas". Empero, a la luz de las recientes teorías arqueológicas que más adelante trataré, puede ser que Dobson y los de su equipo, no estaban tan desprovistos de fundamento en sus especulaciones como siempre se ha pensado. Es por lo menos mi intención, utilizarlo como una introducción a una opción tan desatendida.

Este análisis de las razones por las que las tradiciones religiosas se perdieron y ocultaron, refiriéndome en particular a las de Nag-Hummandi y Qumran, ha despertado mi curiosidad para encontrar otras razones por las que no sólo Dobson sino también H.A. Lewis y R.W. Morgan, a quienes también Ashe se refiere, han sido demeritados de forma tan absoluta. Un resumen de sus contribuciones nos revelará y nos guiará hacia avenidas de inesperadas investigaciones.

4

¿Qué razón podría haber tenido Jesús para ir a Britania?

En su pequeño pero persuasivo folleto *Did Our Lord Visit Britain as they say in Cornwall and Somerset,* publicado en 1936, el Rev. C.C. Dobson reconoce con gratitud sus fuentes de información: La primera es *A Book of Cornwall* del Rev. Sabine Baring-Gould; la segunda, el libro *Joseph of Arimathea at Glastonbury* del Rev. Lionel Smithett Lewis, publicado en 1922 y revisado en ediciones posteriores; la tercera es *Christ in Cornwall?* del Rev. H.A. Lewis, publicado en 1939 y que sólo cita en otras ediciones; y la cuarta es *St. Paul in Britain,* por el Rev. R.W. Morgan, cuya primera publicación fue en 1860. Todos estos autores fueron miembros del clero anglicano y muestran un tinte de conmiseración por los celtas. Se consideraban entre ellos mismos autoridades en el área, y bien se podría afirmar que todos ellos presentan una propensión al engaño. En particular, considero que están revestidos por el interés de demostrar la primacía de la antigua iglesia británica y que algunos de sus razonamientos son demasiado débiles. Me inclino a concordar con Ashe cuando dice: "Mucha de la literatura reciente sobre Glastonbury, desafortunadamente tiene un sabor de excentricidad"; también cuando se expresa en tono increpante sobre el Rev. Lionel Smithett Lewis:

> Ardiente, cuidadoso y con un espíritu más recto que muchos otros autores más persuasivos, echó a perder sus dos libros por una total incapacidad o renuencia para criticar la evidencia... Si no se toman en cuenta sus conjeturas, los libros de Lewis tienen cierto valor en cuanto a que sugieren algunos lineamientos para la investigación; no obstante, cualquiera que les dé seguimiento se sentirá decepcionado al darse cuenta que, las autoridades a las que se refiere Lewis, son sumamente anticuadas y que él es capaz de citar un documento con nombre, fecha y hasta con un aire de erudición, pero sin mencionar que todos los doctos en la materia consideran el documento como una falsificación.[1]

Ya que, tanto el Rev. H.A. Lewis como el Rev. C.C. Dobson citan al Rev. Lionel Smithett Lewis sin reservas, parecería legítimo que cualquiera que esté de acuerdo con Ashe calificara a todos estos vicarios como personas que no merecen ser consideradas con seriedad. Aún, debiendo continuar con este asunto por más tiempo, me veo obligado a detenerme ante un escepticismo total, porque no puedo aceptar en principio, por qué Jesús no pudo haber ido a las Islas Británicas con José. Nadie sabe en dónde estuvo durante sus años de silencio previos a iniciar su ministerio, así que bien pudo haber ido a Britania o haberse quedado en casa, o viajar a Egipto o a la India como otros han sugerido. Si es que fue a Britania con José, podría haber llegado navegando hasta St. Jude en Roseland, a Falmouth o a la Isla de St. George cerca de Looe, como lo sugiere el Rev. H.A. Lewis; o llegar a Glastonbury subiendo por el Río Brue desde Uphill en la costa de Somerset o desde Burnham, como insinúa el Rev. C.C. Dobson. Esta última posibilidad coincidiría con lo expuesto por el Profesor Treharne y con Margaret Deansley, como ya lo habíamos mencionado, mientras que la primera opción encajaría con la interpretación tradicional de la ruta del estaño como la describe Diodoro Sículo en el siglo I a. C., al narrar que "los mercaderes compraban el estaño a los nativos del lugar en la Isla de Ictis y de ahí lo transportaban a través de los Estrechos de Galacia o Galia".[2] Aunque mucho se ha discutido la posición exacta de la

Isla de Ictus, se cree que ésta se encontraba en alguna parte de la costa sur de Cornuelles y muy probablemente en el Monte de St. Michael como afirma R.D. Penhallurick en su obra *Tin in Antiquity*. Es interesante saber que, mientras Penhallurick se opone a la creencia tan radical de que los Fenicios estaban involucrados en el comercio de estaño de Cornualles, él está abierto de manera sorprendente a la posibilidad de una cierta conexión judía aunque, contrario al Rev. H.A. Lewis y a otros, descarte el vínculo entre Marazion y Sión, y del Trejewas o Mercado judío, Penzance, ya que es de origen judío.[3]

Me parece que todos estos episodios, bien sea que se refieran a varios lugares en Cornualles o de Somerset, en última instancia no se basan en la ausencia de fuentes literarias antiguas que los sustenten. Porque si vamos a aceptar la tradición oral como parte importante del patrimonio celta, entonces todas las leyendas que los vicarios anglicanos fueron acopiando deberían considerarse también como si vinieran de hechos históricos. En su artículo *St. Joseph in Britain: Reconsidering the Legends, Part 2*, Deborah Crawford enfatiza que, entre los celtas, la transmisión oral de los mitos sagrados tenía preferencia respecto a la palabra escrita. Ella cita la obra de César, *Conquest of Gaul*: "Los Druidas tienen la creencia de que su religión les prohibe poner por escrito sus enseñanzas, si bien para casi todo propósito, como relatos de hechos públicos o privados, los galos utilizan el alfabeto griego".[5] Las sorprendentes proezas de memoria continuaron siendo una peculiaridad distintiva de los bardos o poetas célticos, quienes transmitían la historia oralmente hasta bien entrada la era cristiana. De esta forma, "las supuestas narraciones antiguas que no estaban sustentadas por un manuscrito histórico, se tornaron en normas, en vez de que automáticamente despertaran sospechas". Deborah Crawford cita ejemplos del historiador Jan Vansina respecto al "sorprendente alcance que tiene la transmisión oral para poder sobrevivir indefinidamente en formas reconocibles"; y otro ejemplo es el del Sur de Libia "que parece que ha perdurado debido también a una transmisión oral durante dos y medio milenios".[6]

Si añadimos la preferencia por la transmisión oral de las sagradas enseñanzas, al patrón de "una tradición que se ha perdido" como se perfiló con anterioridad, entonces todo lo que podríamos esperar serían unos cuantos y variados fragmentos, que es lo que nos ha llegado y que, en realidad, es lo que tenemos. Esto significa que es preciso darle la vuelta a las contribuciones escépticas, como las que encabeza Ashe, y al menos convertirlas en la base para una investigación abierta, si es que se presentan otros factores factibles de ser examinados.

El verdadero punto débil de todas estas narraciones no es, por lo tanto, las deficiencias implícitas de la transmisión oral sino la ausencia de un móvil. Lo que salta a la vista como una falla seria es la

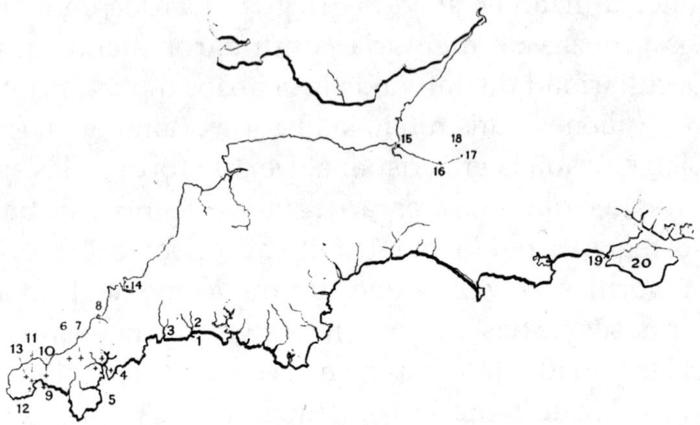

1. Lammana o Isla de Looe
2. Looe
3. Portruan cerca de Fowey
4. St. Just-in-Rowland
5. Falmouth
6. Redruth
7. St. Day
8. Carnon Downs
9. Monte de St. Michael
10. Nancledra
11. Penzance
12. Mousehole
13. Ding Dong
14. Jesus Well
15. Burnham
16. Glastonbury
17. Pilton Hills
18. Priddy
19. Hurst Castle
20. Isla de Wight

Figura 1. Sitios en el Occidente de Inglaterra que se asocian con algunas visitas de Jesús.

carencia de una razón apremiante, por la cual Jesús haya ido a las Islas Británicas. La única que en general se da, es que acompañó a su "tío" José en la comercialización del estaño, como lo relata Sabine Baring-Gould:

> Otro relato de Cornualles se refiere a que José de Arimatea llegó en una embarcación a Cornualles y llevó consigo al niño Jesús, quien le enseñó a extraer el estaño y a depurarlo del volframio. Es posible que esta narración se haya originado por el hecho de que los judíos trabajaban el estaño de Cornualles bajo la línea real de los angevinos. Cuando se lleva a cabo el proceso de blandir el estaño [al fundirlo], el minero de estaño grita: "José estaba en la comercialización del estaño" que es probable que quisiera decir: "José, a la ayuda del minero de estaño".[7]

Evidentemente esta razón es insuficiente e implica que Jesús estaba sin nada en qué ocuparse, sólo a la espera de que su llamado mesiánico llegara, así que para ocupar su tiempo, se le empleaba de forma lucrativa en los negocios de la familia en el extranjero. Mientras que esto se puede aceptar hasta cierto punto, sin embargo es una trivialidad para comprender la posible razón por la que Jesús haya ido a Britania.

La única razón seria que se ha dado es que Jesús fue a Glastonbury para construir una iglesia. Este es un relato que ya hemos escuchado, el cual descarta Geoffrey Ashe ya que surgió de:

> ...la lectura demasiado literal de un relato que habla de una Antigua Iglesia que fue de fundación divina, aun cuando existe una

dificultad evidente en este aspecto, porque si fue Jesús quien la construyó, entonces José no lo hizo. Algunos fanáticos entusiastas han tenido que argumentar que se refiere a una pequeña casa que Jesús construyó y que más tarde se convirtió en una capilla.

La fuente de esto es una carta que San Agustín escribió al Papa Gregorio, poco tiempo después de que se estableció en Canterbury. Dado el escepticismo de Ashe, vale la pena hacer un escrutinio minucioso:

> En los confines de Britania occidental existe una isla majestuosa, que en el lenguaje antiguo se llamaba Glastonia... que estaba dedicada a las deidades más sagradas. A través de los primeros novicios (ingleses) de la fe católica, Dios, quien los guiaba, fundó una iglesia que no fue construida por obra del hombre, según dicen, sino que fue preparada por Dios mismo para la salvación de la humanidad. Esta iglesia, la dio a conocer el Artífice celestial, por innumerables milagros y por muchas misteriosas curaciones y la consagró para sí mismo y para María Santísima, la Madre de Dios.

Otra versión de este relato llega a la conclusión "...que fundó una iglesia no construida por los hombres sino por las manos de Cristo mismo, para la salvación de su pueblo".[8]

Bien sea que este texto se tome en forma literal o simplemente de manera espiritual pero parece indicar que San Agustín, tal vez un tanto sorprendido, había escuchado la tradición de que la primera iglesia de las Islas Británicas estuvo en Glastonbury, y que se consideraba había sido construida por Jesús mismo. La alusión al "artífice celestial" se refiere particularmente a San David de Gales, que había ido a consagrar la Antigua Iglesia en Glastonbury, pero que había sido amonestado severamente por una visión que tuvo de Jesús la noche antes de que la consagrara, porque él ya la había consagrado a su Madre. Todo esto se narró en la última edición del libro de William de Malmesbury *De Antiquitate,* como se indicó en el capítulo 2.

El Reverendo C.C. Dobson le da mucha importancia a este texto. En realidad es a él a quien se ha criticado por tomarlo en forma tan literal, como se indica a continuación:

> La traducción "por las manos de Cristo mismo" se ha cuestionado ...en el Manuscrito Antiguo utilizado por William de Malmesbur la expresión en latín es "*a Deo Paratam*", "realmente por Dios mismo". En uno de los dos manuscritos antiguos usados por el Obispo Stubbs, el del sacerdote anónimo sajón "B", la expresión es "*Coelitus paratam*",

> "construido en forma divina". En cualquiera de las dos versiones, "la mano divina" es obviamente la de Cristo mismo, porque se menciona una construcción material y porque en contraste "el Todopoderoso" se menciona como que posteriormente veló por ella ..."[9]

Para mi modo de pensar, este comentario parece lo suficientemente razonable. La exagerada atención al sentido literal de un texto puede ser tan válida como cualquier otra interpretación. Dobson prosigue al hacer notar que los registros de William de Malmesbury, en su libro anterior *The Acts of the Kings of England*, dicen que Paulino, el compañero de San Agustín, defiende a la Antigua Iglesia con un escenario protector para poder conservarla: "Éste, sin lugar a dudas, muestra una muy marcada reverencia por San Agustín y su misión por la antigua iglesia. ¿Qué razón tenía para mostrar tan alta veneración, cuando bien podía haberlo considerado como un rival para su misión? ¿No es que acaso esta carta a Gregorio es la que proporciona la razón y el hecho confirma lo último?"[10]

Dobson piensa que con esto se confirma la verdad literal en la afirmación de Gildas de que "Cristo, el Verdadero Sol, proporcionaba Su Luz" a Britania antes del último año de Tiberio en el año 37 A.C. En otras palabras, Gildas no se refería a una predicación anterior de las enseñanzas de Cristo por una misión apostólica, sino a la presencia real de Jesús en carne y hueso, y su propia enseñanza personal. Dice que es sólo este sentido literal lo que puede explicar el dicho que se atribuye al bardo o poeta céltico Taliesin, alrededor del año 550 A.C.: "Cristo, la palabra desde el principio, fue desde el inicio nuestro Maestro y nunca perdimos su enseñanza". Sostiene que si Jesús realmente estuvo en Glastonbury, "entonces nunca perdimos sus enseñanzas" y que se refería a un ininterrumpido testimonio de su enseñanza verdadera a través de José y sus discípulos.[11] Aún no puedo entender por qué estas tambaleantes interpretaciones literales, tanto de Gildas como de Taliesin, no puedan ser tomadas desde el principio con seriedad, como una explicación simbólica normal.

Una de las razones por la que Ashe rechaza la posibilidad de que José o Jesús hayan construido la Antigua Iglesia es que "las construcciones para el culto cristiano no se conocieron sino hasta mucho después".[12] ¿No podría ser la excepción que confirma la regla? Después de todo, como lo admiten él y otros historiadores, la Antigua Iglesia existió y permaneció en su sitio "desde tiempos inmemorables, por tanto tiempo, que no existía ningún registro auténtico de su fundación".[13] ¿Y el título "El Artífice celestial", *coelorum Fabricator* que San Agustín emplea en su carta, no podría acaso haber significado un atributo más bien particular que general de Dios? ¿No se podría aceptar la probabilidad de que en esta instancia, el vínculo entre una construcción terrenal y "el Artífice celestial" más que ser accidental bien pudiera ser piadoso? ¿No tendremos que enfrentar la posibilidad de que al valorar la antigüedad, la autenticidad y la importancia de la vetusta Iglesia, precisemos considerar diversas categorías que hasta ahora no se han utilizado en la interpretación, en especial las de la arquitectura sagrada y la tradición de la sabiduría esotérica? Creo que debemos hacerlo, porque es evidente que hay algún secreto oculto en alguna parte de la antigua veneración que rodea a esta construcción tan especial. Aun Ashe se ve tentado a especular: "Sin paralelo alguno en Britania, sino hasta mucho tiempo después, su consagración a la Virgen María es un hecho que puede sugerir que en tiempos previos al cristianismo, Glastonbury fue un santuario para una diosa".[14]

Soy de la opinión de que esta especulación puede ir aún más allá de la consagración a María y de hasta su posible construcción por Jesús mismo, como nos lo presenta C.C. Dobson y algunos de sus seguidores. Mi razón para creer esto no surge de una furtiva simpatía céltica o de algún deseo por establecer la primacía de la iglesia británica. Se origina, en términos generales, del estudio de los principios antiguos de la arquitectura sagrada, y en particular, del conocimiento de que, mientras el pueblo creía que Jesús había sido un carpintero, en la tradición esotérica se sobreentiende que fue un artífice o constructor y llevó una vida terrestre análoga a la del "Artífice celestial". En este momento no juzgo necesario desarrollar esta idea a profundidad porque se explicará más ampliamente en la segunda parte de este estudio. Sin embargo me parece apropiado hacer notar que hay otra instancia en la cual la tradición esotérica se relaciona con la arquitectura de Glastonbury: el *Domesday Book*, donde se menciona que dentro del monasterio estaba "la Casa de Dios" y se conocía como "el Secreto del Señor". La cita completa dice: "la *Domus Dei*, el gran monasterio de Glastonbury, se conocía como el Secreto del Señor. La Iglesia de Glastonbury tiene en los terrenos de su propia aldea doce refugios que nunca han pagado impuestos".[15] Desde cualquier punto de vista, éste es un texto muy extraño que si se descifra aisladamente, sólo sirve para intensificar el sentido místico que envuelve a la fundación; pero si se interpreta junto con los otros textos que hemos examinado, es posible verlo como otra evidencia de la presencia de una tradición sagrada que se había "perdido" porque se había ocultado. Es también, sin lugar a dudas, esotérica, como se testifica no sólo por el hecho de que Jesús fue a Glastonbury no sólo como constructor, sino que fue también "el Artífice" que construyó una casa.

Tal interpretación se fortalece con la referencia enigmática de "algún secreto sagrado" que hace William de Malmesbury cuando describe la Antigua Iglesia en su libro *The Acts of the Kings of England*. Dice que alrededor del altar, "se pueden ver a ambos lados de la losa del piso, algunas piedras colocadas con sumo cuidado en forma o de triángulos o de cuadrados y selladas con plomo, debajo de las que, si opino que hay un secreto sagrado, creo que no estoy dañando en ninguna forma a la religión".[16] Retomaremos este asunto en la Parte III de este libro, mientras tanto, sólo se recalca que si se lee literalmente, se encuentra otra frase de William de Malmesbury que podría interpretarse como referencia a la antigua creencia de que Jesús estuvo físicamente en Glastonbury y ahí ejerció su ministerio. La siguiente cita es parte de la famosa carta real que emitió Ine, Rey de Wessex, por el año 700 A.C. y que William transcribe en su totalidad:

> A la Antigua Iglesia, situada en el lugar llamado Glastonbury (la cual el Gran Sumo Sacerdote y Gran Pastor, a través de su propio ministerio y el de los ángeles, fue santificado Él mismo y la siempre Virgen María, por los múltiples milagros que nunca se habían visto, como anteriormente lo reveló a San David), concedo... etc.[17]

Basado en la interpretación literal de todos estos textos extraordinarios C.C. Dobson construye su declaración definitiva de lo que el Profesor Treharne llama: "La versión extrema de la leyenda de Glastonbury". Más o menos dice así: José de Arimatea, el "honorable consejero" de la Versión Autorizada de Marcos 15:43, es el *Nobilis decurio* (el noble decurión u oficial romano a cargo de diez hombres) de la traducción latina de la Vulgata de San Jerónimo. Esto puede significar que fue miembro del Senado de alguna provincia romana, así como o en vez, miembro del Sanedrín judío o de los Decuriones, de quienes se sabía estaban a cargo de los distritos mineros.[18] Por lo mismo, se presume que hacía viajes de negocios en la comercialización de las minas de estaño, plomo y cobre de Cornualles y Somerset. Es lógico que no se encuentren leyendas en la localidad inglesa de Devon debido a que las rutas de comercio para estos metales no pasaban por ese condado. Se llevó con él a Jesús, después de la muerte temprana de su padre, porque se convirtió en su tutor. Esto y la afirmación de que pudiera haber sido tío de Jesús o algún pariente cercano, se deduce del hecho de que Poncio Pilato le haya concedido el cuerpo de Jesús después de la crucifixión, sin dificultad alguna. Ellos seguían las rutas de comercio como las describe Diodoro Sículo y desembarcaban en St. Michael Mount o en algún otro puerto comercial de la costa Sur de Cornualles. Los negocios los llevaba después a los centros mineros en Cornualles y Somerset; las travesías a estos lugares las hacían por barco como se indica en su mapa.

Eventualmente llegaban a Glastonbury, "el Bristol de hoy en día" según Margaret Deansley. En este lugar, Jesús se sintió atraído por la paz y la belleza de la isla. Es evidente que no era una ruta demasiado transitada y que se podían encontrar

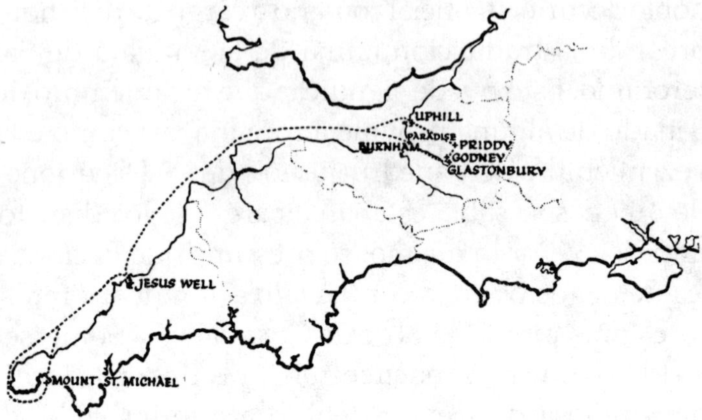

Figura 2. La ruta tradicional que seguían Jesús y José de Arimatea.

sitios tranquilos. Más tarde decidió regresar cuando ya era un joven:

> En la búsqueda de un lugar tranquilo para retirarse y pasar solo algunos años antes de empezar Su Ministerio, regresó a este lugar siendo ya un joven, construyó Su propia pequeña ermita con lodo y juncos, como se construían las casas en la localidad y después, en oración y meditación, se preparó para Su Trabajo y Su Pasión. Es posible que esta casa la hayan utilizado José y sus once compañeros como una capilla privada.[20]

Confieso considerar que todo esto puede estar dentro de los límites de la posibilidad y estoy consciente de que no puede comprobarse pero, sin embargo, teniendo en cuenta el número de referencias anómalas y por otra parte, los incalculables componentes de la historia y las leyendas como ya se ha mencionado, lo encuentro equilibrado, más fácil de que sea verosímil que dudoso. No obstante, aún insisto en que la causa de la motivación no ha sido aclarada en su totalidad. Pudo ciertamente haber ido porque su tutor era un judío rico, un mercader en metales industriales asignado por el Imperio Romano. Es posible también, que se haya sentido atraído por la belleza y la paz de Glastonbury y encontrado ahí un lugar de retiro y recogimiento, rindiendo culto en una pequeña capilla. ¿Pero eso fue todo? ¿Era acaso Glastonbury sólo un centro para el comercio o había algo más? ¿Era también el punto central de un mundo espiritual? ¿Pudo haber ido ahí por un intercambio mucho más importante y serio que el del estaño, cobre y plomo? ¿Sería que fue, no para aislarse y estar solo, sino para compartir y relacionarse con los líderes de la Antigua Religión de Britania? ¿Es posible que haya ido para encontrarse con los Druidas?

Lo que hace a C.C. Dobson tan oportuno es precisamente que propone este cuestionamiento. Para él no es suficiente que Jesús hubiera ido sólo a hacer un retiro para estudiar y meditar. Había una razón más profunda y ésta fue el Druidismo. "Glastonbury no parece haber sido sólo un centro para este culto, sino que además, quedaba al alcance de varios de sus centros principales, tales como Caerleon, Salisbury, Bristol, Bath y Dorchester".[21]

Dobson continúa pormenorizando las múltiples razones por las que Jesús podía estar interesado en la religión de los Druidas. Todo lo que él dice, lo obtuvo del libro del Rev. R.W. Morgan, *St. Paul in Britain*, en el cual las supuestas doctrinas de la teología druídica se presentan en detalle. Para resumir, él menciona once puntos principales: Primero, el Druidismo es una religión respetable, como se ilustra en la tríada "Los tres deberes de todo hombre: rendir culto a Dios, ser justo con todos los hombres y morir por tu país". Segundo, la religión de los Druidas se había propagado y era poderosa como lo atestiguaba su papel preponderante en la resistencia contra la invasión romana de Britania. Tercero, se creía en la Trinidad y no era politeísta. La Deidad era Duwa y la Trinidad estaba formada por Beli, el Creador, Taran, el Protector y Yesu, el Salvador que vendría. Cuarto, el roble era el árbol sagrado de la Divinidad. Quinto, el muérdago con sus tres bayas blancas, que representaban a la Trinidad pero en especial a Yesu. Sexto, el Druidismo se anticipó al Cristianismo. Séptimo, es semejante a la ley de Moisés. Octavo, era una fe estrictamente oral y secreta como la Masonería de nuestros días. Noveno, el César dijo: "los Druidas enseñan que por ningún otro camino será posible la reconciliación con la Justicia Divina del Dios inmortal, que no sea el de la redención de la vida del Hombre, a cambio de la vida de la humanidad". Esto significa que tenían una Doctrina de Expiación así como un Yesu, Salvador. Décimo, existían cuarenta Universidades Druídicas, cada una de ellas con 60,000 estudiantes que pasaban veinte años instruyéndose. Onceavo, las materias que estudiaban eran filosofía natural, astronomía, aritmética, geometría, jurisprudencia, medicina, poesía y oratoria.[22]

Con tan impresionante lista de atractivos, es fácil imaginarse porqué Jesús hubiera querido ir allá. De hecho ¡sería difícil imaginar que hubiera querido estar lejos de ellos! Ésta es precisamente la conclusión a la que Dobson llegó:

> Había ahí una fe que se propagaba por medio de una enseñanza oral profunda, una veneración de la verdad que proclamaba la venida de Cristo bajo el mismo nombre de Jesús y con un principio de Expiación. ¿Nos podemos preguntar por qué Jesús fue a residir a una tierra ya preparada para recibir Su Verdad? Cuando posteriormente José de Arimatea fue a proclamar al Salvador bajo el mismo nombre tan familiar para cada uno de los Druidas y el cumplimiento de la Expiación, su principio básico, no es sorprendente que haya sido bienvenido entre ellos. Es un hecho extraordinario que el Druidismo nunca se haya opuesto al Cristianismo y que eventualmente se fusionara de forma voluntaria con él.[23]

Dobson cita más adelante a Juan 7:15 en donde dice que "los judíos decían asombrados: ¿Cómo es que este hombre entiende de letras sin haber estudiado?" Él opina que la respuesta a esta pregunta es que Jesús había estudiado la ley de Moisés junto con los secretos orales de los Druidas en Glastonbury y que esta combinación hizo que su mensaje fuera tan maravilloso. Enseguida concluye:

> En Britania, Él se liberaba de la opresión de la tiranía romana, de la superstición de las falsas interpretaciones rabínicas y de la vulgaridad de la idolatría pagana con sus costumbres bestiales e inmorales. En la Britania de los Druidas podía vivir entre gente en la que predominaban los más altos y puros ideales, los mismos ideales que Él había venido a proclamar.[24]

Por lo menos ahora, se nos presenta un motivo lo suficientemente serio por el que Jesús haya ido a Britania. A Dobson se le debe dar el crédito por haberse dado cuenta que se necesitaba ese motivo tan poderoso para justificar la presencia de Jesús en Britania y lo relativo a la tradición perdida. También a él se le debe la posibilidad de presentar un argumento tan fuerte para justificar la conexión con los Druidas. Dobson expone su caso con tal brevedad y claridad que es difícil no encontrarlo preciso y determinante. Sin embargo hay muchos, como se indicó antes, que dudarían de la fiabilidad de sus fuentes, en especial el Rev. R.W. Morgan, quien se apoya con tanta fuerza en su libro *St. Paul in Britain.* Muchos otros estarían de acuerdo con la crítica que Ashe hace del Rev. L.S. Lewis, diciendo que "los textos en que se apoya son, en su mayoría, anticuados",[25] y se podría decir lo mismo de Dobson en lo que respecta a Morgan. Es verdad que se ha afirmado que casi todo lo que Dobson obtuvo de Morgan se puede remontar hasta Edward Williams (1747-1826) a quien se le conocía mejor como Iolo Morganwg, y de quien Stuart Piggott dijo: "sus invenciones druídicas envenenaron el pozo de la genuina erudición de la literatura celta para las generaciones futuras".[26] Piggott no es el único que cree que Iolo Morganwg y otros aficionados de la cultura celta eran "frugales con la verdad". Existe todavía un sentir general entre los hombres de letras en cuanto a que la veneración de los auténticos estudios druídicos fue tan contaminada por esos hombres, por Morganwg en particular, que el beber de él pondría en riesgo y dañaría la salud intelectual de cualquiera.

Debemos, por lo tanto, hacer la pregunta: ¿Hasta qué punto se puede confiar en Dobson y Morgan? ¿Han acaso pintado un panorama romántico de lo que ellos querían creer? ¿Volvieron a inventar más que a redescubrir el Druidismo al recrearlo en una imagen de sus propias predilecciones? ¿Lo han acomodado a sus propias necesidades? ¿Lo han cristianizado a su conveniencia? Para poder dar respuesta a todas estas preguntas tenemos que profundizar en la historia de la más temprana literatura celta antes de acudir a los textos clásicos, para responder a la pregunta: ¿Quiénes fueron los Druidas?

5

¿Qué tan confiables son las Fuentes?

Bien podría ser que los datos de la Teología Druídica del Rev. R.W. Morgan, que resume el Rev. C.C. Dobson, provengan del altamente incierto, si no es que fraudulento mundo de Iolo Morganwg. Stuart Piggott compendia brevemente las principales características de este mundo. Después de la publicación de *Ossian*, cuya traducción de por sí bastante dudosa fue hecha por James Macpherson en 1762-63, Thomas Percy publicó su obra *Reliques of Ancient English Poetry* en 1765. Percy se mantenía en contacto con el Rev. Evan Evans, quien estaba recopilando la poesía antigua de Gales y el año anterior había publicado su propia obra, *Specimens of the Poetry of the Ancient Welsh Bards*. Éste fue un tiempo de gran entusiasmo por la antigua poesía Celta y muchos otros también estaban haciendo aportaciones importantes y estudios serios, como Edward Jones en su *Musical and Poetical Relics of the Welsh Bards* publicada en 1784 y en *The Bardic Museum of Primitive British Literature* escrita en 1802.[1]

Evan admite que algunas de estas poesías antiguas, en especial las atribuidas al poeta Taliesin en el siglo VI, eran sumamente difíciles de traducir. Sin embargo, afirmó con cautela pero de forma insensata, que representaban "la Cábala Druídica". Pero como lo demuestra Piggott, Iolo no se moderó y llegó mucho más lejos:

> Iolo llegó muy lejos, con la ventaja de que no tenía ningún escrúpulo en inventar fuentes que no existían. En sus *Poems, Lyric and Pastoral* (1794) postuló que los poemas de Taliesin "revelan un sistema completo de DRUIDISMO", y que "en estos escritos (sin duda alguna auténticos), se vería que el CRISTIANISMO *de la Antigua Britania* estaba fuertemente impregnado de DRUIDISMO". En realidad existe un grupo de poemas muy oscuros atribuidos a Taliesin que con seguridad pertenecen a una fecha posterior, y cuyas "traducciones" libres podrían beneficiar a Iolo y a otros muchos, aportándoles un ilimitado grado de tonterías místicas. No obstante, él estableció todo este asunto sobre una base

> firme de falsificación con sus treinta "aforismos" que definen las misteriosas doctrinas y la filosofía de los Druidas, supuestamente encontradas en un manuscrito del siglo XVI, tan poco convincentes como los veinte Decretos Druidas de Noel Taillepied. El Dr. Owen ha escrito con tristeza: "La dedicación, el aprendizaje, el propio engaño, la malicia y el error caracterizan esta fase de los estudios de Gales.[2]

De esto se puede deducir que es muy probable que R.W. Morgan haya sacado, por lo menos parte de su dudosa teología Druídica de la interpretación del Cristianismo británico antiguo y de los treinta aforismos Druídicos de Iolo. Esto no es más que una inferencia ya que cita la obra de Iolo MSS, *Principles of Prediction of Gildas the Prophet.*[3] Sin embargo, no necesariamente tomó todo porque había otros de los que pudo haber obtenido información con la misma facilidad. Iolo no estaba solo. La creencia de que la religión de los Druidas era similar, si no es que idéntica, a la religión de los Patriarcas del Antiguo Testamento, se había extendido ampliamente. Piggott pormenoriza otras propuestas famosas de esta hipótesis, por ejemplo la de Rowland Jones, quien publicó en 1764, *The Origin of Language and Nations*, en 1768, *Hieroglyfic* y en 1771 *The Circles of Gomer*. Para Jones, como para muchos otros, los habitantes de Gales eran los Hijos de Gómer y que Jafet, el hijo de Noé, era también un Druida. Piggott continúa:

> ...en la obra *The Way to Things by Words* (1766), señala al dialecto celta como el padre y origen de todos los idiomas europeos, conservado y transmitido con una sabiduría prístina por los Druidas, quienes con tanto éxito impregnaron al cristianismo antiguo con sus doctrinas, tanto que la Misa tomó su nombre no de las palabras *missa est*, sino de la palabra druida "mistletoe, (muérdago)". Para ese entonces los Druidas ya tenían su propia literatura, encubierta y obscura, pero patente y manifiesta para los ojos de la fe y recuperable por una traducción compasiva y tolerante en la antigua literatura de Gales.[4]

La religión Patriarcal de los Druidas de Gales se expuso en una serie de libros, tales como en *An Enquiry into the Druidical and Patriarchal Religion*, escrito por William Cooke en 1754, *Patriarchal Religion of Britain* de D. James en 1836, y de Edward Davies, *Celtic Researches* en 1804 y *The Mythology and Rites of the British Druids* en 1809.

Morgan pudo haber encontrado la base de su teología Druida no sólo en Iolo, sino en cualquiera de estos autores o en la progenie que ellos produjeron. Esto está implícito en otra referencia que cita el libro de Godfrey Higgins *Celtic Researches* (1827).[5]

Sin importar lo descabellado que le parezca a Piggott y a otros hombres de las letras modernas, esta ruta de estudios fue amplia y fértil, por lo que hubo muchos que con gusto quisieron seguirla. Es un tanto sorprendente que con tan extravagantes teorías, estos fanáticos de la cultura Celta se hayan quedado cortos al aceptar que Jesús había ido a Britania sólo por el hecho de disfrutar la compañía y compatibilidad de los Patriarcas Druidas. Bien pudieron haberlo dicho aunque hasta sus atrevidas especulaciones se tambalearan ante esta singular posibilidad. El libro de Morgan se titula *St. Paul in Britain* y no, *Jesus in Britain*, además de que en ninguna parte sugiere que Jesús haya estado ahí, siendo el Rev. C. C. Dobson quien se arriesga a dar el último paso. Aún más, hubo un famoso aficionado de los celtas de este periodo que hizo la pregunta: ¿Fue Jesús a las Islas Británicas? y la hizo con tan vívida imaginación y esplendor poético, que de ahí en adelante, ni siquiera el escéptico más convencido podría descartar totalmente la idea. Sin embargo, hasta la obra de Blake, *Jerusalem,* como lo demuestra Piggott, fue inspirada por los defensores aún más excéntricos de este género.

Rowland Jones ejerció una fuerte influencia sobre William Owen Pughe, a través del cual se desprende, en términos que nos recuerdan a Iolo: "Él (Ronald Jones) ayudó a contaminar la fuente de la sabiduría de Gales durante todo el siglo XIX". Piggott lamenta que sea a partir de este punto que los Druidas "empiecen a retirarse de su erudición, no importa cuán insólita sea y se tomen como simples símbolos dentro de un universo irracional en el que toda clase de ausencia de razonamiento se puede descubrir".[6] Piggot culpa a Pughue y a su amigo William Sharp por haber corrompido la mente de William Blake con "las extravagancias célticas" de Rowland Jones y con "la obsesión religiosa" de Joanna Southcott. Él concuerda con Robert Southey: "El pobre de Owen encontró todo lo que deseaba encontrar en el sistema de los bardos y ahí fue donde descubrió los conceptos de Blake; de esta manera Blake y su esposa se convencieron de que sus sueños eran verdades patriarcales antiguas que habían quedado en el olvido por mucho tiempo y ahora se estaban revelando". Las obras de Blake, *Profetic Books* y *Jerusalem,* junto con los grabados druídicos fueron la expresión poética de lo siguiente:

> Blake estaba fuertemente influenciado por los mitologistas especuladores y de manera especial por Bryant y su libro *The New System: or An Analysis of Ancient Mythology* (1774-6): "Las reliquias de toda Nación bajo el Cielo" escribe Blake, "no son menos sagradas que las de los judíos. Son una y la misma cosa, como Jacob Bryant y todos los expertos han demostrado". Aunque cambian las características de los Druidas conforme cambió la propia visión de Blake al estar escribiendo *The Prophetic Books* entre 1797

> y 1804, tuvieron su apoteosis en el contexto del descubrimiento revolucionario de Blake, que ubica a Bretaña como la Tierra Santa original y a Jerusalén no tan lejos de la Colina de Primrose, en donde Iolo había iniciado su primer *Gorsedd.* Al principio, los Druidas son los sacerdotes, legisladores, filósofos y matemáticos de Urizén, pero después en su libro *Jerusalem,* "Todas las cosas Empiezan y Terminan en Albion, la rocosa región costera de los Antiguos Druidas"... Blake se preguntó: "¿Era Britania la Sede Original de la Religión Patriarcal?" Y él mismo se contestó de inmediato: "Los Patriarcas Druidas se originaron en Britania y diseminaron sus doctrinas a lo ancho y a lo largo, hasta los bosques de cedro de la Llanura de Mamre". "Sus ancestros", les dijo a sus lectores (en realidad a los judíos), "trazan su origen hasta Abraham, Heber, Sem y Noé, quienes fueron Druidas, como los Templos Druidas (que son Pilares Patriarcales y Bosques de Cedros) sobre toda la Tierra que se conoce hasta este día".[7]

Para todos los otros aficionados a la cultura Celta, los Druidas provenían de los Patriarcas Bíblicos. Ellos, como los habitantes de Gales, eran descendientes de Noé por Gómer y Jafet. Blake tomó la terrible iniciativa de voltear de cabeza esta teoría y aseguró que los Patriarcas eran Druidas y que

Abraham, Heber, Sem y Noé descendían de los antiguos sabios de Britania. Para él, fue Britania y no Canaán "la Sede Original de la Religión Patriarcal". Si Britania y no Palestina, fue la Tierra Santa original, entonces que podía ser más lógico que hacerse la pregunta: "¿Y acaso se posaron esos pies...? La respuesta era obvia. La pregunta era retórica. Jesús había ido a Britania para regresar a la distante fuente de la religión de sus antepasados.

Para Piggott, como para la mayoría de los estudiosos modernos del Celticismo, no es más que la *reductio ad absurdum* (absurda disminución) de una lógica de extrema irracionalidad, de la que son culpables todos los que se han mencionado con anterioridad. Tal vez a Blake se le pueda exonerar por haber sido sólo un excéntrico inspirado, no así al resto de los autores. R.W. Morgan y C.C. Dobson, como reconocidos seguidores de esta tradición de tan mala reputación, deberán que ser condenados junto con todos los otros. La respuesta a nuestra pregunta ¿se puede confiar en ellos? tendría que ser un "No" rotundo, aunque posiblemente fuera ésta la única contribución de lo que se conoció en el siglo XIX como la teología "helio-arkite". ¿Pero es forzoso que así sea? ¿Acaso Stuart Piggott estará siendo portavoz de todos los eruditos respetables? Por el número de las ediciones de su libro y la cantidad de veces que se le cita, se le puede perdonar a uno pensar de esa manera. ¿A él se le puede perdonar? Y con mayor pertinencia aún: ¿Puede soportar un escrutinio detallado, su juicio totalmente negativo? Creo que la respuesta a esto es "No" y mis razones para pensar de esta forma surgirán si sometemos su tesis a un severo escrutinio.

Piggott da seguimiento a T.D. Kenrick en su obra *The Druids,* escrita en 1927, el cual parece condenar la tradición "helio-arkite" tanto como el mismo Piggott. No obstante, deja la puerta abierta a la posibilidad de que haya habido una legítima continuidad entre los antiguos Druidas, los bardos de la Galia medieval y los predicadores celtas, al decir: "Ésta no es, de ninguna manera, una creencia extravagante o ridícula".[8] Piggott acepta esto y admite que los galeses medievales y los bardos irlandeses tenían "raíces auténticas de los antiguos de Celtas y Druidas". También admite que "el vínculo que existía entre esta tradición del siglo XVIII y la de la Edad Media era lo suficientemente legítimo".[9] Ahora bien, si es cierto que existía un auténtico vínculo entre los aficionados a la cultura Celta en el Siglo XVIII, la tradición de los bardos medievales y los Druidas, ¿por qué no se ha hablado más de ellos? ¿Por qué no se hace de este asunto la base para una contribución más positiva? Su respuesta especifica que esta tradición es tan insustancial y las invenciones de Iolo, Rowland Jones y Owen Pughe son tan extensas, que se ha vuelto imposible acrisolar el oro de la escoria o impurezas del metal. En consecuencia, Piggott se explaya demasiado en el lado negativo de las cosas y nos deja con la convicción de que sólo se trata de fraudes o fantasías en lo que respecta a los primeros estudios sobre los Celtas.

Con toda seguridad, si existiera algún rastro de verdad en la afirmación de que hubo un auténtico elemento de continuidad, entonces debería de presentársenos como una opción. Pero no es así. Lo único que nos llega es un interminable catálogo de críticas que implican, de hecho, que no sólo no existe un vínculo verdadero entre el medievo o el pasado remoto, sino que no existieron en ningún tiempo eruditos confiables en este campo.

Esa valoración tan totalmente escéptica, despierta la sospecha de que Piggott no es tan objetivo en su juicio como pretende o como desearía que nosotros creyéramos. Esta sospecha aumenta cuando nos damos cuenta de que su actitud hacia las referencias y alusiones que hacen los antiguos romanos y los griegos de los Druidas, es tan crítica, como lo es hacia los "helio-arkites" de los siglos XVIII y XIX. Una cosa es condenar a los intérpretes de los textos clásicos por haber distorsionado y mal interpretado sus fuentes, y otra totalmente diferente, culpar a los autores griegos y romanos por no conocer bien su materia e incidir en las primeras distorsiones y malas interpretaciones acerca de los Druidas, las cuales simplemente han perpetuado los intérpretes que les siguieron. Sin embargo, esta es su manifiesta postura, la cual plantea en su introducción y la mantiene firmemente:

> … la comprensión de… y los comentarios sobre… los bárbaros que los rodeaban, proveniente de los clásicos de la literatura que estaban inevitablemente deformados por las maneras de pensar contemporáneas y los esquemas filosóficos de moda, y es aquí … que debemos esforzarnos por detectar en dónde se impusieron conceptos y motivos inconscientes con respecto a los Druidas, por aquellos que escribieron por primera vez sobre ellos y quienes de tiempo en tiempo les hicieron el honor de encontrar en ellos medios oportunos para ilustrar un concepto filosófico.[10]

Piggott considera que los autores clásicos les asignaron conceptos y motes a los Druidas de manera inconsciente, como los de Salvajes Nobles y Hombres Primitivos. Fueron ellos los que cambiaron a los Druidas de lo que eran en sí mismos, por los Druidas que deseaban que fueran; es así como se empezó a distorsionar lo que ha ido persistiendo y lo que desde entonces, se le ha ido añadiendo. El concepto de Primitivo, que Piggott sostiene, se manifiesta como un Primitivismo Duro, si es que el autor deseaba enfatizar la barbarie o atrocidad del sacrificio humano, el nacionalismo mágico o extremoso. Esto, asegura él, tiende a ser una debilidad muy particular de los intérpretes latinos. Si el autor deseara idealizar a los Druidas no mencionando los sacrificios humanos, etc., sino presentándolos como los depositarios de la sabiduría antigua, entonces, diría que eran culpables de un Primitivismo Suave. Esta fue la falla de los escritores griegos alejandrinos. Es importante comprender que según Piggott, *todos* los autores clásicos eran, sin excepción, culpables de lo uno o de lo otro. Él desarrolla esta idea en una teoría general de ideas históricas relacionadas con la Edad de Oro y los Ilustres Salvajes:

> Este conjunto de ideas ha afectado de manera profunda el sentir del pensamiento occidental desde los tiempos de Homero y de Hesíodo, y en un leve descuido, también incluye el concepto de las sociedades utópicas. Reúne toda la fuerza de una gran trivialidad, que en nuestros días sirve de tema para mucha de la ciencia ficción; y como el conocimiento geográfico ahora excluye la existencia de Utopías terrestres no descubiertas, es preciso buscar inteligencias superiores a la del hombre vulnerable e incompetente para los espacios intergalácticos. Veremos también cómo, estas mismas ideas, tenían un efecto muy poderoso entre aquellos que redescubrieron y reconstruyeron a los Druidas de finales del siglo XVII en adelante.[11]

Es evidente que el tema de la "idealización de los habitantes primitivos que hacían las sociedades más complejas" era bastante fuerte. Nadie desearía minimizarlo en la historia de las ideas ni en ninguna consideración de las ideas importantes para la historia; Piggott ha acumulado una cantidad impresionante de evidencias específicas para respaldar su teoría, pero mi cautela respecto a su postura no se debe a que dude de la importancia de lo que dice, sino porque afirma que su teoría lo explica *todo*. Creo que explica mucho pero no todo, y al asegurar que ha explicado todo, de forma automática excluye a los Druidas. Y no sólo eso, se deja llevar por el entusiasmo a tal grado en lo que se refiere a su concepto sobre los Salvajes Nobles y los modelos Primitivos, que se justifica por ser ofensivo con todos los que creen cualquier aspecto positivo respecto a los Druidas. Se mofa de ellos diciendo "que persiguen los rayos de la luna del Gran Lunático" y que "buscan los Consuelos de lo Irracional". Son demasiado crédulos respecto a "las casi increíbles especulaciones fatuas y a las fantasías".[12] Sus filas están llenas de "muchos desequilibrados psicológicamente y de chiflados solitarios".[13]

Piggott no debería desecharlos, ya que su propia postura no está libre de ser expugnada como él pensaba. Esto se manifiesta claramente cuando se refiere en sus textos a los Druidas como personas asociadas que tenían muchas características de los griegos Pitagóricos. Éste no es un asunto que pueda dejarse al margen tal como intenta presentarlo, ya que excluyendo la condena del sacrificio humano de Los Primitivos Duros, así como su magia y nacionalismo extremo, los romanos son bastante consistentes al comparar a los Druidas con los seguidores de Pitágoras. Del mismo modo, los griegos alejandrinos se expresan de manera consistente de los Primitivos Suaves. Esto perturba a Piggott porque, si los Druidas eran Pitagóricos, entonces no pudieron haber sido unos Salvajes Nobles y como obviamente eran Salvajes Nobles, no podían por ningún motivo haber sido Pitagóricos. Así que, para poder conservar su teoría, tiene que acusar a los romanos y a los griegos que hicieron tal afirmación sobre el pecado imperdonable del Primitivismo Ligero. Tienen que estar equivocados ya que sólo están idealizando a esos Salvajes Primitivos. Su evidencia tiene que desacreditarse y la teoría de él, prevalece sobre todas estas referencias primarias. Esto es lo que tiene que demostrar. Al hacerlo, Piggott es muy ingenioso, no obstante creo yo, es injusto, parcial y lleno de prejuicios, además de ser culpable de una distorsión tan seria como la de aquellos que tan severamente critica. Entiendo que está realmente diciendo, como Rowland Jones o Owen Pughe: "Éstas son las teorías en las que fundamento mis hechos". Apenas si menciona a los seguidores de Pitágoras, así que examinemos dos de sus referencias para poder poner al descubierto sus procedimientos inaceptables.

El primero que he seleccionado es uno que se refiere a las múltiples veces en que algunos escritores romanos y griegos mencionan que los Druidas eran como los Pitagóricos por su creencia en la inmortalidad del alma. Piggott dice que todos ellos son más o menos culpables de una idealización, porque la doctrina celta de la inmortalidad "no es, de hecho, Pitagórica en su contenido". ¿Por qué? Porque "no implica una creencia en la transmigración de las almas a través de todos los seres vivientes... sino sólo un cándido, literal y vívido recuerdo de una contrapartida exacta de la vida terrestre más allá de la tumba".[14] Ahora bien, no dudo que tenga algo de razón, pero hay que hacer notar el uso que hace de esta idea. Presenta la creencia de los Druidas como algo cándido y simple, que significa Primitivo, mientras que el Pitagórico es sofisticado y complejo. Abre una brecha entre ambos y subraya más las diferencias que las similitudes: "Lo que es en verdad muy significativo, es el contraste tan real entre la visión celta y la clásica de la eternidad". La semejanza que tantos autores clásicos confirman, se ha basado en el reconocimiento de que la creencia celta respecto a la vida después de la vida, es realmente extraña y ajena, y "que es necesario explicarla en términos filosóficos más comunes". En otras palabras, sólo podían explicar lo desconocido por medio de algo que les fuera familiar. Eran culpables de atribuir a los Salvajes Nobles ideas complejas y civilizadas. Eran culpables de un Primitivismo Ligero. De esta forma Piggott demuestra que aunque ellos decían que sus creencias eran semejantes, una de dos, o sabían que estaban equivocados o sabían que no lo estaban. Así que, las múltiples referencias que vinculan a los Druidas con los Pitagóricos en cuanto a esta doctrina han sido desacreditadas con buen resultado.

Otro ejemplo que he seleccionado está relacionado con la descripción clásica de los Druidas como filósofos por naturaleza, teólogos y hombres sabios, semejantes a los Pitagóricos. Ninguno de estos calificativos concuerda con el modelo presentado por Piggott, de los bárbaros Salvajes en un estado Primitivo de evolución, por lo que se supone que no eran sino las especulaciones sin fundamento de una clase literaria que tocó el tema "con un número de suposiciones previas que ya estaban en la mente de los menos prejuiciados".[15] No hace falta decir que tales suposiciones previas de quienes tenían menos prejuicios tenían que ver con el encanto irresistible del "concepto de la existencia de sabios que fungían como gobernantes entre los más remotos seres primitivos". Los literatos clásicos, en su entusiasmo por describirlos, no podían evitar utilizar términos que se asociaban con su propio pensamiento, altamente desarrollado, técnico, profundo e ingenioso, el cual a pesar de "sus visos de una complejidad y sofisticación intelectual", tenían, a pesar de todo, que ser "utilizados al registrar las creencias más sencillas, las supersticiones, la tradición popular y las instituciones de los bárbaros que habitaban más allá de los Alpes".[16] Piggot hace que nos sintamos apesadumbrados al ver que ellos tuvieron que bajar de tan encumbradas alturas para describir asuntos tan prosaicos. El aire se siente pesado con *noblesse oblige (la nobleza obliga)*. En consecuencia, también nos sentimos apenados por Piggott, porque es obvio que él ha tenido que hacer lo mismo. Que asunto tan penoso es tener que ocupar tan brillante, sutil y sofisticada erudición en asuntos tan insignificantes:

> No pudieron evitar tener que escribir sobre los filósofos y teólogos que estudiaron la filosofía natural y moral, investigaron los problemas de las cosas ocultas y sublimes, y fueron maestros de la sabiduría. En verdad sería un error pensar que tales frases aplicadas a los Druidas, deberían necesariamente interpretarse en el mismo sentido en el que se haría si se tratase de un diálogo de Sócrates o un pasaje de Séneca o de Cicerón.[17]

No puedo negar que haya habido parte de verdad en esto y que se le haya dado algún toque de romanticismo a esta cuestión de los Druidas, pero el decir que eso era *todo* lo que había al respecto y que los títulos de "filósofo", "teólogo" y "maestro de la sabiduría" se utilizaron sólo accidentalmente porque no había otros disponibles, es en realidad ir demasiado lejos. Una vez más, su método es acusar y excusar sus fuentes relativas al Primitivismo Ligero. Como en el asunto de la inmortalidad del alma, Piggott culpa a los autores clásicos de idealizar a los

Druidas, pero a la vez explica por qué fue inevitable. Sería un grave error pensar que los autores clásicos estaban usando estos términos sutiles, profundos y sofisticados, de la misma manera que los utilizaron refiriéndose a Sócrates, a Séneca o a Cicerón. ¿Pero por qué? Sólo hay una razón. Si eran Salvajes, no importa cuán nobles, hubieran sido demasiado incivilizados, torpes, vulgares, incautos, simples y barbáricos para ser capaces de tales logros intelectuales. Esto ha sido demostrado. Eran Primitivos y cualquiera que lo dude, es también culpable de Primitivismo. Ésta es la teoría de Piggott y sus hechos lo han demostrado. El mismo argumento se ha empleado para desacreditar las múltiples referencias respecto a los notables conocimientos que los Druidas tenían en el área de la astronomía y la cosmología. Se nos dice que tal pericia "es un hecho común en muchas sociedades relativamente barbáricas" y que todavía se podía encontrar, hasta el siglo pasado, entre los ignorantes primitivos como los Tamiles del sur de la India.[18]

De esta forma Piggot ha destruido hábilmente cada uno de los textos clásicos y existen más o menos veinte de ellos que, o afirman claramente o infieren que los Druidas eran Pitagóricos. Nos hemos dado cuenta de que él necesita hacer esto para proteger su teoría. De muchas maneras es una teoría atractiva y se le puede felicitar por la minuciosidad y la astucia con que la expone. Pero ¿es esto razonable y justo? ¿Le hace justicia a todas las evidencias? No lo creo. Pienso que suena más a algo entre sofisma y falacia, ya que me parece que no hay otra razón para tan enorme escepticismo, que la de su determinación de asirse, a toda costa, a una postura tan insostenible. Ni por un momento me puedo imaginar que *todos* los autores clásicos hayan sido tan culpables del Primitivismo, ya sea Duro o Suave; que a *ninguno* de ellos se le pueda considerar de alguna manera equilibrado y digno de confianza; ni puede ser, que a todos ellos alguna vez o a varios de ellos, tal vez todo el tiempo, pero nunca a todos ellos todo el tiempo, se les pueda considerar de esa forma. Esto es absolutamente ridículo ya que pone a Piggott en una postura única en su género, la de volverse el único árbitro de su veracidad y lo hace arbitrario, pues supone que él puede hacer lo que le plazca con todo el material informativo porque para él todo es sospechoso, sin embargo, esto no es una erudición convincente. Ya hemos visto que tiene una motivación poco aceptable para desacreditar la opción Pitagórica, lo que es aún más reprochable porque en ningún momento en su libro responde al reto de Nora Chadwick, quien en su obra *The Druids,* publicada unos años antes, aduce con firmeza que los Druidas eran Pitagóricos como lo describen los autores clásicos. Aunque Piggot menciona tres veces a Chadwick en detalles de poca importancia, no se refiere, ni responde o critica su erudita exposición Pitagórica. Tal parece que no estuviera escribiendo un estudio objetivo sino una polémica que favorece, indudablemente, a aquellos con prejuicios en contra de los Druidas, como los que en los últimos años, son responsables de proscribir a los Druidas modernos de Stonehenge en pleno verano y que decididamente perjudica a quienes están en la búsqueda de una contribución legítima y razonable.

Aunque no se desea descartar la aportación de Piggott, es importante que no se acepte lo sustancial de su tesis tan claramente predispuesta, en especial, con lo relacionado a la opción Pitagórica. De igual forma, mientras que no es nuestro deseo aceptar mucha de su teología "helio-arkite", estaría mal rechazarla toda, así como descalificar la autenticidad de todas las fuentes clásicas en las que, en última instancia, basa sus teorías. Lo que ha salido a la luz en este análisis, es la interpretación Pitagórica de los textos clásicos sobre los Druidas que no se ha definido aún. Hasta que esto se haya hecho, no sería justo suponer que las propuestas de Dobson, o incluso las de Blake, en cuanto a que Jesús pudo haber ido a Britania para reunirse con los Druidas, estén totalmente descarriadas. Porque si los Druidas eran realmente Pitagóricos, esto pondría a nuestra consideración un fuerte e inesperado vínculo entre la antigua Britania y Grecia, y ciertamente con todo el mundo del Oriente Medio, de donde vino Jesús.

6

La Opción Pitagórica

Causa un verdadero impacto pasar de Stuart Piggott a Nora Chadwick con su libro *The Druids,* en donde su planteamiento es completamente diferente desde el *Prefacio*. Una vez soportada la polémica de Piggot, la declaración de Chadwick es alentadora:

> Después de los griegos y de los romanos, los Druidas eran los más avanzados de todas las clases intelectuales de la antigua Europa, y fueron los que más se distinguieron entre las comunidades celtas de la Galia. No podemos evitar quedar impresionados de que antes que otros, se ocuparon de asuntos espirituales e intelectuales.[1]

Uno puede sospechar que de haber escrito después de Piggot y no antes, hubiera querido ser un poco más crítica en cuanto a las fuentes clásicas; pero éste no necesariamente es el caso, porque su negatividad viene en gran parte de T.D. Kendrick y su libro *The Druids* escrito en 1927, el cual tuvo a la mano y al que se refiere someramente, pero que en principio, nunca siguió. Además del libro de T.D. Kendrick, también tuvo acceso al de J.A. MacCulloch, *The Religion of the Ancient Celts* de la misma tendencia y al cual decidió ignorar. De hecho, ella es bastante crítica al admitir que desconfía y con razón, de tales fuentes, porque o están mal documentadas o son de segunda mano. Nadie de los escritores clásicos trató con algún Druida, excepto Cesar y Cicerón que conocieron sólo a uno, y por cierto al mismo, a Divitiaco. Sin embargo, para ella, las evidentes limitaciones de los textos clásicos no sólo se deben a su propensión por darles a los Druidas un toque romántico, sino a su deseo por describirlos como ellos no eran para los fines políticos. Ella también está muy consciente de que las opiniones varían en cuanto a la veracidad de Posidonio (135-50 a. C.), la supuesta primera fuente de Estrabón, Diodoro Sículo, César, Pomponio Mela, Plinio el Viejo y Lucano. ¿Fue citado él con precisión? ¿Hasta qué punto Posidonio y su tradición sólo estaban interesados por curiosidad en los extravagantes aspectos del Druidismo y no en una valoración seria? Chadwick se acerca al Primitivismo Suave de Piggot cuando sugiere que todos ellos podrían ser culpables hasta cierto punto por escribir como turistas.[2] No obstante, se rehúsa a aceptar esto a cambio de reconocer que estamos en deuda con ellos por su persistente curiosidad y lo que es más importante, son dignos de confianza, porque de muchas maneras trazaron un panorama sólido. Se les debe creer cuando nos dicen que hubo tres categorías de Druidas:

1. Los Bardos, quienes eran panegíricos o poetas líricos (Diodoro Sículo, Estrabón, Ammianus)
2. Los Ovates, que eran los sacrificadores, adivinos y videntes (Estrabón).
3. Los Druidas, quienes eran filósofos naturalistas (Diógenes de Laertes, Cicerón, Clemente); filósofos moralistas (Estrabón); teólogos (Diodoro Sículo, Tácito, Lucano); intérpretes de la naturaleza (Ammianus); Adivinos (Dio Crisóstomo, Plinio, Diodoro, Hipólito); magos (Plinio, Hipólito); médicos (Plinio); los hombres más justos (Estrabón); jueces (César, Estrabón); conciliadores en demandas por homicidios (César, Estrabón); educadores (César, Pomponio Mela); maestros de la sabiduría (Pomponio Mela).

De igual manera los griegos alejandrinos, Dio Crisóstmo, Hipólito, Clemente, Cirilo, Diógenes de

Laertes, que siguieron a su fuente principal, Alejandro Cornelius Polyhistor (105 a. C.), a ellos se les puede creer cuando equiparan a los Druidas con los magos de los Persas, los sacerdotes de Egipto, los Brahmanes de la India y los Pitagóricos. Chadwick los trata con respeto contrariamente a Piggott, quien dice que sus relatos son "todos trabajos de segunda mano, de biblioteca, sin nuevas observaciones empíricas de informantes de primera mano o trabajos de investigación de campo entre los celtas".[3] Aunque aceptáramos esta serie de posibilidades, su misma predisposición es evidente al no hacer alusión alguna y mucho menos refutar, la base en la que Chadwick fundamenta su postura, es decir, que los alejandrinos probablemente fueron a las fuentes anteriores a Polyhistor hasta los siglos III y IV a. C. y por lo tanto, ellos eran mucho más antiguos.[4] Piggott también la ignora cuando ella comenta con mucha percepción, que no estaba dentro de los intereses de los alejandrinos decir cosas positivas de los Druidas, quienes después de todo, eran cristianos: "Los últimos escritores alejandrinos eran cristianos y no es probable que hayan reformado seriamente la tradición pagana de los Druidas a su conveniencia".[5]

Como se verá en capítulos posteriores, muchos de los conceptos que se utilizaban para describir a los Druidas, ya fuera por los romanos o por los griegos, se ajustan al modelo Pitagórico: filósofos naturalistas y moralistas, intérpretes de la naturaleza, teólogos, médicos, magos, educadores y maestros de la sabiduría, todas ellas eran descripciones que pueden reconocerse con facilidad como Pitagóricas o Druídicas. Además de estas semejanzas implícitas, Chadwick se impresionó por las múltiples conexiones explícitas que han sido registradas, tales como la que dio Hipólito (c. 200 A.C.):

> Los Druidas entre los Celtas, examinaron profundamente la filosofía Pitagórica; Zalmoxis, originario de Tracia y esclavo de Pitágoras, se convirtió para ellos en el fundador de esta disciplina. Después de la muerte de Pitágoras, él se abrió paso y llegó a ser, para ellos, el fundador de esta filosofía. Los Celtas los honran como profetas y pronosticadores porque ellos vaticinan las cosas por medio de las cifras y los números, de acuerdo a la pericia Pitagórica.[6]

Chadwick no está convencida de la declaración de Kendrick, quien dijo que "no hay un registro confiable de que haya existido comunicación entre Pitágoras y los Celtas, ni de que la leyenda de Zalmoxis sea una simple fábula".[7] Tal vez no pueda considerarse historia como tal, pero es una evidencia legendaria en cuanto a una relación antigua reconocida. Su evaluación global de las fuentes clásicas llega precisamente a la conclusión opuesta. Los Druidas, sostiene, pueden entenderse mejor si se les considera griegos Pitagóricos:

Las peculiaridades *sobresalientes* del entrenamiento druídico pueden resumirse en la filosofía naturalista y en las ciencias naturales; la naturaleza del universo físico y su relación con la humanidad. Esta rama del conocimiento humano fue característica de los antiguos filósofos griegos de Iona. Es factible que los Druidas y los adivinos o profetas de la Galia, que representaban a la gente si no inculta, sí un tanto subdesarrollada, de la periferia de la civilización griega, hayan conservado y transmitido los últimos ecos de la filosofía y del conocimiento primitivo que venía del antiguo mundo griego, y que probablemente propagaron, en primer instancia por la Galia, a través de la colonia griega de Massalia. La conformación de este conocimiento y de esta filosofía... asociaba particularmente a los griegos alejandrinos con los 'conceptos de Pitágoras'... ¿Se puede justificar de otra forma el Druidismo con alguna otra explicación que sea coherente con los hechos?... Como he sugerido, una relación entre el Druidismo y el mundo griego cobra consistencia por el uso del alfabeto griego utilizado por los Druidas, según lo refiere Cesar, y por el uso de nombres de persona de origen griego en la familia de Phoebicius, quien era descendiente de los Druidas, según lo relata Ausonio.[8]

Para ser justos con Piggott, se debe admitir que también él hizo un reconocimiento casual de una posibilidad en cuanto a que "algunos de los elementos de la matemática griega llegaron hasta el mundo Celta a través de contactos con los Massaliot desde el año 600 a. C.", pero de inmediato vuelve a decir despectivamente, que si algunas doctrinas Pitagóricas en verdad se hubieran transmitido, lo más probable era que sólo se trataran de "asuntos tan mundanos como el valor del cuadrado de la hipotenusa de un triángulo rectángulo".[9] Este comentario sarcástico ha provocado que Peter Beresford Ellis en su libro *The Druids*, haga la importante observación de que un juicio tan destructivo sólo podría hacerse si se ignorara la evidencia de los monumentos megalíticos y los círculos de piedra. Él dice que sabe que estas construcciones no fueron edificadas por los Celtas porque están datadas por lo menos en mil años antes de la civilización céltica. Sin embargo, Ellis cita a Christopher y Jaquetta Hawkes, los cuales sostienen que los monumentos megalíticos y los círculos de piedra fueron construidos por los antepasados de los Celtas. Él está consciente de que existen varias teorías respecto a quiénes construyeron los megalitos, pero es seguidor de Neven Henaff (1908-1983), quien hizo estudios en Stonehenge relacionados con el antiguo Calendario Druídico de Coligny, y quien, siguiendo la opinión de R.J.C. Atkinson plasmada en su obra *Stonehenge* (1956), afirma en su libro *Carn*, que según las matemáticas, el número de piedras en Stonehenge corresponde a los números del Calendario de Coligny. Cita a Nenaff: "Así que, después de todo, la tradición popular y los arqueólogos "primitivos" que relacionan constantemente a Stonehenge con los Druidas, bien pudieron estar en lo correcto desde el principio".[10]

Ésta es una forma muy valiente de responder a Piggot y sin duda alguna, a la mayoría de los arqueólogos y estudiosos contemporáneos de la prehistoria, entre los cuales todavía prevalecen las opiniones de Piggott. Beresford Ellis se está metiendo en el ojo del huracán ya que ha estado vociferando por muchos años sobre este tema y corre el riesgo de que el círculo académico lo hunda o lo haga naufragar.

Se ha aventurado a entrar en aguas peligrosas aun cuando él es un erudito respetado en cuestiones célticas. Se le conoce más por lo que sabe que por andar citando a autoridades contenciosas para apoyar argumentos retrógrados sobre el romántico Primitivismo Fino y el Salvajismo Noble, cuestiones que, como hemos visto, han contaminado los estudios célticos anteriores. Sin embargo, es obvio que está corriendo un riesgo calculado porque continúa citando a Gerald Hawkin en *Stonehenge Decoded* (1966) y a otros, cuyas teorías, altamente discutibles, dieron origen a la nueva ciencia de arqueoastronomía, el estudio de los posibles alineamientos de los monumentos megalíticos. Esto, dice, llevó a una revalorización de la capacidad céltica para la construcción:

> En 1967, el arqueólogo Patrick Crampton, en *Stonehenge of the Kings*, fue el primero en rebatir la divulgada idea de que antes de la llegada de los romanos, los Celtas Británicos no tenían conocimiento sobre las técnicas que se utilizaban para la construcción sofisticada, al poner como ejemplo las excavaciones de Clickhimin y al señalar, la sofisticación en la construcción tradicional desde los tiempos de Stonehenge hasta la conquista romana, demostrando de esta manera una continuidad. Pero ya sea que estas enormes construcciones astronómicas, fueran construidas por los antecesores de los Celtas o por los que vinieron después de ellos, la evidencia muestra que éstas llegaron a ser parte de la tradición céltica, así como, ciertamente, el conocimiento sobre la construcción fue heredado por una cultura céltica posterior.[11]

Aun cuando la mayoría de las veces, Beresford Ellis expresa sus dudas acerca de la existencia de un vínculo entre los Druidas y los Pitagóricos, todo lo que él y sus seguidores afirman, apoyan una fiel interpretación de las referencias clásicas, tales como las de César, quien alude a la importancia de la cosmología de los Druidas: "Además de esto, tienen muchas cuestiones con relación a las estrellas y sus movimientos, el tamaño del universo y de la tierra, el orden en la naturaleza, la fuerza, y los poderes de los dioses inmortales que pasan su erudición a los jóvenes".[12] Él se muestra escéptico respecto al nexo Pitagórico porque está ciertamente en desacuerdo con Piggott y aun, con el punto de vista de Chadwick, en cuanto a la idea de que los Druidas eran el remanente de "gente subdesarrollada pero no completamente inculta de la periferia de la civilización griega".[13] Ellis argumentaría que se trataba de una cultura céltica ingénita, previa a cualquier posible influencia griega.

Aunque esta postura sea radical, se puede cotejar con la mayoría de las opiniones contemporáneas arqueológicas y sin embargo es, en forma extraña, semejante a ciertos textos alejandrinos que no aceptan que los Druidas procedieron de los Pitagóricos como se ha descrito, sino que más bien, eran los seguidores de los conceptos de Pitágoras los que provenían de los Druidas.

Es fácil predecir que Piggott considere tales ideas como una expresión de los más bajos extremos del 'mundo de ensueño' del Primitivismo Suave; y Chadwick, aunque respeta estos textos, es tristemente incapaz de interpretar algo sobre ellos. Así pues, se le deja a Beresford Ellis identificar los monumentos de los predecesores de los Celtas o de los Druidas de la Era megalítica, como evidencia de una cultura indígena de la antigua Britania, de la cual los Pitagóricos podían ser descendientes.

Ésta parece ser la única interpretación que tiene sentido, de acuerdo a la aserción que hace Clemente de Alejandría respecto a que el mismo Pitágoras aprendió su filosofía de los bárbaros entre los que estaban los Druidas: "Alejandro (Polyhistor) en su libro *On the Pythagorean Symbols,* relata que Pitágoras era discípulo de Nazaratus, el Asirio... y que Pitágoras era un oyente de los galeses y de los Brahmanes".[14] También haría sentido otra declaración semejante de Clemente:

> De esta forma, la filosofía, una ciencia de máxima utilidad floreció en la antigüedad entre los bárbaros, arrojando su luz sobre las naciones. Después llegó a Grecia. En sus primeras filas estaban los profetas de los egipcios y de los caldeos entre los asirios, los Druidas entre los de Galia, los chamanes entre los bactrianos, los filósofos de los Celtas y los magos de los Persas.[15]

Es evidente que Clemente no estaba solo al implicar la posibilidad de que a Pitágoras se le conociera como el *frustrado* Druida, pues se decía que él había aprendido de los Druidas de la Galia. Diógenes de Laertes, Cirilo y Estéfano de Byzancio estaban también de acuerdo, hasta cierto punto, con esta afirmación.[16] Haciendo eco con Chadwick nos podemos preguntar: ¿Cómo podremos responder de otra forma a estas afirmaciones improbables, valiéndonos de una explicación consistente de los hechos?

Aunque se considere extraordinario y hasta un poco extravagante, parecería que estos textos alejandrinos dan testimonio de una sabiduría universal anterior a la de Pitágoras y de la que él mismo aprendió. A los representantes de esta sabiduría se les conoció por varios nombres en los diversos países; sin embargo, entre los Celtas se les conocía como filósofos y entre los galeses como Druidas. Más aún, para algunos de los recientes expertos en la materia, de quienes Beresford Ellis ha hecho alusión, tales como Atkinson, Henaff, Hawking y Crampton, pareciera que estos textos clásicos, al hablar de los Druidas galeses, bien pudieran referirse a la sabiduría de los Druidas y de los Celtas posteriores que se originaron con la cultura megalítica del Neolítico. Presentaré qué tan Pitagórico fue todo esto y qué tan contencioso es el asunto en la Parte III, cuando se examinen las teorías del Profesor Alexander Thom y la controversia que las rodeó, porque aunque Beresford Ellis no lo menciona, todo lo que ha propuesto apunta en esa dirección.

Es importante mencionar que Beresford Ellis no es el único que sostiene que hubo una continuidad cultural entre los Druidas Celtas y sus lejanos predecesores del Neolítico y de la Edad del Bronce. También hay otros, quienes creen que la reacción en contra de "la tradición popular y los arqueólogos *primitivos*" ha llegado demasiado lejos, y que investigaciones recientes están demostrando que, a fin de cuentas, ellos no estaban del todo equivocados. Por ejemplo, Euan Mackie en su libro *Science and Society in Prehistoric Britain*, no tiene ninguna dificultad en aceptar la continuidad cultural de la Edad de Piedra hasta la época de los Druidas. Contrariamente a Kendrick, Piggott y Chadwick, él sostiene que si los Druidas hubieran adquirido sus conocimientos de la *fisiología* de los griegos, entonces sería lógico que el centro del Druidismo hubiera sido Galia, porque la influencia griega vino, como ya lo hicimos notar, vía Massalia (actual Marsella), pero también nos recuerda que esto no es lo que César dice. Euan Mackie apunta que la *materia* "se desarrolló primero en la antigua Britania y de ahí se introdujo a la Galia; hasta hoy en día, los que desean estudiar a mayor profundidad este asunto, generalmente se dirigen a la Gran Bretaña". Lo que Mackie argumenta es, que esto indica un origen británico mucho más antiguo de la *materia* y que a su vez sugiere implícitamente, la posibilidad de un vínculo que se remonta hasta la cultura megalítica.[17]

En su libro *Sun, Moon and Standing Stones*, John Edwin Wood acepta en principio la posibilidad de tal vínculo. Habla de cuando en la transición del Neolítico tardío al inicio de la Edad del Bronce en Britania, alrededor del año 2500 a. C., una tribu galesa, los "Beaker Folk", llegó con un nuevo conocimiento para trabajar el bronce y con una alfarería muy característica de ellos. Wood dice que parece ser que hubo una integración pacífica de lo viejo con lo nuevo "aparentemente sin ocasionar un rompimiento en la continuidad".[18] Algunos arqueólogos antiguos creían que los "Beaker Folk" conquistaron a las tribus de la región y establecieron a la fuerza su propia cultura, pero ahora esto se cuestiona. "Los 'Beaker Folk' y sus sucesores llevaron técnicas que permitían utilizar bloques grandes de piedra y aunque ellos por lo común ya no construían tumbas, seguían colocando piedras en forma de círculos, hileras, y megalitos aislados, desde el archipiélago de Shetland en Escocia hasta Britania".

De las observaciones de Wood se pueden deducir dos aspectos respecto a continuidad de la cultura. En primer lugar, no hay razón por la cual, cuando una oleada de nuevos inmigrantes con costumbres y conocimientos diferentes llega a arrasar con algún país, esto implique necesariamente que tenga que haber un rechazo a los elementos significativos de la antigua cultura. En segundo lugar, si los inmigrantes llegan como conquistadores, no se tienen forzosamente que interrumpir por completo los sistemas culturales, como se puso de manifiesto durante tantas guerras que se dieron entre las diferentes naciones europeas, o durante las Cruzadas cuando los conquistadores occidentales cristianos fueron "vencidos" o asimilados en gran medida por la cultura y la ciencia del pueblo musulmán. Wood quiere especificar que hubo una probable continuidad en la cultura durante todo el período de construcción megalítica, es decir, más o menos del año 3000 a. C. al 1200 a. C., lo que deja una brecha abierta entre 1200 a. C. y 750 a. C., primera fecha que por lo general se da para fijar la llegada de los Celtas y por lo tanto de los Druidas. No obstante, existe otra evidencia que prueba la continuidad durante este período y que retomaremos más adelante. Esto es suficiente para establecer que Beresford Ellis no es el único en sugerir que si no fueron los Druidas los responsables de la construcción de Stonehenge y de todos los otros sitios donde hay monolitos de piedra formados en círculo, sí lo fueron sus predecesores; que ellos heredaron una tradición que data por lo menos hasta el año 3000 a. C. y que esta tradición no sólo era Pitagórica, pero que, debido a una antigüedad tan considerable, los Pitagóricos mismos pueden considerarse como una expresión tardía de esta tradición. Con todo esto en mente, ahora podemos referirnos a Thom.

Alexander Thom

Alexander Thom tuvo una larga y prestigiada carrera académica. Entre otros honores, fue Profesor de Ingeniería en Oxford de 1945 a 1961, pero es más conocido por sus investigaciones de sitios megalíticos en Inglaterra, Escocia, Gales y las Islas Británicas. Empezó con estas investigaciones en

1930, durante una travesía que emprendió por toda la costa de Escocia, en donde se percató de que la famosa avenida de las piedras o Círculo Megalítico de Callanish, estaba alineado hacia el Norte "algo humanamente muy difícil de establecer o llevar a cabo, porque en aquellos tiempos la Estrella Polar no estaba en donde está ahora". Así fue que inició treinta años de arduo trabajo de investigación de campo, en más de trescientos sitios, de donde surgieron varios artículos sobre sus descubrimientos. En 1967 publicó su primer libro, *Megalithic Sites in Britain*, en el que además de asombrosas conclusiones relacionadas con alineamientos astronómicos solares y lunares, expuso la teoría de por qué algunos de los círculos megalíticos no eran redondos sino tenían forma ovalada o elíptica. Thom afirmó que esto se debía a que habían sido construidos con base en la teoría Pitagórica de los triángulos, es decir, triángulos rectángulos en los que todos los lados eran números enteros. Sostuvo que él los había identificado como triángulos cuyos lados eran unidades de 3, 4 y 5; 5, 12 y 13; 8, 15 y 17; 12, 35 y 37. Además, se percató de que también había descubierto las unidades de medida que habían utilizado los constructores, lo cual le permitió que encontrara tantos triángulos Pitagóricos. Éstas eran una unidad de 2.72 pies, a la que llamó Yarda Megalítica (MY) y otra de 6.8 pies, o sea dos y media Yardas Megalíticas, a la que denominó Rod Megalítico (MR) Thom quedó impresionado por sus descubrimientos:

"Es extraordinario que 1000 años antes de que surgieran los más antiguos matemáticos de la Grecia clásica, los habitantes de estas Islas no sólo tuvieran un conocimiento práctico de la geometría y fueran capaces de emprender la elaboración de diseños geométricos, sino que también establecieran elipses basadas en los triángulos Pitagóricos.[20]

La mayoría de los arqueólogos y estudiosos de la Prehistoria, recibieron con incredulidad y escarnio las teorías de Thom. El Profesor Richard Atkinson resumió en aquel tiempo la reacción general, de la siguiente manera: "...es casi inconcebible, que simples bárbaros en la remota periferia del Noroeste del continente, pudieran revelar un conocimiento de las matemáticas y su aplicación apenas inferior, si es que así puede llamarse, al del Egipto de entonces, o de Mesopotamia mucho tiempo después".[21] Atkinson tuvo que cambiar de parecer un poco más tarde. Él se dio cuenta de que Thom planteaba un problema que no venía de la naturaleza de su información, aun cuando sus complejos cálculos matemáticos y astronómicos no fueran tan comprensibles para la mayoría, pero que por su misma complejidad alteraba "el modelo conceptual de la prehistoria de Europa". Atkinson admitió: "Por lo tanto, casi no es de sorprender que muchos de los estudiosos de la prehistoria, o ignoran las implicaciones del trabajo de Thom porque no las entienden, o se resisten a ellas porque es una posición más cómoda. Yo mismo he pasado por este último proceso; sin embargo, he llegado a la conclusión que rechazar la tesis de Thom porque no se ajusta al modelo de la prehistoria con el que crecí, incluiría también la aceptación de improbabilidades de un orden aún superior".[22]

Aunque el cambio de opinión de Atkinson tiene ya más de veinte años y se ha convertido en parte de la historia del debate arqueo-astronómico, su aseveración y análisis, son todavía determinantes. Por ejemplo, el eminente arqueólogo Aubrey Burl en su reciente libro *Prehistoric Stone Circles,* dice: "Muchos arqueólogos permanecen escépticos ante las teorías de una elite intelectual que exhibía triángulos rectángulos y que calculaba el Pi irracional, dos mil años antes que Pitágoras";[23] "que ostentaba teorías geométricas y astronómicas sacadas de círculos como los que se mencionan, y opinan que estas teorías resultarían engañosas".[24] En esta misma Publicación del Condado, Burl insiste en llamar a Stonehenge "un desastre arquitectónico"[25] y "un impresionante pero ruinoso y destartalado edificio",[26] por lo que sospechamos que sufre alguna forma grave de 'Piggotitis'; no obstante, sus opiniones son altamente respetadas y aceptadas en forma amplia. Aunque Burl trabajó muy de cerca con Thom, como se ilustra en la participación conjunta de la publicación BAR (**B**ritish **A**rqueological **R**eview) *Megalithic Rings,* se ha mantenido siempre escéptico ante la posibilidad de esquemas geométricos y de una unidad estándar de medición megalítica. Esto es mucho más notorio porque en muchos casos, sus propias investigaciones sólo distan por una insignificancia de las de Thom, cuya capacidad y experiencia en la investigación para él es muy respetable. En su libro *Prehistoric Avebury,* da rienda suelta a sus sentimientos anti-Thom y compañía, y al hacerlo habla por muchos de sus colegas:

> El énfasis exageradamente moderno sobre los conceptos matemáticos y astronómicos de los constructores de monolitos de piedra colocados en forma circular, así como la falta de evidencia arqueológica en varios libros que tratan sobre los monumentos megalíticos, ha transformado el mundo viviente y animista de estos seres prehistóricos en una especie de laboratorio, cuyas paredes clínicas se cubrieron de cálculos Euclidianos. Su único apoyo viene de las estadísticas. No hay un paralelo antropológico para una sociedad como ésta. No existen rastros de vida que correspondan al periodo Neolítico ni a la Edad del Bronce entre los utensilios, monumentos, asentamientos, economías, prácticas funerarias y rituales; ni siquiera en los ornamentos característicos de las comunidades esparcidas en las Islas Británicas, que sugieran la presencia en esa vasta extensión, de una cultura que uniera a todas estas sociedades en un criterio nacional y en

un sacerdocio todopoderoso dedicado al estudio de los cielos.[27]

Es muy extraño en realidad, la falta de evidencia arqueológica que apoye las conclusiones de Thom excepto, por supuesto, la certeza de las trescientas investigaciones en las que fundamenta sus conclusiones. Thom no está sólo. Aparte del profesor Atkinson y de algunos otros que ya se mencionaron, su investigación se desarrolló a partir de otras más antiguas, como las del Almirante Boyd Somerville y Sir Norman Lockyer. El trabajo de ambos se remonta al de pioneros como Stukely, Aubrey y otros relacionados con el Primitivismo Fino de los siglos XVII y XVIII. Teniendo esto en mente, ¿podemos decir que Burl no tiene prejuicios? ¿No estará todavía resistiéndose a Thom porque no quiere que "su modelo conceptual de la prehistoria de Europa" se vea perturbado? Éste parece ser el caso, porque, por ejemplo, en ninguna parte de su libro sobre Avebury considera alguna interpretación Pitagórica, astronómica o geométrica. Lo mismo sucede con todos los que descalifican los descubrimientos de Thom, ya que en ningún momento consideran con seriedad sus propuestas respecto a las disciplinas matemáticas o astrológicas. Las acusaciones de Atkinson en cuanto a que todos ellos verdaderamente ignoran los detalles del trabajo de Thom, "porque no lo entienden o ponen resistencia porque es una posición más cómoda" todavía parecen ser las correctas. Christopher Chippindale en su obra *Stonhenge Complete,* lo admite con un placentero candor:

> Ni los esquemas astronómicos específicos de Stonehenge ni la amplia visión de la ciencia megalítica, han sido favorecidos por los arqueólogos. No estoy seguro en realidad de que alguna vez, se les haya dado una justa consideración. Aunque algunos astrónomos trataron de captar la arqueología y algunos arqueólogos, la astronomía, prácticamente ninguno tuvo o tiene la suficiente comprensión de *ambas* materias como para examinarlas de manera simultánea. Además, las cuestiones estadísticas que van mucho más allá del conocimiento matemático de la mayoría de los arqueólogos, exigen la metodología de los peritos en estadística.[28]

Cuando personas calificadas han intentado valorar seriamente el trabajo de Thom desde un punto de visto astronómico y matemático, es muy significativo que los resultados no han sido, bajo ningún concepto, tan negativos como los que obtienen los arqueólogos. Por ejemplo, el Profesor Douglas Heggie en su libro *Megalithic Science,* aunque un tanto ambivalente y ambiguo en muchas de sus conclusiones, admite que "encontró evidencia satisfactoria" para algo como las unidades de longitud de Thom, "en el sentido de que la distribución de los diámetros se hace en forma específica, *non-randum* (no al azar), consistente con la hipótesis de Thom relativa al quantum".[29] De igual modo hace una concesión al calificar a la geometría: "No cabe duda que algunos de los sitios megalíticos, especialmente los monolitos de piedra alineados en forma circular, se colocaron con base en cuidadosos diseños geométricos.[30] Al referirse a las alineaciones astronómicas es igualmente cauteloso pero positivo:

> Después de haber examinado una gran cantidad de evidencias sobre la ciencia megalítica y de haber rechazado lo que no parecía ser significativo, encontramos que queda un núcleo pequeño pero muy interesante de resultados. Precisamente éstos son los que parecen difíciles de reconciliar de forma satisfactoria, con la opinión que indica que los sitios megalíticos *no fueron* planeados utilizando ciertos diseños y que su orientación *no* se determinó por medio de la astronomía.[31]

Heggie trata de mantenerse firme pero se sorprende tanto después de someter el trabajo de Thom a un riguroso análisis y obtener resultados relativamente positivos, que hasta se atreve a interpretar sus conclusiones al cuestionar la osada razón por la que se construyeron los megalitos. Mientras se abre paso con cautela entre las posibles respuestas, admite que quizá sea ya tiempo de cambiar el antiguo modelo del hombre prehistórico primitivo, y si no se cambia, por lo menos debe modificarse. Heggie es de la opinión que tal modificación la ha presentado ya Euan Mackie, quien "ha demostrado cómo se les puede dar una nueva interpretación a una gran cantidad de evidencias arqueológicas ortodoxas, de tal forma, que no presente conflicto alguno con las afirmaciones de la ciencia megalítica. Esta nueva interpretación no sólo es posible sino que, según Mackie, algunos de sus aspectos, son ya ineludibles".[32]

Es evidente que Heggie comulga con las ideas de Mackie ya que continúa examinándolas con cautela pero con clara aprobación:

> Mackie supone que la práctica y el conocimiento de la ciencia megalítica eran exclusivos de una clase privilegiada de la sociedad, a quienes Lockyer llama "los sacerdotes astrónomos" y éste es el término que da la descripción acertada. Vivían en habitaciones apartadas de la gente común y corriente, y además de disfrutar de un estándar de vida más alto, eran quienes organizaban los grandes proyectos tales como la construcción de Stonehenge. Mackie cree que pueden encontrarse evidencias de ellos en las narraciones legendarias.[33]

Ésta es una afirmación muy importante hecha por Heggie respecto a Mackie, la cual demuestra la falsedad del estudioso de la prehistoria Ronald Hutton, quien en su obra *The Pagan Religions of the Ancient British Isles,* en una explosiva polémica basada en Piggott, sostiene falazmente que Heggie sólo puede decir cosas negativas acerca de Thom y de Mackie,[34] porque las leyendas que Mackie nos señala, con la aprobación de Heggie, se refieren a los Druidas. Mackie, sin duda alguna, no se siente intimidado al presentarnos la imagen que él tiene, o más bien la que percibe Lockyer, de los sacerdotes astrónomos. Comenta acerca de otra observación de César respecto a que los jóvenes, los cuales eran enviados por sus padres a las universidades Druídicas "aprendían de memoria enormes cantidades de estrofas. Algunos pasaban hasta veinte años en esta *disciplina*"; dice que no duda que estas estrofas o versos "contenían todo sobre los Druidas, la sabiduría acumulada, que incluía información sobre la astronomía y la cosmología". Deduce que, con las transmisiones orales, similares en la Polinesia y en otras partes, "es fácil darse cuenta de la presencia de una clase intelectual en la Britania Neolítica Tardía que tenía tales habilidades... y que esto pudo haber sido lo que permitió a Thom llegar a la mayor parte de sus conclusiones".[35]

Mackie procede a citar evidencias sobre las medidas de los *brochs* de la Edad del Hierro en

Escocia para afianzar su propuesta de una continuidad de sacerdotes astrónomos y hombres sabios:

> Un análisis matemático independiente de las dimensiones internas de los *brochs*, no sólo ha revelado que se utilizó una unidad de longitud casi idéntica a la yarda megalítica para trazar el diseño circular en el terreno, sino que además, es evidente que se alzaron unos cuantos *brochs* alrededor de figuras geométricas más complejas, mismos que se pueden observar en los círculos de piedra. A no ser que la metrología de los *brochs* fuera un invento de la Edad del Hierro, por cierto idéntica a la del período Neolítico Tardío, lo cual es improbable, ésta pudiera ser una demostración decisiva de que los conocimientos de los constructores de los círculos de piedra fueron transmitidos intactos a lo largo de dos milenios hasta el tiempo de los Druidas. En nuestros días no hay suficiente razón para dudar que los incultos aprendieron algo de los cultos de las Islas Británicas y de la Galia de la Edad de Hierro, y que de entre ellos, surgieron los hombres sabios que más tarde habitaron las gigantescas edificaciones y construyeron los grandes círculos de piedra y Stonehenge.[36]

Podemos concluir haciendo caso omiso de lo contencioso que todo esto pueda resultar para los arqueólogos y los que estudian la prehistoria, ya que permanece el hecho de que estos conceptos todavía constituyen un debate abierto. Se puede aún tomar partido y algunos puntos todavía pueden discutirse. Aunque a la vasta mayoría no le agrade, aún existe una fuerte minoría que califica el trabajo de Alexander Thom de manera favorable y que lo ha utilizado como modelo para presentar análisis o modificar la prehistoria de las Islas Británicas.

Este reconocido modelo sugiere que a lo que nosotros llamamos Pitagorismo, o algo muy parecido, se le puede rastrear desde los Druidas hasta los sacerdotes astrónomos u hombres sabios que construyeron los círculos megalíticos de piedra. Aquí se descubre un asombroso panorama de unos 3,000 años en tiempo y unas 3,000 millas en distancia entre la parte Este del Mediterráneo y la Gran Bretaña. También se abre una posibilidad igualmente sorprendente con respecto a Jesús, porque si se puede demostrar que estaba relacionado de algún modo con los Pitagóricos del Oriente Medio, entonces por coincidencia, se puede deducir que pudo haber estado relacionado con los Druidas. Más aún, en cierto sentido, la propuesta de Euan Mackie puede considerarse como una ratificación arqueológica de algo parecido a la postura de Blake, quien aseguró que los Patriarcas Judíos eran descendientes de los Druidas. Cuando esto se examinó bajo la mirada en extremo severa de Piggott, pareció irrisorio, pero ahora que se ha demostrado que la protohistoria de la tradición Druida se remonta a dos milenios antes de los Pitagóricos, todo lo que se necesita es establecer que los Patriarcas judíos bien pudieron haber estado relacionados con los Pitagóricos o los antecesores de los seguidores de las teorías de Pitágoras, para que los conceptos un tanto enajenados de Blake, puedan parecer siquiera factibles. Aunque parezca extraño, esto no es difícil de comprobar porque desde el siglo I hasta el Renacimiento, existió una tradición de interpretación bíblica, la cual sostiene que por lo menos, en cuanto a lo que se refiere al simbolismo numérico y a la cosmología, la Biblia estaba impregnada de ideas Pitagóricas y Platónicas. Es a esto a lo que ahora nos dirigiremos.

II

Jesús, el Pitagórico

7

La Tradición Pitagórica

Pitágoras nace entre los años 580 y 570 a. C., era hijo de Mnesarchus de Samos y muere en Metapontum al sur de Italia, alrededor del año 500 a. C. Aunque en los últimos siglos se ha escrito mucho sobre él, la gran mayoría de los pormenores de su vida es de una autenticidad discutible.[1] Sin embargo, la opinión general coincide en que Pitágoras salió de la Isla de Samos en la edad madura debido a la tiranía de su gobernante Polícrates y se embarcó para Crotona en el sur de Italia, en donde fundó una comunidad científica y religiosa que estaba en gran parte influenciada por los enigmas del Orfismo. En poco tiempo esta comunidad adquiere un gran poder político, pero es destruida de forma imprevista por un levantamiento popular que estaba en contra de su autoritarismo. Los miembros de la comunidad que lograron escapar se dispersaron, emigrando algunos de ellos al territorio de Grecia. Muchos años después, la comunidad resurgió y continuaron con sus actividades en Italia, especialmente en Tarento, en donde durante la primera mitad del Siglo IV a. C., Archytas, Pholólaus y Eurytas, florecieron y prosperaron como eminentes maestros.

La enseñanza más importante y que caracteriza a Pitágoras y su escuela, fue el concepto de que todas las cosas son números. Como dijo Aristóteles: "los Pitagóricos, como se les conoce, se dedicaron a las matemáticas; fueron los primeros que hicieron avances en este estudio y como se habían desarrollado en estas ideas, pensaban que los principios matemáticos eran los de todas las cosas".[2]

Los Orígenes de la Doctrina Pitagórica

No se sabe a ciencia cierta de dónde vino esta doctrina. Algunos dicen que se desarrolló por deducción de los experimentos de Pitágoras con el monocordio, el instrumento musical de una sola cuerda, en el que se dice descubrió las relaciones o proporciones numéricas que sustentan y fundamentan la escala musical.[3] Algunos de sus biógrafos como Iamblichus aseguraban que "la teología Pitagórica de los números hasta cierto punto fue revelada con toda claridad, en los escritos Órficos", en los cuales Orfeo enseñó que "la esencia eterna del Número es el principio más providencial del universo del cielo y de la Tierra y de la naturaleza intermedia".[4] Otros dicen que tuvo la influencia de Anaximandro, quien sostenía que todo se derivó del Infinito o Incalculable (*Apeiron*), a lo que Pitágoras añadió el concepto del Finito o Limitado (*Peras*), el principio de configuración o de dar forma a través del número, como se expresa en las proporciones de la armonía musical. La conexión entre el número y la música aparece en muchas fuentes y la más confiable es Aristóteles, quien dijo que ellos, los Pitagóricos "se habían dado cuenta que los atributos y las proporciones de las escalas musicales podían expresarse en números; desde entonces, todas las cosas por su propia naturaleza parecían estar modeladas a partir de los números y todo el cielo era una escala musical y un número".[5]

Otro posible origen de esta doctrina asume que Pitágoras la aprendió en sus múltiples viajes que se supone hizo alrededor del mundo antiguo. Iamblichus (c. 230-325 A.C.) dice que el maestro conversaba con los profetas hebreos en el Monte Carmelo; que fue iniciado en los misterios de Byblos y Tiro; que pasó veintidós años en Egipto aprendiendo astronomía y geometría; fue llevado en cautiverio a Babilonia por Cambises, en donde aprendió aritmética, música y otras ciencias de los Magos o Sabios; y que después de doce años, regresó una vez más a casa.[6] Porfirio (c. 233-305 A.C.) nos da más o menos el mismo itinerario, cuando dice:

> Hasta donde sabía, se decía que Pitágoras había aprendido las ciencias matemáticas de los egipcios, los caldeos y los fenicios; pues de mucho tiempo atrás, los egipcios habían sobresalido en geometría, los fenicios en los números y las proporciones, y los caldeos en los teoremas astrológicos, los ritos divinos y la adoración de los dioses; otros secretos relativos al curso de la vida los recibió y aprendió de los Magos (hombres sabios o sacerdotes).[7]

Diógenes de Laertes (siglo III A.C.) repite esto mismo y añade que también fue a Creta y bajó a la cueva de Idaean.[8]

Muchos eruditos se han mostrado escépticos respecto a la autenticidad de esos supuestos viajes de aprendizaje. Los tres biógrafos citados anteriormente y que escribieron 800 años más tarde durante el resurgimiento del Neopitagorismo, han sido criticados por haber adornado ciertas leyendas al presentarlas como hechos históricos. J.A. Philip hace comentarios muy mordaces sobre esto: "sucede que mientras Pitágoras se aleja más en el tiempo, los relatos se vuelven más precisos y minuciosos; después de un milenio vienen a decirnos los ingredientes de lo que era su sustento principal".[9] Philip señala que aunque la tradición tiene su valor, los viajes de Pitágoras son "intrínsecamente improbables". Sostiene que tales biógrafos estuvieron basados en el hecho de que, desde Platón en adelante, los filósofos viajaban fuera del país para estudiar pero que no es el caso de Pitágoras, quien vivió en tiempos anteriores, "no hay razón para creer que exista un fundamento histórico para tales viajes".[10]

Sin embargo, un escepticismo tan radical no puede justificarse en su totalidad. En el caso de J.A. Philip, él se basa en la creencia de que todas las fuentes son poco confiables excepto la de Aristóteles. Otros dirían que este es un juicio drástico, porque muchos de los escritos de Platón, como lo veremos más adelante en este capítulo, por lo general han sido aceptados en gran medida como Pitagóricos ¡aun por el mismo Aristóteles!; y una vez admitido el concepto del Platón Pitagórico, por lo menos algunas de las últimas fuentes deben tomarse más en serio. Puede también ser injusto señalar a Aristóteles como la única fuente confiable, porque se sabe que él era un crítico poco complaciente ya que escribía, por lo menos en parte, desde un punto de vista dialéctico. No faltará quien diga que se debe reconocer en última instancia, que no se puede separar el concepto de "fuente" del de "tradición". Entre estos, Jamie James toma una postura más imparcial cuando dice:

> En primera instancia, los logros de Pitágoras se consumen en la oscuridad dado a que ninguno de sus trabajos subsiste. Todo lo que sabemos de este hombre y de su filosofía nos

> ha llegado a través de intermediarios, por escritos de sus seguidores y comentarios de filósofos posteriores. La erudición moderna está profundamente dividida en cuanto hasta qué grado el Pitágoras venerado por los humanistas occidentales, pueda ser identificado como el individuo histórico que nació en la Isla de Samos en siglo VI a. C. Con todo, la tradición Pitagórica en sí misma, sostiene que el Maestro, como era conocido por sus discípulos, viajó en su juventud por Egipto, Mesopotamia y Persia, y es de suponer que en todos esos peregrinajes obtuvo muchos de los conceptos importantes que se le atribuyen.[11]

Esta opinión es bastante aceptada por matemáticos tales como John McLeish, quien no duda en decir que Pitágoras en su juventud "se estableció en Babilonia, en donde durante 20 años estudió y enseñó astronomía, matemáticas y astrología".[12] McLeish no indica la fuente en la que fundamenta su opinión y a la luz de las críticas severas de J.A Phillip, nos preguntamos si por error se esté refiriendo a la aserción de Iamblichus cuando dice que Pitágoras pasó veintidós años en Egipto. No obstante, esto puede ser un sofisma ya que como historiador de las matemáticas, está muy consciente, como lo demuestra en los capítulos sobre Sumeria, Babilonia y Egipto, de que las matemáticas griegas se desarrollaron desde épocas tempranas en estas civilizaciones. Tal vez se esté refiriendo al trabajo original de Otto Neugebauer, quien definió que en el tercer milenio a. C., los habitantes de Babilonia estaban tan avanzados en las matemáticas que sabían todo sobre:

> ... números recíprocos, multiplicaciones, cuadrados, raíces cuadradas, cubos, raíces cúbicas, sumas de cuadrados y de cubos... funciones exponenciales, coeficientes que proporcionan números para cálculos prácticos... y numerosos cálculos metrológicos que dan el área de los rectángulos, los círculos, etc.

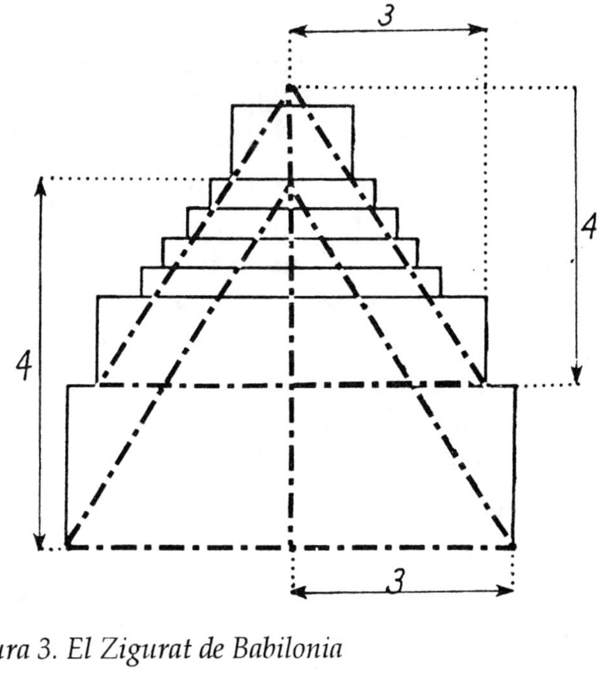

Figura 3. El Zigurat de Babilonia

Neugebauer menciona de manera específica que, el famoso teorema de Pitágoras se conoció en Babilonia "más de mil años antes de Pitágoras".[13] Esto se ha corroborado por el trabajo de Livio Stecchini, quien reconstruyó la geometría básica del Zigurat de Babilonia que se da en el texto cuneiforme de la Tablilla de Smith, y que demuestra que consta de una serie de 3:4:5 triángulos "Pitagóricos".[14]

Así pues, podemos deducir de estas revelaciones, con toda confianza, que la llamada matemática Pitagórica se descubrió en Babilonia por lo menos mil años antes de Pitágoras y que era también conocida en Egipto como lo demuestran las proporciones de las pirámides, a las cuales haremos alusión un poco más adelante. Asentado esto, podemos inferir que el propósito de los relatos sobre los viajes de Pitágoras era demostrar que él no fue el creador sino el transmisor de una antigua sabiduría basada en los números, y que diferentes aspectos de ella ya habían sido expresados en civilizaciones previas como la de Fenicia, Egipto, Babilonia y Caldea. Lo que menos importa es que haya o no viajado a esos lugares, el punto crucial está en demostrar que el Maestro fue un estudioso de las ciencias y un iniciado de los misterios de todas estas culturas sagradas. Que haya viajado para estudiar enfatiza el hecho de que la filosofía no se originó en Grecia, sino que fue llevada ahí desde los venerables templos del conocimiento arcaico. Clemente de Alejandría estaría de acuerdo con esta interpretación tal como fue citada en el Capítulo 6, cuando dice: "Así es cómo la filosofía... floreció en la antigüedad entre los bárbaros e iluminó a las naciones... y después vino a Grecia".[15]

¿Sería acaso que estos relatos de los viajes de Pitágoras fueron fabricados más tarde sólo para probar un punto? ¿No podría ser, como por lo menos una fuente sugiere, que el histórico Pitágoras se haya quedado en casa estudiando bajo la tutela de su supuesto maestro Pherecydes o leyendo los libros secretos de la sabiduría fenicia?[16] La respuesta es incierta, pero si tomamos en cuenta que los sacerdotes egipcios y babilonios mantenían en gran secreto sus conocimientos y que en siglo VI los libros eran muy escasos, se torna dudoso que Pitágoras haya podido adquirir estos conocimientos de alguna otra forma que no fuera por medio de los viajes. La incertidumbre acerca de la exacta naturaleza de su contribución personal al movimiento que lleva su nombre, se debe a que nunca escribió nada, más bien él se apegó rigurosamente al método de enseñanza oral y posiblemente lo haya combinado con un severo voto de sigilo, como se manifiesta en la historia del desafortunado Hippasus, de quien se dice fue ahogado por revelar secretos. No obstante, es de lamentarse que todo el éxito que tuvo como maestro pudo derivarse de su honestidad al comprometerse a guardar las promesas hechas en tierras extranjeras a quienes le habían enseñado y lo habían iniciado. Bien pudo haber sucedido que Pitágoras haya prometido bajo juramento que no escribiría nada y que sólo enseñaría los misterios a discípulos iniciados. De esta manera, su estricto apego al sigilo y a la tradición oral puede ser la mejor evidencia de que él simplemente transmitía la sabiduría de quienes la recibió y de la forma en que la recibió.

Si esta conclusión tiene algún mérito, entonces probablemente se puede ampliar a territorios no mencionados por Iamblichus, Porfirio o Diógenes de Laertes, pero a los que Clemente de Alejandría sí hace referencia. Sería bueno recordar que aunque la fuente inmediata de Clemente fue Alexander Polyhistor, él sólo nos remonta al siglo II a. C., pues según nos dice Nora Chadwick, el último se basó en fuentes anteriores del siglo III y IV a. C., lo que lo hace respetable aun con estándares tan rigurosos como los de J.A. Phillip. Como se mencionó en el Capítulo 6, Clemente creía que Pitágoras había sido el primero en introducir la filosofía a Grecia, por lo que tuvo que haberla aprendido no sólo en los países que mencionamos, sino también de otros, de "los Druidas entre los Galos". Es así como llegamos a la extraordinaria ratificación de que pudo haber existido una posible conexión histórica entre Pitágoras y los Druidas. Si a este hecho se le añade el comentario de César en cuanto a que la religión de los Druidas "les prohibe poner sus enseñanzas por escrito"[17] y de otros comentaristas romanos que subrayan la rigidez de sus secretos, entonces, la comparación entre los métodos de enseñanza de los

Druidas y de Pitágoras empieza a verse un tanto sorprendente.

La doctrina Pitagórica al decir que todas las cosas son números, tuvo una gran influencia en los siglos posteriores, en especial con Platón, cuyos últimos escritos están impregnados de números Pitagóricos, de cosmología y de alegorías matemáticas, como lo ha demostrado Ernest McClain.[18] Ahora ya se acepta por regla general entre los eruditos que:

> Platón tuvo una fuerte influencia de las especulaciones matemáticas de los Pitagóricos aunque sea difícil determinar hasta qué punto él les debía estos conceptos. Decir que los Pitagóricos fueron una de las influencias determinantes en el pensamiento de Platón, no es ningún insulto.[19]

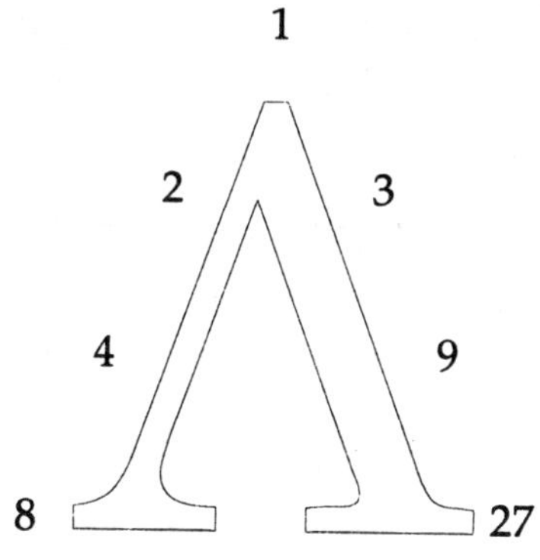

Figura 4. Lambda (undécima letra del alfabeto griego)

En ninguna otra obra es más profunda esta influencia que en *Timeo*, en donde siguiendo los conceptos de Pitágoras, Platón declara que la auténtica moralidad surge de una armonía en el alma y que ésta refleja el Alma del Mundo. Para Platón, como para Pitágoras, el cosmos por sí mismo es un Dios; es un ser viviente con alma en su cuerpo y entendimiento en su espíritu. Fue formado de materiales caóticos por el *Demiurgo* o divino Creador del universo material. Platón habla también sobre el Cuerpo del Mundo, el cual se divide y se vuelve a unir de manera proporcional con el Alma del Mundo en partes o proporciones que se vinculan con los números 1, 2, 3, 4, 9, 8, 27, que juntos hacen su famosa Lambda. Habla de la música del alma que se elabora de la vinculación propuesta por Pitágoras, entre la música de las esferas y las órbitas del alma. También describe la creación de figuras o cuerpos constantes y los asigna a los elementos: el cubo a la Tierra, la pirámide o tetraedro al Fuego, el icosaedro al Agua y el octaedro al Aire. La quinta figura, el dodecaedro, la asigna a la esfera de los cielos.

La influencia que su obra *Timeo* tuvo en la filosofía y la teología del mundo antiguo fue enorme. Su énfasis en las matemáticas introdujo un concepto sumamente importante a la teología hebrea y después a la cristiana; es decir que Dios hizo la creación por medio de unas reglas geométricas que eran armónicas y universales. Como dice Christopher Butler: Si las ideas de Pitágoras y de Platón lograron tener tanta influencia, fue porque gran parte estas ideas matemáticas se aplicaron a numerosas esferas del conocimiento. Como nos recuerda Spitzer en el *Timeo*: "El alma del mundo (un concepto religioso), el orden del cosmos (un concepto de la física), la armonía del mundo (un concepto musical) y el alma del hombre (un concepto psicológico), están fusionados".[20]

Después de esta introducción, podemos ir ahora a la Biblia tal como se interpretó por aquellos que seguían las enseñanzas de Pitágoras y de Platón.

El Simbolismo Numérico Pitagórico en la Biblia

Como está implicado en lo anteriormente descrito, según la tradición Pitagórica-Platónica los números no eran meramente cuantitativos, también eran cualitativos. Cada uno estaba relacionado con ciertos atributos y principios universales. Aëtius dijo que los Pitagóricos afirmaban que los números eran *archai,* lo cual quiere decir que eran los primeros principios que habían existido desde el principio de los tiempos (*arche*) y que como tales eran divinos.

Hoy en día los podríamos llamar arquetipos y es interesante que C.G. Jung, a través de sus extensos análisis sobre los sueños, considerara a los números como inteligencias. Arnold Ehrhardt nos dice que es adecuado hablar al respecto desde un punto de vista teológico:

> Cuando Pitágoras y sus discípulos se concentraron en los números como el principio del "cosmos" (una palabra que se supone que utilizó Pitágoras en primera instancia para describir el universo), tomaron una decisión teológica. De igual manera, sus seguidores se motivaron a continuar haciéndolo por el descubrimiento de que los números siguen su propia ley intrínseca y lógica, no impuesta por alguna fantasía humana, sino establecida con anterioridad y de manera independiente; un descubrimiento que aún Aristóteles les reconoció.[21]

De esta dimensión teológica surgió la creencia de que los Dioses eran números y por medio de este descubrimiento intrínseco y lógico, los Pitagóricos llegaron a la conclusión de que por lo mismo, todas las cosas eran esencialmente números. Los atributos y cualidades de los números surgieron de la asociación de la teología y de lo intrínseco. Así, el número uno era símbolo del Uno o Único, la Mónada, Dios, la potencialidad de todo número, un punto o un círculo dentro del cual los atributos de todos los otros números pueden estar geométricamente inscritos. El Dos era la Díada, par, pareja, que se asociaba con la división y la rivalidad pero también con la potencialidad de la armonía. El Tres era la armonía, la ubicuidad y el maravilloso buen "tercer término", concepto que ampliaremos más adelante.

El Cuatro, el primer número elevado al cuadrado, se asociaba con la justicia porque ésta involucra relaciones personales recíprocas y la reciprocidad se simbolizaba por números elevados al cuadrado. El Cinco simbolizaba matrimonio porque era la suma del dos, el primer número femenino y del tres, el primer número masculino.

También había ciertos números que se veneraban por sus propiedades al poder ser descompuestos en factores. Entre éstos se le daba especial importancia a los denominados "números perfectos". Un número "perfecto" se define como aquel entero positivo que es igual a la suma de todos sus divisorios sin que se cuente a él mismo. Los números perfectos son muy escasos y el de menor valor es el seis (1 + 2 + 3 = 6), que se consideraba como el más importante.

Es fácil darse cuenta de cómo tal simbolismo numérico pudo haber sido empleado para la interpretación de la Biblia, ya que en cada página desde el *Génesis* hasta el *Apocalipsis*, los números se utilizaban de una manera obvia para algunas finalidades simbólicas. Es tan evidente, que lo más lógico es asumir que el sistema simbólico subyacente que se utilizó era de origen Pitagórico. Esta conjetura se demostró en los extensos escritos de Filón, el filósofo judío Alejandrino del siglo I (c. 30 a. C. - 50 A.C.), quien pudo reconciliar en gran medida el pensamiento judío con el helénico, por haberse dado cuenta que era posible interpretar el Antiguo Testamento de esta forma. En ninguna parte es tan claro como cuando explica del *Génesis* por qué Dios creó el mundo en seis días:

> ...porque era necesario que hubiera orden en las cosas que empezaban a existir. El orden implica el número y entre los números, por las leyes de la naturaleza, el más apropiado para la productividad es el **6**, porque si empezamos por el **1**, es el primer número perfecto, ya que es igual al producto de todos sus factores, esto es (1 x 2 x 3)... así como igual a la suma de éstos, o sea (1 + 2 + 3)... Porque era necesario que el mundo, siendo lo más perfecto entre todas las cosas que han existido, se construyera de acuerdo a un número perfecto, es decir el **6**.[22]

Filón tuvo más influencia entre los teólogos cristianos que entre los judíos. En particular, éste fue el caso de San Agustín (354 - 430), quien le hace eco a Filón casi palabra a palabra en su interpretación de los seis días de la creación:

> El seis es un número perfecto por sí mismo, no porque Dios haya creado todas las cosas en seis días; más bien lo verdadero es lo contrario: Dios creó todas las cosas en seis días porque el número es perfecto y sería perfecto aun cuando el trabajo de los seis días no hubiera existido.[23]

Gracias a San Agustín mucha de la enseñanza Pitagórica y Platónica se transmitió a la Iglesia Cristiana de toda Europa. Sin duda alguna, fue el teólogo más importante del mundo occidental durante los mil años que le siguieron; asimismo él dio su aprobación absoluta a la interpretación de Pitágoras en cuanto al simbolismo numérico en la Biblia, cuando dijo:

> No debemos menospreciar la ciencia de los números ya que ha sido de gran ayuda para quienes interpretan meticulosamente los numerosos pasajes de la Sagrada Escritura. Tampoco, si no hubiera razón, se le hubiera mencionado en las alabanzas a Dios "has ordenado todas las cosas por medio de números, medidas y peso".[24]

El resurgimiento del Neoplatonismo y del Neopitagorismo durante los siglos III y IV, se asocia con Plotino, Proclo, Macrobio, Porfirio, Iamblichus y Diógenes de Alertes. Los tres últimos, como ya hemos visto, escribieron sobre la vida de Pitágoras y ya habían causado mucho revuelo en el Cristianismo por el tiempo de San Agustín. Aunque se debió en gran parte a que se retomaron las creencias paganas, como sucedió en los casos de Plotino, Iamblichus y Porfirio, el resultado fue el mismo, o sea, dar una nueva interpretación al pensamiento Platónico y Pitagórico considerando formas que fueran compatibles con el Cristianismo. Esto se puede ver en gran medida cuando se dio el debate acerca de la doctrina de la Trinidad, el cual hizo furor entre los teólogos del siglo IV a grado tal, que se ha afirmado que la influencia del simbolismo numérico de Pitágoras fue decisiva para lograr que el Dios Cristiano, con el tiempo, se pudiera definir como Tres en Uno. Por ejemplo, V.F. Hopper comenta:

> La debilidad máxima en cuanto a la doctrina... fue la dualidad de la naturaleza divina. La aceptación del concepto "logos" (Verbo, Palabra) que presentó Filón y su identificación con el Hijo, fue el primer paso hacia una solución; pero añadir una tercera persona, el Espíritu Santo, estipuló una evidencia de unidad indiscutible. La presencia de tríadas divinas en todos los credos gnósticos fue sin lugar a dudas, un factor determinante en la creación de la Trinidad, pero el fundamento subyacente de Pitágoras en la filosofía contemporánea adolecía de esta doctrina. Que el Padre y el Hijo fueran Uno, era cuestionable con base en el asunto numérico. Pero el Padre, el Hijo y el Espíritu Santo son indiscutiblemente Uno en virtud de ser Tres.[25]

La lógica detrás de todo esto no podría entenderse sin antes comprender que al número dos, la Díada, se le asociaba con la división, el conflicto y el rompimiento de la Unidad, mientras que al número tres, la Tríada, se le relacionaba con todas las cosas buenas. Como dijo Proclo: "Todo el orden divino tiene una unidad de origen triple, desde lo más alto, desde su término medio y desde su último término".[26] La doctrina de la Trinidad fue finalmente ratificada en el Concilio de Constantinopla en el año 381.

Christopher Buttler cita a numerosos teólogos que sobresalieron durante el oscurantismo y la Edad Media, tales como Boecio, Casiodoro y Hugo de San Víctor (murió en 1141), quienes continuaron esta tradición Pitagórica-Platónica, la cual en lugar de debilitarse y desaparecer cobró fuerzas con los siglos; así pues, los filósofos, teólogos y hombres con cultura, del inicio del Renacimiento, pudieron recurrir a un vasto repertorio en este campo, por lo que el Renacimiento en sí, puede considerarse como la etapa más brillante en el florecimiento de esta tradición de los últimos 1,500 años.

Con el descubrimiento de la imprenta y el aumento en la cantidad de volúmenes de las traducciones de los clásicos, los humanistas del Renacimiento pudieron contar con una amplia gama de fuentes de consulta, mucho más amplia de la que tuvieron sus predecesores medievales. Además, no fueron reprimidos por una ortodoxia religiosa estrecha. Esto dio como resultado un sincretismo con variadas expresiones de la sabiduría antigua que incluía a los Órficos, Caldeos, Hebreos, Pitagóricos,

Platónicos, Herméticos, Cabalísticos, Patrísticos Cristianos, Gnósticos y Neoplatónicos, especialmente Proclo y Plotino.

Este sincretismo ecléctico llevó a lo que Butler llama "una total combinación de doctrinas sin precedente",[27] lo cual hace muy difícil descubrir qué era lo que creían con exactitud hombres como Ficino y Giordano Bruno, quienes parecían tener mucha habilidad para atar numerosos cabos tan diferentes y diversos en apariencia. Para los pensadores cristianos específicamente, se dio "una fusión de principios" entre las tradiciones de los hebreos y de los griegos, a tal grado que se decía: "¿Quién es Platón sino un Moisés Ateniense?... o Platón estaba 'Filónizando' o Filón estaba 'Platonizando'; así de familiar era la forma de pensar y de hablar del Platónico".[28] Con un ingenio semejante también se dijo:

> ¿Quién es Platón sino el Moisés Ático? ¡Es increíble que Pitágoras y sus seguidores hayan hecho tanto ruido y escándalo con el misterio de los Números! ¿No habrá sido favorecido con la visión de Moisés, su Creador del mundo en seis días, y no le había sido acaso comunicada la filosófica Cábala que consiste principalmente en números?[29]

Butler concluye que, "el afán de confundir a Platón con Moisés fue la principal conjetura sin fundamento histórico que hicieron los pensadores

Renacentistas, quienes creían que se podía rastrear una tradición aislada como la *prisca theologia* (antigua teología), en todos los conceptos que le precedían".[30]

Así pues, al Platonismo se le consideraba el centro tanto del sistema Pitagórico como del Hebreo, como lo expresó Ficino: "nuestro Platón, junto con las doctrinas de Pitágoras y de Sócrates, siguieron la ley de Moisés y profetizaron la ley Cristiana".[31]

Butler sólo muestra una malhumorada lástima hacia este sincretismo, cuya complejidad explica valiéndose de su consumada habilidad. Desaprueba básicamente la superficialidad para la elección, de la misma forma que la gente que hoy en día, al estar comprometida con una tendencia religiosa específica, está en desacuerdo con los que se dicen de la "Nueva Era" y que se distinguen por tener una actitud *hors d'oeuvre* (de entremés), poco selectiva respecto a la espiritualidad. Es verdad que Butler tiene el derecho de sostener esta postura basada en tanta erudición, pero que sea el único que de manera legítima se pueda salir de las fuentes, es otro asunto. Tal vez por su formación analítica quiera desmenuzar las características propias de las diversas tendencias teológicas y filosóficas subrayando sus diferencias, sin embargo, si estuviera abierto a un enfoque de síntesis, quizá considerara igualmente importante resaltar lo que estas tendencias tenían en común. Quizá se podría lograr una reconciliación entre estos dos enfoques, aceptado que la síntesis es tan importante como el análisis a la hora de evaluar cualquiera de las grandes épocas culturales, porque no se puede poner en tela de juicio que el Renacimiento haya sido una época de enorme creatividad para Europa y para el resto del mundo, y sus grandes personajes, como se mencionó con anterioridad, no tienen por qué ser considerados "culpables" del sincretismo. A la mejor, simplemente se les pueda ver como quienes se deleitaron con el descubrimiento de la unidad innata a toda diversidad; como aquellos que se dieron cuenta de la relación existente entre el concepto de Uno y Muchos, según el verdadero estilo Platónico; y que pudieron discernir las características y los temas comunes, aun entre la gran variedad de tradiciones antiguas a las que tuvieron acceso por vez primera en la historia.

Creo que es muy importante mantener el equilibrio entre el análisis y la síntesis ya que es crucial si se quiere lograr una justa valoración, no sólo de los motivos y los logros de los humanistas renacentistas, sino de cualquier parangón que se desee hacer entre las tradiciones griegas y hebreas, y su posible herencia común derivada de otras civilizaciones aún más antiguas, tal como se trató anteriormente. Regresaremos a este tema en capítulos subsecuentes, pero mientras tanto, nos basta con asentar que aunque a Christopher Butler no se le puede justificar por ser tan categórico en su postura, se le debe respetar cuando dice que los cristianos renacentistas "hicieron una fusión de principios" entre las tradiciones hebreas y griegas, y que ésta fue "totalmente sin fundamento histórico". Como se examinó antes, también a los biógrafos de Pitágoras se les acusó de casi lo mismo en el siglo III, cuando dijeron que se hizo "una fusión de principios totalmente sin fundamento histórico" entre las culturas de Egipto, Babilonia y Caldea; sin embargo, como ya se ha debatido, esta acusación tal vez no pueda justificarse por completo. Estamos tratando con asuntos muy importantes de los que existe aún mucha incertidumbre.

Es importante no excluir o dejar a un lado la discusión sobre los orígenes culturales y las influencias de otras culturas antes de que se hayan examinado varias opciones. Es muy fácil reírse insolentemente ante la supuesta e ingenua creencia de que Pitágoras y Platón recibieron su sabiduría de Moisés. Sería fácil afirmar que esto no sólo carece de fundamento histórico, sino que no es histórico porque los eruditos bíblicos modernos nos aseguran que Moisés no escribió el Pentateuco, el cual probablemente no se terminó de escribir en su formato final sino hasta después de Pitágoras y Platón. Sin embargo, todavía tenemos que enfrentarnos a la compleja pregunta: ¿Dónde aprendieron los hebreos el simbolismo de los números? ¿Lo obtuvieron de los egipcios? Esto se implica con certeza en Hechos de los Apóstoles 7:22, que tan a menudo se empleó en el Renacimiento como "prueba" de que

"Moisés fue educado en toda la sabiduría de los egipcios". Como hemos visto, las últimas biografías de Pitágoras también mencionan que él, Pitágoras, recibió su sabiduría, por lo menos en parte, de Egipto, lo que hace eco a las antiguas opiniones de Herodito, Platón y Aristóteles en relación con los orígenes de las matemáticas griegas.

Sin proseguir la discusión por el momento o llegar a conclusiones finales, la importancia del trabajo de Butler consiste en que, a pesar de no contestar el "cómo" de la cuestión, hace que sea claramente imposible negar que durante diecisiete siglos de escolasticismo bíblico, se creyó que la Biblia, especialmente el Antiguo Testamento, según Filón, era Pitagórica en su simbolismo numérico. El hecho de que esto se haya olvidado o ignorado por la mayoría de los eruditos modernos, no disminuye la arrolladora evidencia a la que Butler ha aducido para comprobar esta afirmación. No puede haber ninguna duda en cuanto a si la Biblia *fue* o no Pitagórica en su simbolismo numérico; se puede *interpretar* que sí fue, porque las similitudes entre los dos sistemas son bastante amplias como para poder considerarlos idénticos o provenientes de una fuente común. Así que podemos, en efecto, hablar de una "Biblia Pitagórica" aun cuando hasta ahora no podamos señalar ningún vínculo histórico determinado.

El último capítulo terminó con la pregunta: ¿Tuvieron los Patriarcas Judíos alguna conexión Pitagórica o proto-Pitagórica? Si la hipótesis fue que si la respuesta era afirmativa, entonces el concepto de William Blake respecto a que Abraham, Heber, Sem y Noé fueron Druidas, parecería por lo menos factible. La razón para afirmar esto es que ya ha sido demostrado por las investigaciones sobre los círculos de piedras del Profesor Thom, los cuales indican que alguna forma de geometría y astronomía proto-Pitagórica se podrían identificar en la antigua Britania desde el año 3000 a. C., y que los Druidas fueron los herederos de esta tradición. La conjetura hecha por las fuentes románicas y helénicas de que los Druidas eran Pitagóricos pareció haber dado un giro, porque si hubiera existido alguna transmisión histórica o prehistórica, sería lógico que ésta haya venido de la cultura más antigua a la más reciente, es decir, de la época de los Megalitos en el noroeste de Europa hacia los griegos. Esta pregunta ya se ha contestado, sin lugar a equivocación, de forma afirmativa y resulta altamente intrigante que desde Filón hasta Ficino, *el primer lugar clásico* de Pitagorismo bíblico, es la historia de la creación en el Génesis y el segundo, la historia de Moisés, es decir, el Pentateuco, los primeros cinco libros del Antiguo Testamento. En otras palabras, mientras toda la Biblia se consideraba Pitagórica, eran en particular las primeras partes las que mejor demostraban este aspecto. Estos primeros libros, en especial el Génesis, fueron los que contaron las historias no sólo de la creación en seis días, sino también de los Patriarcas Abraham, Heber, Sem y Noé.

Por lo tanto, podemos concluir de este análisis no sólo que el concepto de Blake es factible sino que pudo haber sido el indicio que necesitábamos para insistir en la siguiente pregunta respecto a Jesús, que también se hizo al final del capítulo anterior, es decir: ¿Tenía Jesús mismo, algún conocimiento de los vínculos con los Pitagóricos puesto que él provenía de, y estaba empapado de la tradición bíblica? Si fue así, ¿tenía algún conocimiento o algún nexo con los Druidas de los que, entre otros, se supone que Pitágoras adquirió su sabiduría? Dejando la segunda parte de esta pregunta hasta un poco más adelante, comencemos a responder la primera por medio de un examen de ciertas características de su enseñanza, las que, de acuerdo a Simone Weil tienen un tinte eminentemente Pitagórico. Al llevar a cabo esto, es importante hacer notar que mientras la tradición Pitagórica de la interpretación bíblica ha estado en una especie de eclipse desde el siglo XVII, no ha llegado nunca a ser un eclipse total. Siempre ha habido algunos que han estado de acuerdo con esta tradición y ninguno de ellos ha brillado con tanta luminosidad en el siglo XX como Simone Weil, cuyos discernimientos han traído la luz de un nuevo Renacimiento a ciertos pasajes importantes del Nuevo Testamento.

8

Simone Weil y la Doctrina Pitagórica

Simone Weil (1909-1943) nació en Francia; fue una brillante filósofa judía católica que murió demasiado joven y a quien todavía recuerdan con gran admiración muchos escritores de generaciones anteriores, no sólo por sus ideas y conceptos sino también por su vida. Sus reflexiones sobre la filosofía griega fueron publicadas después de su muerte bajo los títulos de *La Source Greque* y *Les Intuitions Prè-Chrètiennes*, y traducidas al inglés en 1957 como *Intimations of Christianity among the Ancient Greeks*, que desde entonces han estado a la venta. Su capítulo sobre "la doctrina Pitagórica" concuerda tan bien con el tema del Pitagorismo en la Biblia, en especial con el Nuevo Testamento, que debe examinarse en detalle. Ella empieza con un elogio o apología sobre el predominio Pitagórico en las diversas áreas de todo el mundo griego:

> El pensamiento Pitagórico es para nosotros el gran misterio de la civilización griega. Aparece dondequiera una y otra vez. Impregna casi toda la poesía y casi toda la filosofía, en especial la de Platón, a quien Aristóteles consideraba como un Pitagórico puro. La música, la arquitectura, la escultura, todas las ciencias de la antigua Grecia provenían de este pensamiento, así como la aritmética, la geometría, la astronomía, la mecánica y la biología... El pensamiento político de Platón (en su forma más auténtica, es decir, como se formuló en el diálogo *The Statesman*), también proviene de la doctrina Pitagórica. Abarcó casi toda la vida secular y civil.[1]

Haciendo eco a nuestros descubrimientos del capítulo anterior, ella dice que los orígenes de este Pitagorismo se remontan a tiempos muy antiguos. Platón no tiene dudas en cuanto a que la filosofía no se haya originado con los griegos, sino más bien se obtuvo de "los antiguos". Él habla de esto en *Filebo* (16b):

> ...los antiguos, quienes eran mejores que nosotros y vivieron más cerca de los dioses,

> nos han transmitido esta tradición que dice así: las realidades llamadas eternas provienen del uno y de los muchos, y llevan arraigadas muy dentro, lo determinado y lo indeterminado. Debemos, por lo tanto, ya que este es el orden eterno de las cosas, tratar de implantar la unidad en todo tipo de campo de acción. Ahí la encontraremos, puesto que allí está. Una vez que hayamos captado esta unidad, debemos analizar la dualidad, si está presente o si es trinidad, o algún otro número. También deben hacerse las mismas subdivisiones sobre cada una de las unidades subordinadas. Finalmente, lo que al principio parecía no sólo como uno o como muchos, y por correlación como ilimitado, también se presenta como un número definido.[2]

Lo que Platón parece estar describiendo con base en el presunto origen Pitagórico o proto-Pitagórico del "eterno orden de las cosas", no es más que un entendimiento unitario del conocimiento. Todas las cosas se relacionan entre sí por medio del número. Esto no es sólo el número como cantidad sino como calidad o simbolismo, como ya lo vimos antes. También es número en el espacio, que equivale a la geometría; número en el tiempo, que es la música; y números en el espacio-tiempo, que son la astronomía y la astrología. Platón explica esto en alguna parte de su obra filosófica *The Republic*.

Es interesante hacer notar que, mientras Weil revisa los posibles orígenes de esta teoría unitaria del conocimiento, ella pone al principio de su lista a los Druidas y obviamente se está refiriendo a las mismas fuentes que citamos en capítulos anteriores cuando se menciona a Diódoro Sículo y Diógenes de Laertes:

> Diódoro Sículo es otro historiador antiguo que señala las analogías entre el pensamiento Pitagórico y el pensamiento Druídico que, según Diógenes de Laertes, ciertas personas consideraban como una de las fuentes de la filosofía griega.[3]

Sin embargo, Weil cambia esta opción a favor de Heródito, quien sostenía que el pensamiento Druídico provenía de los egipcios. Al referirse a otras de sus evidencias, afirma que "una corriente de espiritualidad pura había fluido en la antigüedad desde el Egipto prehistórico hasta el Cristianismo. Esta corriente circuló a través del Pitagorismo".[4] Así, la autora se coloca clara y firmemente en la tradición que resumimos en el capítulo anterior en la que Platón era considerado como el Moisés Griego y en la que se creía que tanto la sabiduría griega como la hebrea provenían de Egipto. Weil está tan segura como J.A. Phillip sólo en la autenticidad de ciertos textos, pero a diferencia de éste último, relega a Aristóteles a un lugar secundario dentro de un grupo dominado por Platón, ya que además de citar su obra *Filebo,* incluye pasajes de otros trabajos de él como *Gorgias, Epinomis, Timeo y Symposium.* También enumera algunos fragmentos de Filolao, algunas fórmulas y ecuaciones que Aristóteles le dio a Diógenes de Laertes, y una fórmula de Anaximandro. Ella nos dice con respecto a esto que no debemos olvidarnos de "la totalidad de la civilización griega". Su determinación por los textos auténticos, aunque selectiva, es de gran alcance.

Lo que resulta muy inesperado y se considera de gran importancia desde el punto de vista de esta investigación es que en su selección de pasajes, también incluye frases de Jesús, algunas de las cuales equipara, sin siquiera dudar, con ciertos *akousmata* o axiomas de Pitágoras:

> "Aquel que sale de su país ya no regresa". (Ver Lucas 9:62: "Nadie que pone la mano en el arado y mira hacia atrás, es apto para el Reino de Dios"). Y otra vez, "el hombre que entre al templo que adora y no hable ni se ocupe de ninguna cosa temporal". "Quien sigue a la divinidad, es ante todas las cosas y dueño de su lengua" (ver la Epístola de Santiago): "No te mires en un espejo junto a una lámpara", y "si alguno se cree hombre religioso pero no pone freno a su lengua, su religión es vana". (Epístola de Santiago 1:26 y 3:1-12).[5]

Lo que es aún más sorprendente es la comparación tan profunda que hace de otros textos del Nuevo Testamento como el Evangelio según San Juan, con la doctrina Pitagórica. Todos estos textos corresponden a algunas máximas de Jesús referentes a su relación con Dios y con sus discípulos:

> San Juan 17:11, 21-23: "Padre santo, cuida en tu nombre a los que me has dado, para que sean uno como nosotros somos uno... Que todos sean uno, como tú, Padre, en mí y yo en ti, que ellos también sean uno... Yo les he dado la gloria que tú me diste para que sean uno, como nosotros somos uno; yo en ellos y tú en mí, para que sean perfectamente uno".
>
> San Juan 17:18: "Como tú me has enviado al mundo yo también los he enviado al mundo".
>
> San Juan 10:14: "Yo soy el buen pastor y conozco mis ovejas y las mías me conocen a mí. Como el Padre me conoce y yo conozco al Padre".
>
> San Juan 15:9: "Como el Padre me amó, yo también os he amado a vosotros; permaneced en mi amor. Si guardáis mis mandamientos, permaneceréis en mi amor como yo he guardado los mandamientos de mi Padre y permanezco en su amor".[6]

Según Weil, la doctrina Pitagórica de la que estos pasajes de San Juan son un ejemplo, es la teología de la proporción. Es esta teología de la proporción la que yace en el corazón del pensamiento Pitagórico y Platónico, y la que vincula el conocimiento de todas las cosas. Weil cree que quien escribió el Evangelio según San Juan, ha utilizado analogías de la geometría para plantear verdades teológicas muy profundas y de esa forma, expresar lo que se describe mejor como teología geométrica o matemática:

> Cuando el hijo de Dios está en una criatura razonable, como el Padre está en su Hijo, ésta es totalmente justa. Platón dice en *Teeteto* que la justicia es una asimilación en Dios. La semejanza en un sentido geométrico significa proporción. La ecuación misteriosa de los Pitagóricos ('la justicia es un número a la segunda potencia'), así como la de Platón ('la amistad es una igualdad hecha de armonía'), parecen tener notoriamente el mismo significado. Quienquiera que sea justo, llega a ser para el Hijo de Dios lo que el Hijo es para su Padre. Sin lugar a dudas, esta identidad de relaciones no es posible que se dé en forma literal. Sin embargo, la perfección propuesta al hombre debería ser algo parecido a eso, ya que en muchos de los preceptos de San Juan se repiten las mismas palabras para indicar la relación de los discípulos con Cristo y de Cristo con su Padre. La alusión a una ecuación matemática de proporción es evidente.[7]

Para justificar esta interpretación matemática, Weil cita a Platón en *Timeo*, en donde habla del más hermoso de los lazos que se ha establecido entre los términos de la proporción geométrica. Podría pensarse que esto es aplicable sólo en las matemáticas si no fuera porque en su *Symposium*, Platón utiliza la misma imagen de vínculo o lazo "para definir la función mediadora del Amor entre la divinidad y el hombre". Este pasaje del *Timeo* es importante no sólo por su descripción de la proporción geométrica, sino también por ser el origen probable de la doctrina cristiana de la Trinidad o de la idea de Dios, Tres en Uno, a la que nos referimos en el capítulo anterior. Creo que vale la pena citarlo en su totalidad:

> Es imposible que la disposición o arreglo de dos sobre cualquier cosa, mientras sean sólo dos, pueda ser hermosa sin un tercero. Debe estar entre ellos, en el centro, un vínculo que los lleva a esta unión. El más hermoso de los vínculos es aquel que trae consigo una unidad perfecta consigo mismo y con las partes a las que enlaza. Es la proporción geométrica, la que en esencia, es la más hermosa para tal logro. Así, cuando de tres números o de tres volúmenes o dimensiones, o de cualquier otra cantidad, el intermediario es para el último lo que el primero es para el último, entonces el intermediario se vuelve primero y último. Aún más, el último y el primero se vuelven

> ambos intermediarios; de esta forma es necesario que todos logren la identidad ya que identificándose mutuamente, serán uno.[8]

Puesto en términos sencillos, la proporción geométrica se define como algo que está compuesto de tres elementos en los que A es para B lo que B es para C. Si aplicamos esto a los textos de San Juan tenemos: "Y la gloria que tú (A) me has dado (B), yo se las he dado a ellos (C)". Del mismo modo "como tú (A) me enviaste (B) al mundo, yo también (B) los he enviado a ellos (C) al mundo". Y "como el Padre (A) me ha amado (B), así Yo (B) los he amado a vosotros (C)".

Weil señala una importante diferencia entre las proporciones que tienen tres elementos y aquellas que tienen cuatro. Las que tienen cuatro, esto es A es para B como C es para D, así como los que se han derivado del teorema de Tales en cuanto a la semejanza de los triángulos, tienen proporción más no-mediación. Sólo aquellas proporciones, en especial las geométricas, pero también las aritméticas y las armónicas, que tienen tres términos o elementos, se relacionan con el concepto de mediación. Es sólo en el tercer elemento, no en el tercero y el cuarto, que el concepto de mediación se puede aplicar. Este concepto también se llama la proporción de los medios. He aquí el meollo de la doctrina de Pitágoras, la que Weil reitera a través de su ensayo literario. Todo esto explica no sólo la doctrina de la

Trinidad sino también el concepto de Cristo como Mediador. El siguiente párrafo lo esclarece con amplitud:

> Cuando Platón en su obra *Gorgias* habla de la igualdad geométrica, tal expresión sin duda es idéntica a la igualdad armónica empleada por Pitágoras. Ambos términos constituyen expresiones técnicas, cuyo significado se definió rigurosamente por la igualdad entre dos razones o proporciones que tienen un término común: A es para B lo que B es para C. El adjetivo geométrico en términos tales como la "media geométrica" y la "progresión geométrica", indica proporción. Las frases de San Juan que citamos antes, tienen la apariencia clara y palpable de una ecuación algebraica, y es evidente que es esto precisamente lo que significan y a lo que se refieren. Platón podría decir con certeza y validez: "La igualdad geométrica tiene un gran poder tanto sobre los dioses como sobre los hombres". Si seguimos la definición de la amistad, la otra expresión del mismo pasaje, veremos que tiene exactamente el mismo significado, "la amistad une al cielo y a la Tierra, a los dioses y a los hombres". Al poner un rótulo en la puerta de su escuela que decía "que no entre nadie que no sea un geómetra", sin duda alguna Platón estaba asegurando en forma enigmática y por

> tanto como un juego de palabras, la verdad que Cristo expresó cuando dijo: "Nadie viene al Padre sino no es por mí". La otra ecuación Platónica "Dios es un perpetuo geómetra", evidentemente tiene un doble sentido y se refiere al mismo tiempo al orden del mundo y a la función mediadora del Verbo. Para resumir, la manifestación de la geometría en Grecia es la más brillante de todas las profecías que Cristo vaticinó.[9]

A lo cual nosotros podemos añadir que, la aparición de escritos como éste es con toda probabilidad, la expresión más deslumbrante de la interpretación Pitagórica del Nuevo Testamento en éste o en cualquier otro siglo.

Y se puede deducir que Simone Weil está en lo correcto en cuanto a la hipótesis de los textos de San Juan que ella cita, en el sentido de que ha sido elaborada con base en los principios de proporción de Pitágoras y de Platón. Por lo tanto, deberíamos estar de acuerdo con ella cuando concluye:

> Si el pasaje de la obra *Timeo* sobre la proporción tiene además de un sentido obvio, un significado teológico, este significado no puede ser otro que el de las palabras de Cristo que cita San Juan y que son tan semejantes.[10]

Pero qué es lo que nosotros debemos entender de su siguiente conclusión:

> La alusión es evidente. Así como Cristo se consideraba así mismo el Señor de los Pesares de Isaías y el Mesías de todos los profetas de Israel, también se reconoció a Él mismo como la media proporcional sobre la cual los griegos, durante siglos, habían estado reflexionando con tanta intensidad.[11]

Estamos acostumbrados a suponer que Jesús pudo haberse considerado como ese "Señor de los Pesares" que menciona Isaías, porque las referencias del Nuevo Testamento respecto a los profetas del Antiguo Testamento son muy numerosas; pero porque no hay referencias de ninguna fuente griega en el Nuevo Testamento, al menos de forma abierta, no sería imposible que también hubiera pensado que era la personificación del concepto griego de la media proporcional. Ya que Simone Weil nos hizo notar esta posibilidad de modo tan convincente, nos inclinaríamos a aceptar que hay en realidad una estructura subyacente Pitagórica-Platónica para éste y tal vez otros textos del Nuevo Testamento. Pero, ¿está justificado inferir de esto que Jesús mismo tenía conocimiento de estas cosas? ¿Estamos acertando al deducir que las teorías griegas de proporciones y de teología matemática estaban en su mente consciente? Podemos ciertamente aceptar que tales teorías hubieran podido estar en la mente de los que escribieron los Evangelios, en especial del escritor de escritores del Evangelio según San Juan. Sin embargo, los eruditos de la Biblia nos han enseñado que tenemos que ser cuidadosos antes de atribuir cualquiera de las frases de Jesús, como nos las presentan ahora, a Jesús mismo, en lugar de atribuirlas a quienes las escribieron tiempo después, y que necesitaríamos mejores evidencias antes de que podamos llegar a esta muy particular conclusión de Weil.

Lo que sí podemos aceptar por el momento como resultado de sus introspecciones es que se aprecia mucho más Pitagorismo en el Nuevo Testamento de lo que hubiéramos podido sospechar, y que éste es de una naturaleza tan profunda, ligada a la estructura misma de la modalidad lingüística y de la propuesta teológica, que parecería que está ahí a propósito y no por accidente. El hecho por sí mismo es extraordinario, pero también abre la posibilidad de que se encuentren más tesoros Pitagóricos escondidos, esperando la posibilidad de revelar sus misteriosos secretos a aquellos que quieran seguir las huellas precursoras de Weil.

¿Existe algún Conocimiento Secreto?

¿Es posible que los versículos de los que Simone Weil ha inferido de manera tan categórica una estructura subyacente de Pitagorismo impliquen que exista escondido, en los textos del Nuevo Testamento, un Evangelio secreto dentro del mismo Evangelio? Aunque ella no plantee esta pregunta, que más bien es de naturaleza teológica y filosófica que de crítica literaria, ¿no podríamos nosotros deducir de sus descubrimientos que el Nuevo Testamento contiene una enseñanza tanto esotérica o confidencial como una exotérica o accesible? Algunos otros pasajes que ella no cita hacen que esto parezca posible. Por ejemplo cuando Jesús dice:

> ¡Ay de vosotros, los legistas, que os habéis llevado la llave de conocimiento! No entrasteis vosotros y a los que querían entrar se los habéis impedido. (Lucas 11:52)

En el griego original la palabra para conocimiento es *gnoseos*. Va precedida por el artículo definido y debería decir: "Os habéis llevado la llave de *el* conocimiento". Esto cambia el significado de la palabra conocimiento de general a específico. Jesús culpa a los legistas de haberse llevado la llave de este conocimiento, lo cual suscita cuatro preguntas, es decir: ¿Qué significa la llave? ¿Por qué se la habían llevado los legistas? ¿De qué conocimiento habla y quienes se supone tenían que haber entrado, por qué no lo hicieron? Estas preguntas abren perspectivas de posibilidades especulativas, suponiendo que éstas sean en realidad las palabras de Jesús y no los sentimientos de un escritor posterior con una antipatía por los legistas. Sea como sean las ramificaciones de este versículo, podemos por lo menos deducir que en realidad había una *gnosis, the gnosis,* un conocimiento, *el* conocimiento, del cual Jesús opinaba que los legistas debían haber tenido, y del que tenían la llave. Es claro que se trataba de un conocimiento sobre el cual Él sabía y consideraba importante. La interpretación tradicional de este versículo ha sido dolorosa para el cristiano evangélico que se castiga por no pertenecer a las filas de la secta de los *born again* (nacidos de nuevo en Cristo); por ser cristianos de nombre y no haber podido entrar en la experiencia del Cristo vivo. De igual manera, Cristo reprueba a los legistas por no haber entrado en el corazón vital de la experiencia espiritual, y por consiguiente, no haber podido reconocer quién era Él. Curiosamente, Simone Weil, en un momento dado poco característico en ella, acepta esta postura respecto al texto, cuando más tarde dice en uno de sus ensayos:

> Cristo es la llave que encierra juntos al Creador y a la creación. Ya que el conocimiento es la reverberación del ser, Cristo es también, por la misma razón, la llave del conocimiento.'¡Ay de ustedes, legistas!' dijo, 'porque os habéis llevado la llave del conocimiento.' Él era esa llave, Él, a quien por siglos anteriores se le había amado por adelantado y al que los Fariseos habían negado y lo enviarían a la muerte.[12]

Esta interpretación es aceptable en el sentido general de una homilía o desde un punto de vista teológico, pero no es realmente lo que el versículo dice. No hay razón para inferir que Jesús se estaba refiriendo a sí mismo como la llave o como el conocimiento. El artículo definido antes de conocimiento excluye esa posibilidad. ¿Será por eso que los traductores posteriores a Jerónimo lo omitieron y no quisieron dejarnos con la interrogante de si había o no un conocimiento secreto al que Jesús se estaba refiriendo, y si lo había, cuál era la llave?

Tal parece que ha habido una represión de la evidencia y de la trayectoria del flujo de ésta, proveniente de los traductores posteriores, ya que el griego original también ha sido alterado en otros textos para lograr una negación semejante del conocimiento esotérico. Por ejemplo, en el famoso himno al amor de San Pablo, él dice: "Aunque tuviera el don de la profecía y conociera todos los misterios y toda la ciencia (o conocimiento)..." (1 Cor. 13:2), en griego dice: "Todos *los* misterios y todo *el* conocimiento". De esta forma, una vez más lo que era específico se ha generalizado sustrayendo su significado contextual. Pablo se refería a *los* misterios, no a misterios en general. A principios de siglo, Thomas Simcox Lea, coautor con Frederick Bligh Bond, captó esto con claridad:

> No se puede negar que las palabras '*ta misteria panta*' puedan conferir un significado muy

> específico, o tal vez lo haya tenido para los griegos de entonces, quienes hubieran relacionado las palabras con los cultos religiosos de naturaleza secreta a los que estaban acostumbrados. De igual manera, *'pasa he gnosis'* para ellos significaría un bloque de conocimientos asociados con esos misterios.[13]

Sin embargo, hay otros pasajes en el Nuevo Testamento que indican, aun con mayor claridad y sin ninguna represión, la presencia de una tradición esotérica o confidencial. Por ejemplo en Marcos 4:10-12:

> Cuando quedó a solas, quienes le seguían que eran Doce, le preguntaron sobre las parábolas. Él les dijo: 'A vosotros se os ha dado el misterio del Reino de Dios pero a los que están fuera, todo se les presenta en parábolas para que por mucho que miren no vean, por mucho que oigan no entiendan, no sea que se conviertan y se les perdone.'

Andrew Wellburn en su libro *The Beginnings of Christianity*, al comentar sobre este punto dice, que la última parte de las frases de Jesús se refieren al pasaje de Isaías en el que condena a Israel por ya no ser digno del favor de Dios. Dice también que ésta es "una de las aseveraciones menos comprometedoras del esoterismo en el Nuevo Testamento".

Aquellos que sólo se asoman para ver desde afuera quedarán excluidos:

> Las palabras expresan la exigencia de un vistazo desde el 'exterior' hasta el 'interior' ya que sería lo único que podría revelar la auténtica interpretación. Aquí no tienen cabida las medias tintas. Para los intrusos, todas las cosas se les dan en parábolas; 'pero en la privacidad, a sus propios discípulos les explicó todo'.[14]

Como Simcox, Welburn cita otros textos en donde Pablo implica que hay una sabiduría secreta para los de dentro, los del grupo. Por ejemplo, en su carta a los Corintios, después de haber negado con vehemencia que hubiera alguna sabiduría en su propia versión del evangelio, más tarde admite: "Sin embargo, hablamos de sabiduría entre los perfectos". (1 Cor. 2:6) Esta sabiduría, aclara, no es la sabiduría de este mundo transitorio, "sino que hablamos de una sabiduría de Dios, reservada y secreta". Welburn lo interpreta de la siguiente manera:

> Ya que hablamos de una sabiduría entre los iniciados, no de este tiempo o evo (*aeon*), ni de los gobernantes de este mundo que van desapareciendo. Hablamos de una sabiduría de Dios en el misterio, una sabiduría oculta destinada por Dios desde antes de los siglos, para nuestra gloria.

Welburn comenta fríamente: "La afirmación de un conocimiento esotérico queda asentada y ¡suponemos que con bastante claridad!" Más tarde demuestra cómo los Evangelios apócrifos de Tomás y Felipe, los Manuscritos del Mar Muerto y los textos gnósticos de Nag-Hammadi, todos indican que hubo una edición que suprimió referencias de esta dimensión esotérica, ya que algunos manuscritos se consideraron canónicos y otros heréticos. El ejemplo más espectacular de esto es una carta que fue descubierta por Morton Smith en el Monasterio de Mar Saba en 1958, y que fue escrita por Clemente de Alejandría entre los años 180 y 200 A.C., en el que se hace referencia al Evangelio secreto de Marcos. Al escribirle a un amigo desconocido llamado Teodoro, le dice:

> Marcos, durante la estancia de Pedro en Roma, escribió una relación de los hechos y hazañas del Señor; sin embargo, no las declaró todas, ni siquiera hizo alusión ni insinuó los hechos secretos, más bien seleccionó aquellos que serían de mayor utilidad para incrementar la fe de los que estaban recibiendo instrucción. Pero cuando Pedro murió como un mártir, Marcos vino a Alejandría, trajo sus propias notas y las de Pedro, de las cuales sólo transfirió a su primer libro lo que juzgó adecuado para el progreso hacia el conocimiento (*gnosis*). Así fue que compuso un evangelio más

> espiritual para el uso de aquellos que estaban perfeccionándose. No obstante, no reveló aún las cosas que no debían divulgarse, ni escribió las enseñanzas (misteriosas) del Señor, pero a los relatos que ya había escrito, añadió otros y lo que es más, puso otras frases que él sabía, como mistagogo, que la interpretación llevaría a los oyentes hacia el santuario más recóndito de esa verdad oculta bajo siete velos. Así fue que... cuando murió, le dejó sus escritos a la iglesia de Alejandría, donde fueron custodiados con sumo cuidado, permitiendo su lectura sólo a aquellos que estaban siendo iniciados en los grandes misterios.[15]

La carta de Clemente también contenía fragmentos de este Evangelio secreto. Como Welburn observa:

> ...ciertos pasajes del Evangelio original de Marcos se han considerado esotéricos. La versión que circuló entre el público no contenía los hechos "secretos" del Señor, ya que la versión 'gnóstica' completa fue 'guardada con sumo cuidado', pudiéndolos leer sólo aquellos que estaban siendo iniciados en los 'grandes Misterios.'[16]

Otro ejemplo impresionante que se encuentra en *The Secret Book of John* y en *The Acts of John* es la mención de la naturaleza física de Jesús, que no siempre estaba presente de forma tangible. Esto también viene de Clemente:

> Porque en las tradiciones (esotéricas) se relata que Juan tocó el cuerpo externo (de Jesús) y puso su mano hasta muy dentro, y que la firmeza de la carne no puso ninguna resistencia sino que cedió ante la mano del discípulo.

Como muchas otras referencias inadmisibles, toda forma de indicación de que el cuerpo de Jesús era mutable fue retirada por la mano firme de una ortodoxia posterior. Comentando sobre este proceso de editar y suprimir, Welburg escribe:

> La imposición de una creencia estandarizada y 'ortodoxa' vino después al concentrarse la autoridad sólo en las manos de la Iglesia Romana. De hecho, podemos observar la forma en que la Iglesia introdujo su propia literatura, la que se oponía a la diversidad de tradiciones apostólicas con una amalgama incolora en nombre de 'los Doce Apóstoles'. Esto tuvo dos consecuencias: por una parte, unificó y fortaleció la creencia colectiva de la Iglesia organizada y así ayudó a extender el Cristianismo Católico; por otra parte, en realidad sacó de la Iglesia a aquellos que se aferraban a las tradiciones apostólicas

antiguas, declarándolos, en última instancia como 'heréticos o herejes'.[17]

Ya se han presentado suficientes evidencias para demostrar que existe una enseñanza secreta, interior o esotérica dentro del canon del Nuevo Testamento. Parecería también que los traductores de los últimos siglos, en algunas instancias, han hecho su mejor esfuerzo por esconder la información relativa a la presencia de este conocimiento secreto.

¿Qué era este conocimiento secreto, *el* conocimiento, y por qué fue hasta cierto punto suprimido o marginado? Una respuesta sencilla es por supuesto, que durante los siglos II y III, la iglesia Cristiana primitiva sostuvo una fuerte y amarga controversia sobre todo lo que fuera relativo al concepto del conocimiento, en la que aquellos que se creyeron en posibilidad de experimentar un conocimiento de Dios más sublime y esotérico fueron llamados Gnósticos. Así pues, fueron sucesivamente condenados como herejes por una cada vez más creciente, inflexible e intolerante ortodoxia, que tergiversó sus enseñanzas y ridiculizó sus experiencias. Fue tal el legado de acrimonia o actitudes que duró siglos. Tan completa fue la destrucción de sus escritos que sólo hasta tiempos recientes, desde los descubrimientos de los textos Gnósticos en Nag-Hammadi, fue posible alguna revalorización de su interpretación del conocimiento.

Sin embargo, lo que estamos examinando es lo que *ha* quedado en el canon del Nuevo Testamento, no lo que se ha omitido. No nos preocupa, como tal, la literatura Gnóstica posterior sino los escritos canónicos que no fueron condenados a quedar como Gnósticos, aunque las omisiones del artículo definido en las últimas traducciones del conocimiento y de los misterios, bien puedan ser atribuidas al miedo de que todavía existan algunos rastros de Gnosticismo inaceptables en el Nuevo Testamento, que tuvieran que ser eliminados.

Si por lo tanto es anacrónico llamar a estas referencias del Nuevo Testamento pistas elementales de un Gnosticismo tardío, al "conocimiento", "los misterios", "los secretos del reino", "la sabiduría escondida", ¿cómo las podemos llamar? ¿A qué tradición esotérica pero aceptable, contemporánea del siglo I, las podemos atribuir? ¿Podría ser la respuesta la tradición Pitagórica? Ya hemos conocido bastante sobre esta tradición y lo que hemos aprendido encaja con una descripción que por una parte, es secreta y esotérica, pero también inesperadamente aceptable y ortodoxa por la otra.

Tanto Simcox Lea como Bligh Bond propusieron la tesis de que, con la tradición Pitagórica–Platónica, como la interpretan los judío-cristianos helénicos, puede ser encontrado el verdadero y aceptable conocimiento. El conocimiento que ellos descubrieron en el texto del Nuevo Testamento es un corolario lógico de lo que hemos aprendido de Simone Weil y nos lleva a profundizar aún más en la compleja estructura Pitagórica de las escrituras canónicas.

9

Gematría – la Llave Secreta

Regresemos a la pregunta más intrigante y fascinante que surgió del versículo sobre "la llave del conocimiento" que tratamos en el capítulo anterior. Jesús dice en tono de reprimenda: "¡Ay de vosotros, los legistas, que os habéis llevado la llave de la ciencia... etc. (Lucas 11: 52) ¿Por qué él suponía que los legistas sabían lo que era el conocimiento y también cuál era la llave? ¿Por qué los culpaba? Ya antes sugerimos que la interpretación cristiana tradicional, la cual sostiene que ellos eran los guardianes de la Ley pero que habían fallado en comprender y comunicar su verdadera naturaleza, es correcta hasta cierto punto, mas sin embargo resulta deficiente puesto que no explica por qué el texto griego lo llama de forma específica "*el* conocimiento", y no sólo "conocimiento".

También planteamos que al poner énfasis en el artículo definido antepuesto a conocimiento en éste y en otros textos, implica que Jesús se refería a cierto conjunto o cúmulo de conocimientos, que si no era necesariamente secreto, sí era muy especial. Si agregamos esta insinuación a la creencia tradicional de que Jesús estaba aludiendo a la verdadera interpretación del Antiguo Testamento como se acaba de mencionar, con toda razón podríamos concluir que estaba hablando de una interpretación especializada, secreta o esotérica de las Escrituras. Ya que el énfasis en el artículo definido *el* antepuesto a "conocimiento", nos impide estar de acuerdo con los estudiosos que han sostenido que, en última instancia, estaba hablando de sí mismo como la llave, volveremos repetir la pregunta: ¿Cuál era este conjunto de conocimientos especializados, secretos o esotéricos que guardaba la llave para una auténtica interpretación de la Ley?

Parecería que la respuesta a esta pregunta debería radicar o con el Gnosticismo, o con el Pitagorismo, ya que estos dos eran los únicos sistemas de conocimiento especializado o secreto, en los que el simbolismo de los números y también el concepto del conocimiento como una iniciación a los misterios espirituales, eran de bastante importancia como para que se les considerara como algo primordial. Entre ambos, creo yo que la elección recae en el

Pitagorismo ya que precedió por muchos siglos al Gnosticismo y parece haber sido el origen del último.

Thomas Simcox Lea, autor de la obra *Gematria*, citado en el capítulo anterior, reconoce que existen muchos vínculos entre el Gnosticismo, en especial en *Pistis Sophia, The Books of Ieou*, y el Nuevo Testamento. También afirma en *The Apostolic Gnosis* que "la tradición Pitagórica fue su origen",[1] y que la *disciplina arcana* (secreta) de los primeros cristianos que floreció más tarde en el Gnosticismo, se puede rastrear hasta los Pitagóricos y los Esenios.[2]

Simcox Lea está muy consciente de que hay un lado oscuro respecto a la interpretación gnóstica de "*el* conocimiento", pero argumenta que la presencia de una falsa *gnosis* no nos debe cegar ante la realidad de una verdadera. Debemos saber distinguir como San Pablo lo hizo al alertar a Timoteo (1Timoteo 6:20) con respecto a las contradicciones de una *gnosis* seudónima: "Evita las palabrerías profanas y también las objeciones de una falsa ciencia, ya que algunos que la profesaban se han apartado de la fe". De esto tal vez podamos deducir que, desde la segunda mitad del primer siglo, ya circulaban enseñanzas gnósticas que planteaban problemas concernientes a la historicidad de Jesús y a la autoridad de los Apóstoles, quienes más tarde serían el centro de la controversia entre el Gnosticismo y la naciente ortodoxia. Quizá también deduzcamos que, como al Gnosticismo algunas veces se le ha llamado "la Helenización severa del

Cristianismo" y "la propagación desmesurada del Platonismo",[3] la verdadera *gnosis* Cristiana era aquella que se ajustaba a la tradición del Antiguo Testamento en cuanto a la interpretación Pitagórica y era un corolario digno de ésta; mientras que la falsa *gnosis* era la que ponía énfasis en una espiritualidad cósmica más elevada, a expensas de los actos históricos de salvación, a través de Israel y de la persona de Jesucristo.

Si existe algo de verdad en todo esto, entonces tal vez podamos especular que fue tanta la hostilidad del grupo ortodoxo hacia los herejes gnósticos que la diferenciación Paulina entre una gnosis verdadera y una falsa llegó a perderse, siendo sustituida por una excomunión de todas las *gnosis*, falsas o verdaderas. Si esto fue así, entonces se puede explicar por qué los traductores posteriores omitieron el artículo definido en el texto griego. También explicaría en gran medida, la razón por la cual se olvidó la verdadera *gnosis* ya que fue confinada junto con la falsa. Y esto a su vez, aclararía por qué el Pitagorismo descubierto en la Biblia a través de los siglos por las subsecuentes generaciones, ha estado acompañado de sorpresa y aún de escándalo. Porque si la *gnosis* verdadera fue lo que nosotros, a falta de un nombre más adecuado, denominamos Pitagorismo, y éste, por decirlo con crudeza, ha generado una supuesta falsa *gnosis* del Gnosticismo, entonces el propio Pitagorismo tendría que caer bajo la misma censura ya que lo verdadero se condenó junto con lo erróneo. Ésta es la única manera en la que puedo explicar por una parte, la abrumadora incidencia de los simbolismos numéricos en el Nuevo Testamento y por la otra, la sospecha generalizada con la que el mismo simbolismo numérico ha sido considerado por la ortodoxia desde la época posterior a los apóstoles. Digo esto a pesar del testimonio de una gran tradición de la interpretación bíblica Pitagórica, como lo mencioné con anterioridad. Aunque ha sido sin lugar a dudas una gran tradición, también se le ha observado con mucha desconfianza por aquellos que constantemente han pregonado junto con Tertuliano: "¿Qué tiene que ver Jerusalén con Atenas, la Iglesia con la Academia (Platón), el cristiano con el hereje,[4] y aquellos que no han sido persuadidos de que la tradición griega podría fusionarse con la hebrea, ni que Platón fuese 'el Moisés Ático'?

Esta sospecha en ninguna parte ha sido más evidente que en la evaluación general de la dimensión más misteriosa y secreta de la numerología bíblica Pitagórica, la cual equipara los números con los alfabetos hebreo y griego. Tanto se ha argumentado sobre esto a través de los años, que varias generaciones de estudiosos de la Biblia o han descartado esta dimensión considerándola sin valor, o han negado su existencia. El hecho de que en realidad existe y que por ningún motivo se le ha considerado sin valor, especialmente en la tradición judía, se certifica por un artículo muy extenso que aparece en la *Enciclopedia Judaica* sobre el vocablo *Gematria*, ya que ese es el nombre que se le ha asignado a esta sección del simbolismo numérico:

> GEMATRIA (del griego *geometria)*, una de las reglas hermenéuticas hagádicas para interpretar el Torá (Baraita de 32 Reglas, no. 29). Consiste en la interpretación de una palabra o de un grupo de palabras de acuerdo al valor numérico de las letras, o en la substitución de éstas por otras letras del alfabeto conforme a un sistema establecido. Aunque por regla general la palabra se emplea en ese sentido de manipulación de acuerdo al valor numérico, algunas veces se utiliza el significado de los "cálculos o cómputos" (Avot 3:18). De igual manera, ediciones recientes del Talmud dicen que Johanan ben Zakkai sabía de "las rotaciones celestes y el *geomatriot*", en una fuente paralela del contexto donde dice: "las rotaciones celestes y los cálculos" (Suk 28ª; BB 134ª; Ch. Albeck, *Shishah Siderei Mishmah*, 4 (1959), 497).[5]

Hay mucha más información detallada en este artículo aunque también algo compleja, pero esto es suficiente para testificar la existencia de la *gematria* como uno de los métodos auténticos y legítimos de la interpretación de la Biblia.

Los babilonios y los griegos ya conocían el uso de las letras para significar números. El primer registro sobre este uso se encontró en una inscripción de Sargon II (727-707 a. C.) y dice que el rey construyó una famosa pared de 16,283 codos (antigua medida de longitud equivalente a la distancia que separa el codo del extremo del dedo medio, alrededor de 50 cm.), con el fin de que correspondiera con el valor numérico de su nombre. En el mundo Helénico, la Gematria era utilizada ampliamente por los Magos y los que interpretaban los sueños; de igual manera sucedió entre los gnósticos. Desde nuestro punto de vista es significativo que el autor diga que, hasta donde se sabe, "parece que su uso fue introducido en Israel durante el tiempo del Segundo Templo, incluso en el Templo mismo se emplearon las letras griegas para indicar números. (Shek. 3:2)"[6] En otras palabras, fue en una fecha posterior a la época del exilio de Judá en Babilonia en el siglo VI a. C., y surgió por primera vez más o menos al mismo tiempo en que Pitágoras y los Pitagóricos florecieron, alrededor del final del siglo VI e inicio del siglo V. El uso de las letras griegas en lugar de las hebreas para señalar números en el mismo Templo, indica el alcance de la influencia helenística.

Los orígenes de este alfabeto numérico ciertamente están velados por la niebla de la antigüedad. Bligh Bond y Simcox Lea, después de un estudio muy extenso, concluyeron que donde primero se desarrolló fue en Siria y en Fenicia durante el siglo V a. C., aunque no se puede descartar una fuente oriental anterior. Ellos creían que tanto el alfabeto hebreo como el judío provenían de esta región y que ambos daban evidencia de una programación en extremo inteligente:

> Ambos sistemas lograron un alto grado de desarrollo alrededor del Siglo III a. C. Los dos lenguajes están elaborados con gran habilidad y es evidente que provienen del trabajo de hombres eruditos, sumamente instruidos, que estaban animados por un objetivo muy claro. Aunque son una recopilación de material muy antiguo y algo imperfecto, representan algo más que la evolución natural de esos elementos. Muestran un sistema pero también manifiestan peculiaridades, que algunas veces tienen la apariencia de una intención, para la cual todavía no se ha planteado una razón adecuada. Sus alfabetos, que también son cifras, revelan características que no se han explicado, algunas de las cuales pueden describirse como llenas de misterio. Probablemente no sea sensato suponer que la casualidad tenga algo que ver en su formación. Esto se vuelve aún más improbable, ya que hay evidencia de una ideología contraria entre esta gente, quien mostraba una reverencia especial por sus alfabetos, ya que le atribuían a cada letra su propio valor místico y a la totalidad, un conjunto de enseñanzas

> simbólicas, en las cuales los principios y orígenes del Número, del Sonido y de la Forma, que estaban relacionados con cada una de las letras, jugaban su propio papel.[7]

Lo que nos tratan de decir Bond y Lea es que el alfabeto griego y el hebreo tal como los conocemos ahora, fueron formados y estructurados en la línea Pitagórica, con base en algún material anterior. Asimismo, es claro que las letras no sólo están vinculadas a un Número sino también a una Forma, por medio de la cual simbolizan Geometría o número en el espacio y a la vez están relacionadas con el Sonido, o sea a la Música o al número en el tiempo. Más adelante en su obra, plantean también un Eón o enlace cósmico, completando así los vínculos entre los alfabetos y las cuatro disciplinas Pitagóricas del número, las cuales se conocieron más tarde en la historia como *Quadrivium* o Cuadrivio (conjunto de las cuatro artes liberales de la antigua Grecia y del mundo medieval: aritmética, geometría, astronomía y música). Éstas son pretensiones importantes y, como lo veremos más adelante, ellos pueden comprobarlas por medio de sus extensas investigaciones.

Bond y Lea concluyen sus descubrimientos históricos con la siguiente observación: "El Alfabeto Griego se perfeccionó en Atenas alrededor del año 400 a. C., al añadirle varios símbolos nuevos y sustituir las antiguas letras compuestas. Los demás símbolos antiguos se conservaron sólo como números o cifras".[8] Una vez más podemos observar que esto tiene una fecha posterior a la de Pitágoras y coincide con el auge Pitagórico y Platónico.

Eso basta para legitimar la existencia de la *gematria* y sus orígenes en los alfabetos hebreo y griego. Ahora podemos proseguir con otros autores e identificar cuatro principios muy importantes en lo que respecta a su práctica. El primero, como lo presentó S.L. Mathers en su ensayo "*Introducción al Zóhar*" (obra fundamental de la Cábala judía), es:

> Las palabras con valores numéricos semejantes son consideradas un explicativo de una con la otra, y esta teoría abarca también a las frases. Así, la letra Shin, Sh es 300, y equivale al número que se obtiene al sumar los valores numéricos de las letras de las palabras RVCh ALHIM, Ruach Elohim, el espíritu de Elohim. Ya que R = 200, V = 6, Ch = 8, A = 1, L = 30. H = 5, I = 10, M = 40; da un total de 399. De igual manera, las palabras AchD, Achad, que significa Unidad o Uno y AHBH, Ahevah que significa amor, cada una equivale a 13; ya que A = 1, Ch = 8, D = 4, un total de 13; y A = 1, H = 5, B = 2, H = 5, un total de 13... por lo que el uno se toma como simbólico del otro.[9]

Esta práctica todavía es frecuente entre los israelíes, cuando utilizan el hebreo para componer versos laudatorios o humorísticos en las bodas o los cumpleaños.

El segundo principio atañe a la regla conocida como "colel", John Michell la explica de la siguiente manera: "En el uso convencional de la *gematria,* una unidad, conocida como 'colel', se puede sumar o restar del valor de cualquier palabra sin afectar su significado simbólico. En estos términos, *ekklesia Theou* 778, Iglesia de Dios, en *gematria* es equivalente a *staurus* 777, una cruz".[10] Esta amplitud que da el 'colel' se puede considerar como un disparate o aun como una nimiedad por aquellos que no están convencidos de que la *gematria* es un sistema de buena fuente; pero tal vez se pueda comparar en forma legítima con lo que pasa en la música en cuanto a la diferencia que hay entre una afinación natural (poner sonidos de un instrumento en tono con el diapasón) y un "equal temperament" (afinar un instrumento por la división de una octava en 12 semitonos y después dividir a cada uno de ellos entre exactamente la misma proporción de vibraciones).

El tercer principio importante está relacionado con el método para contar y asignar números a los alfabetos. Había dos formas de hacer esto: una era con los números de menor valor y la otra, con los de mayor valor. En lo que se refiere al alfabeto latino, John James lo explica de la siguiente manera:

> Existen dos formas para contar en la *gematria*:
> La aplicación al alfabeto latino de una serie

> directa de números del 1 al 22, conocida como el Canon Menor y otra, en la que las letras después de la décima se numeran de diez en diez, es decir 20, 30, etc. hasta llegar a 100, y las restantes en cientos. Ésta última se conoce como el Canon Mayor o Canon Griego. A partir del siglo VI antes de Cristo, los números griegos se escribían como letras. Ésta fue una adaptación de un sistema anterior que utilizaron los habitantes de la Cuenca del Eufrates y que los israelitas llevaron hacia el Oeste después de su cautiverio en Babilonia. En el Canon Mayor, las primeras diez letras se contaban de igual manera que en el Canon Menor, pero de ahí en adelante procedían a contar en decenas y después en centenas.[11]

En general, tal parece que no se ha reconocido que hubiese un Canon Menor ni un Canon Mayor, ni siquiera por los eminentes especialistas de la *gematria* tales como S.L. Mathers, John Michell, Bligh Bond y Simcox Lea, a quienes se les ha citado con anterioridad. Sin embargo, se puede demostrar con facilidad, como lo afirma John James, que realmente éste era el caso. Por ejemplo, *kithara*, que en griego es un arpa o lira, equivale a 51 en el Canon Menor. La palabra equivalente en hebreo, *kinnor*, también es 51. En realidad esto es algo más que una simple coincidencia, porque eruditos en la materia como

Alfred Sendrey en su obra *Music in Ancient Israel*, acepta que la *kithara* y el *kinnor* eran instrumentos muy semejantes si no es que idénticos.[12] De la misma manera *dabar*, que en hebreo significa "palabra", es equivalente a 26 en el Canon Menor. Igual sucede respecto al número para YHWH, Yahvéh, la palabra judía para Dios. En el Canon Mayor esto sería muy diferente, ya que *dabar* sería 206 y no equivaldría a Yahvéh que sigue siendo 26. Es lógico inferir que el término "palabra" se supone equivalía a "Dios" (según el versículo 2 del capítulo 1 del Evangelio según San Juan) "... y la palabra era Dios", porque aunque se encuentra en el Nuevo Testamento en griego, su origen está implícito en el Antiguo Testamento en hebreo. Por consiguiente, los Cánones Mayor y Menor en griego y en Hebreo se dan de forma opuesta y ambos serán utilizados en los capítulos subsecuentes.

Para el cuarto y último principio regresaremos a Bond y Lea. Viene de la sección de "*On Geometric Truth*" y se refiere al vínculo que existe entre la *gematria* y la arquitectura. Ellos explican que las palabras por sí solas son insuficientes para interpretar ideas espirituales a no ser que tengan un sentido figurativo. El simbolismo, el mito y la parábola han sido los instrumentos indispensables del poeta, del profeta y del maestro religioso. Esto se ha ampliado más allá de las palabras hasta la arquitectura y las artes relacionadas con ella, a través de las cuales se han comunicado grandes conceptos:

Hebreo		Menor	Mayor	Griego		
'Aleph	א	1	1	Α	α	*Alpha*
Beth	ב	2	2	Β	β	*Beta*
Gimel	ג	3	3	Γ	γ	*Gamma*
Daleth	ד	4	4	Δ	δ	*Delta*
He	ה	5	5	Ε	ε	*Epsilon*
Waw	ו	6	6	Ϝ	ϝ	*Digamma*
Zayin	ז	7	7	Ζ	ζ	*Zeta*
Heth	ח	8	8	Η	η	*Eta*
Teth	ט	9	9	Θ	θ	*Tetha*
Yodh	י	10	10	Ι	ι	*Iota*
Kaph	כ	11	20	Κ	κ	*Kappa*
Lamedh	ל	12	30	Λ	λ	*Lambda*
Mem	מ	13	40	Μ	μ	*Mu*
Nun	נ	14	50	Ν	ν	*Nu*
Samekh	ס	15	60	Ξ	ξ	*Xi*
'Ayin	ע	16	70	Ο	ο	*Omicron*
Pe	פ	17	80	Π	π	*Pi*
Tzadhe	צ	18	90	Ϙ	ϙ	*Quppa*
Qoph	ק	19	100	Ρ	ρ	*Rho*
Resh	ר	20	200	Σ	σ	*Sigma*
Sin, Shin	ש	21	300	Τ	τ	*Tau*
Taw	ת	22	400	Υ	υ	*Upsilon*
			500	Φ	φ	*Phi*
			600	Χ	χ	*Chi*
			700	Ψ	ψ	*Psi*
			800	Ω	ω	*Omega*

Figura 5. La Gematria de los Alfabetos Hebreo y Griego

> Para el hombre, la Arquitectura ha sido la intérprete de las Verdades Universales; de aquellas verdades que manifiestan la Mente y los Trabajos del Creador, ya que la Arquitectura es testigo de los Principios Formativos que marcan a la Naturaleza y hablan de sus Cimientos Inmutables.[13]

Estas verdades están expresadas en formas geométricas ya que están relacionadas con medidas y números. Por esto, a la arquitectura se le puede llamar un "idioma superior" que es propio de los fines sagrados:

> Ahora bien, en la *gematria* griega tenemos lo que puede denominarse la *Arquitectura del Lenguaje*, porque la *gematria* fusiona ambos elementos y ambas modalidades de expresión con una armonía sorprendente ya que las palabras se relacionan por su significado con el Número, por su Número con la Geometría, y también por su Geometría con la Construcción. Porque toda Construcción, bien sea de Palabras, de Ideas, de Cifras o de Formas Materiales, se fundamenta en proporcionales fijos, a los que se ha denominado *Aeonial*, los que estudiaremos bajo el nombre de Geometría.[14]

De todo lo anterior se deduce que es evidente que Bond y Lea son los Pitagóricos de nuestros días. Todo lo que dicen acerca del lenguaje en relación con los números, la geometría, la construcción, la arquitectura y la dimensión Aeonial (relativo al tiempo o eones), encaja en una interpretación Pitagórica. En efecto, todo lo que se ha dicho sobre la *gematria* en esta introducción, tanto en el hebreo como en el griego, se puede considerar como parte integral de la tradición Pitagórica. Por lo tanto, parece oportuno que debamos aplicar ahora esta clave o llave Pitagórica a las Escrituras para ver qué conocimientos secretos podemos descubrir. Sin embargo, ya que las Escrituras contienen una amplia amalgama de lenguajes, seleccionaremos ciertas palabras significativas a fin de examinarlas. De las palabras que podemos considerar importantes, no hay ninguna que lo pueda ser tanto como las palabras "Jesús" y "Cristo". Ya que estamos manejando una investigación dentro del teorema de que Jesucristo pudo haber estado de cierta forma vinculado con los Pitagóricos, sometamos la *gematria* de sus nombres a un análisis Pitagórico.

Jesucristo y los Números de Fibonacci

En primer lugar, tenemos que decidir si vamos a utilizar el Canon Menor o el Canon Mayor para este examen. El hecho de que el griego para "Cristo" contiene una chi (X) indica que debemos emplear el

Canon Mayor porque esta letra se añadió más tarde y no era parte de las 22 letras originales del Canon Menor. El griego para "Jesús" es *Iesous* y para "Cristo" es *Christos*, por lo tanto los números que equivalen a estas letras y palabras son los siguientes:

IESOUS	CHRISTOS
I (iota) = 10	CH (chi) = 600
E (eta) = 8	R (rho) = 100
S (sigma) = 200	I (iota) = 10
O (ómicron) = 70	S (sigma) = 200
U (upsilon) = 400	T (tau) = 300
S (sigma) = 200	O (ómicron) = 70
Esto da un total de 888	S (sigma) = 200
	Esto da un total de 1,480

Así que por la *gematria*, ***Iesous*** = 888 y ***Christos*** = 1,480. Por lo tanto los dos nombres juntos vienen a ser 888 + 1,480 = 2,368:

Jesús	Cristo	Jesucristo
888	1,480	2,368

Lo notable de esta realidad matemática respecto a estos tres números es que tienen una relación proporcional entre ellos. Esto se vuelve evidente cuando los dividimos entre su factor común más alto que es 296, ya que 888 ÷ 296 = 3; 1,480 ÷ 296 = 5 y 2,368 ÷ 296 = 8. La relación proporcional es por lo tanto 3 es a 5 lo que 5 es a 8. Ésta es una proporción geométrica del tipo *A* es para *B* lo que *B* es para *C*. Tiene tres términos de los cuales *B*, ó 5, es la media proporcional. En otras palabras, la numerología de los nombres "Jesús" y "Jesucristo" concuerda con la misma teología de la proporción que Simone Weil descubrió en los escritos Juanistas, como lo vimos en el capítulo anterior. Con intención o sin ella, *Jesucristo* incorporó en sus propios nombres ese principio de media proporcional o mediación que yacen en el corazón de su enseñanza, con respecto a la correlación entre él mismo, Dios y sus discípulos.

Aunque se considere sorprendente, esta revelación o lo que sea, es de esperarse si la *gematria* es lo que parece ser: el auténtico sistema interpretativo de la Biblia. De hecho podríamos llegar a sostener que de no encontrarse *algo* de verdad especial en la numerología de los nombres de "Jesús" y de "Cristo", tendríamos todo el derecho de negar la validez de la *gematria* como un principio hermenéutico. Sin embargo, por supuesto éste no es el caso, así que proseguiremos señalando que las razones de 3 a 5 y de 5 a 8 no sólo ilustran la proporción geométrica, el "más bello de los vínculos" según Platón, sino que también son parte de una serie de números conocidos como adición o fórmula de sucesión de Fibonacci.

Esta fórmula se llama así porque es una sucesión de números en la que cada término es igual a la suma de los dos términos precedentes, es decir: 1+1=2, 2+1=3, 3+2=5, 5+3=8. Así que la serie es 1, 1, 2, 3, 5, 8, 13, 21, 34, 55, 89, 144, etc. Y se le llama también la sucesión de Fibonacci en honor de Leonardo Pisano, apodado Fibonacci, que fue quien la introdujo a Europa proveniente de los árabes de África del Norte, a principios del siglo XIII.

La máxima importancia de las series de Fibonacci estriba en que su secuencia de razones matemáticas sirve de fundamento a tantos patrones en la naturaleza, que pueden considerarse ubicuas o universales. Por ejemplo, gobiernan los múltiples reflejos de luz a través de los espejos; las pérdidas y ganancias en radiación de la energía; los patrones de procreación de los conejos; la proporción entre abejas hembras y machos en las colmenas; la filotaxis o distribución de las hojas sobre el tallo de las plantas; la distribución de las hojas en los árboles; la distribución de semillas en las margaritas y en los girasoles; las proporciones de los cuerpos de los animales; las proporciones del cuerpo humano; el crecimiento helicoidal o en espiral de algunas conchas y moluscos; el crecimiento de los fetos en los humanos y en los animales; la cóclea o espirales del oído interno; el despliegue de hojas en el helecho; algunos cuernos de animales y las nebulosas distantes. En otras palabras, las series de razones matemáticas que se generan por los números

Fibonacci yacen en el corazón de los patrones de crecimiento de la naturaleza y se consideraban como la firma del Creador en cada parte de la Creación. Al incorporar los números Fibonacci 3, 5 y 8, el nombre de Jesucristo expresa a la perfección la creencia del Nuevo Testamento de que él era Cocreador con Dios. Como afirma San Juan: "Todo se hizo por Él y sin Él no se hizo nada de cuanto existe" (Juan 1:3) a lo que hizo eco San Pablo, "en Él todas las cosas fueron creadas, en los cielos y en la Tierra". (Col. 1:16).

En nuestros días hay muchos que se han dejado convencer por algunos estudiosos del Nuevo Testamento, de que éstos y otros versículos que hablan de Jesús como el Pantocrátor o Creador de todas las cosas, fueron añadiduras posteriores al texto hechas por hagiógrafos que se propusieron divinizar a un hombre, quien por principio, no era más que un campesino galileo,[15] un Hasid carismático[16] o un maestro nómada Insolente (miembro de una escuela de filósofos griegos).[17] Era probable que tales individuos no apoyaran la existencia de la *gematria* y mucho menos la evidencia que origina. Sin embargo, si se abrigaran con seriedad las posibilidades de este método exegeta, se debería reconocer por lo menos que si lo que hemos descubierto es sólo accidental, entonces las coincidencias traicionan tanto a una extraordinaria congruencia como a la coherencia. La consideración de un crítico sensato no debe ir más allá de que podamos estar tratando con elementos de un sistema coherente. Si esto es así, al menos se debería aceptar que estas exageradas afirmaciones relativas a la divinidad de Jesucristo, pudieron haber existido desde tiempos muy remotos y que no fueron añadidas posteriormente. La certidumbre de esto se vuelve aún más fuerte cuando nos damos cuenta de que los números 3, 5 y 8 no sólo identificaron a Jesucristo con la rúbrica del Creador, como se expresa en las series de Fibonacci, sino también con la Proporción Divina a la cual esta sucesión se aproxima muy de cerca.

La Proporción Divina o Sección Áurea o Número de Oro, se define como ese punto en cualquier línea que la divide en tal forma, que la parte más pequeña es a la parte más grande como la parte más grande es al todo. Es una expresión de la proporción geométrica en donde *A* es a *B*, como *B* es a *C*, explicada ya con anterioridad. Asimismo, es una expresión única en su género porque es una proporción en donde *C* es igual a *A* + *B*. Ésta es la única proporción que tiene dos términos y no tres o cuatro, por tal razón se considera única en su género y ha sido llamada *"he toma", la* proporción divina de los griegos.

Entre los primeros cristianos esta proporción llegó a simbolizar la doctrina de la Trinidad, de la cual ya hemos hablado en relación con la proporción geométrica de tres términos; pero aquí tenemos la aún más perfecta expresión de ella en Dos, simbolizando así los Tres que son Dos, así como los Tres que son Uno.

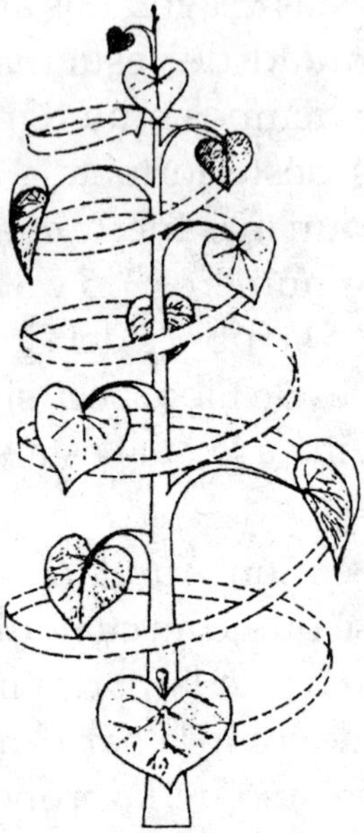

La distribución de las hojas sobre el tallo de las plantas se determina por la fórmula de sucesión de Fibonacci: 5 hojas en tres vueltas, 8 hojas en 5 vueltas.

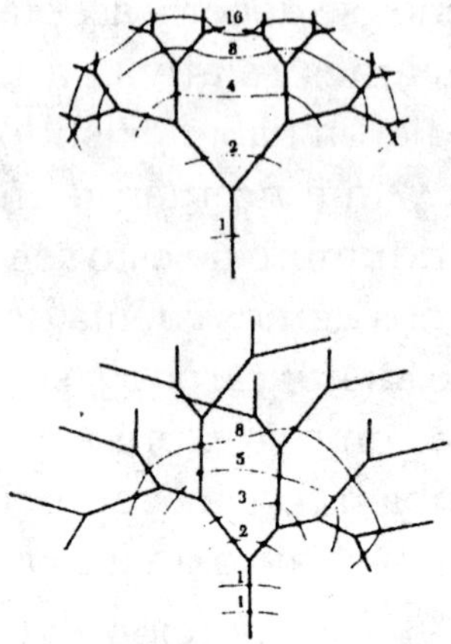

Los dos principales patrones de bifurcación; uno demuestra la progresión geométrica por 2(√2), y el otro la sucesión de Fibonacci (ø).

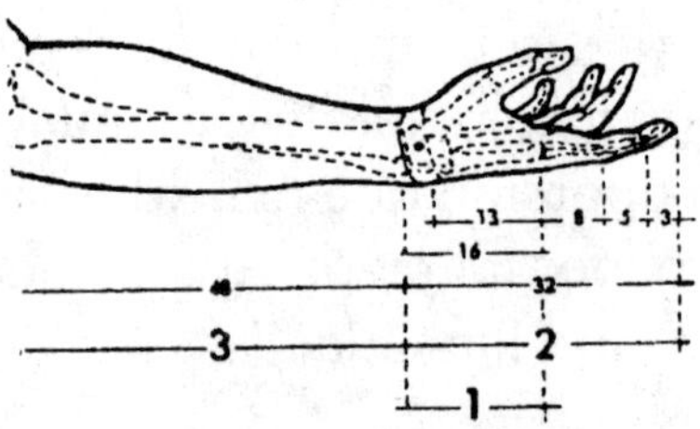

La manifestación de la fórmula de sucesión de Fibonacci en la relación de la distancia entre los huesos del dedo humano, la mano y el brazo, es otro ejemplo de las numerosas relaciones ø que acontecen en el cuerpo humano.

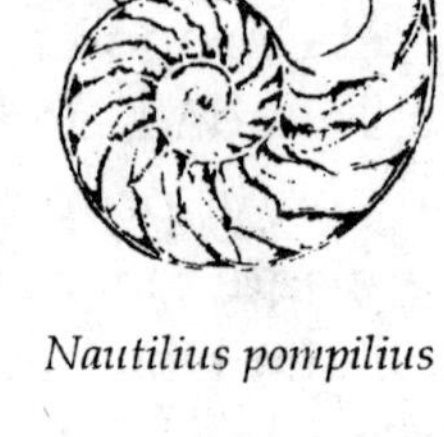

Nautilius pompilius

Figura 6. Ejemplos de Números Fibonacci

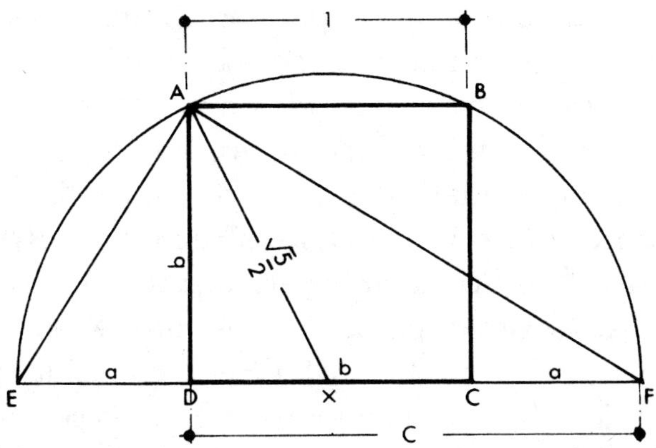

$$a : b : : b : c.$$

$$c = a + b$$

Por lo tanto, $a : b : : b : a + b$

Cuando tenemos los valores:

Lado del cuadrado $AB = b = 1$

$$XA = \frac{\sqrt{5}}{2}$$

$$ED = a = \frac{\sqrt{5}}{2} - \frac{1}{2}$$

$$DF = c = \frac{\sqrt{5}}{2} + \frac{1}{2} = \frac{\sqrt{5} + 1}{2}$$

Figura 7. El Teorema de la Proporción Divina

El teorema de la Proporción Divina o Sección Áurea se prueba por un cuadrado dibujado dentro de un semicírculo y depende de la ley de Tales de Mileto referente a los triángulos análogos. No es necesario entender esto, sólo creer que así es. No obstante, daremos la demostración de Robert Lawlor, *Sacred Geometry,* para aquellos que estén interesados. De aquí descubrimos que la Proporción Divina es (v5 + 1) ÷ 2 = 1.6180339 …, conocida como letra griega f (pi). Los números Fibonacci se aproximan mucho a ésta, por ejemplo: 5 ÷ 3 = 1.6666; 8 ÷ 5 = 1.6; 13 ÷ 8 = 1.625; 21 ÷ 13 = 1.6153; 34 ÷ 21 = 1.6190, etc. Conforme los números van aumentando, también las razones entre ellos se aproximan más a 1.6180339..., sin embargo nunca son exactos, oscilan por fracciones hacia abajo o hacia arriba.[18]

El simbolismo de la Trinidad que personificó la Divina Proporción siguió inspirando a teólogos y filósofos, artistas y arquitectos durante siglos enteros, de la misma manera que lo hicieron algunos aspectos de la tradición Pitagórica de la interpretación bíblica, como ya lo hemos tratado. En 1509, como parte de ese Renacimiento temprano del que hablamos anteriormente, Luca Pacioli escribió un resumen muy detallado del tema, con ilustraciones de Leonardo Da Vinci, al cual tituló, no sin sorprendernos, *La Divina Proporción,* calificando los atributos asociados a ella, como: esencial, única, inefable, milagrosa, que no puede nombrarse, inapreciable, excesiva, suprema, excelente, casi incomprensible y sumamente majestuosa. Para responder a la pregunta ¿por qué se le llama Divina a esta proporción?, él dio cuatro razones: la primera, como Dios, es única en su género; la segunda, como la Santísima Trinidad es una sustancia en tres personas, es una sola proporción en tres términos o expresiones; la tercera, siendo Dios no se puede definir en palabras, no puede expresarse por ningún número inteligible ni en ninguna racional cuantitativa sino que siempre está oculta y secreta, y los matemáticos la llaman irracional; la cuarta, como Dios, es siempre semejante a sí misma.[19]

Lo que hemos descubierto de este análisis de la numerología del nombre de "Jesucristo" es que la tradición que lo identificó con la Proporción Divina y a la Proporción Divina con la Trinidad, no fue una añadidura posterior al registro del Evangelio nacida de una helenización ajena que se inclinara por el endiosamiento inapropiado del hombre llamado Jesús, sino por el contrario, como ya vimos, surgió, en primera instancia, de un Pitagorismo implícito en el nombre mismo de "Jesucristo". Es evidente que existieron posteriores influencias del helenismo en la manera en que la doctrina de la Trinidad se calculó, tales como la fórmula nicena, "siendo consubstancial al Padre, por quien todas las cosas fueron hechas"; pero si el testimonio de la *gematria* tiene algo de valor, debería confirmar lo que se viene dando a entender en capítulos anteriores: que el paradigma Pitagórico era parte integral de las

Escrituras y no fue impuesto después. Es el fundamento y la base, la estructura misma de los alfabetos numérico-geométricos de que está compuesto.

Sin embargo, todavía se podría considerar que aquellos que editaron el material del Nuevo Testamento sin importar su antigüedad, pudieron haber dado una interpretación Pitagórica a los documentos que al principio estaban libres de tanta complejidad incomprensible. Quizá desde un principio se encomendó a los intelectuales de las primeras comunidades cristianas, la tarea de escribir las narraciones relacionadas con Jesús, o por lo menos se les pidió rescribir lo de otros, y al hacerlo, le dieron una nueva forma dentro de su patrón mental Pitagórico. Tal vez fueron ellos los que cambiaron la gramática o la ortografía de las palabras o frases para ajustarlas a los patrones numéricos y geométricos que originalmente no estaban presentes. Es posible, inclusive, que hayan cambiado la ortografía de la palabra Jesucristo *Jesous Christos* para que correspondiera a la fórmula de sucesión de Fibonacci y a la Divina Proporción.

Esto fue lo que en realidad sucedió según la opinión de Simcox Lea y Bligh Bond. Ambos creían que como regla general, "las palabras se acuñarían para que correspondieran a ciertos números y pudieran expresar ideas asociadas. Y era más común todavía, que la ortografía de alguna palabra o nombre conocido fuera modificaba para que diera el número deseado". Esta práctica, dicen algunos, empezó en una época muy temprana y estaba "asociada con las escuelas Pitagóricas".[20]

También creían que algunas veces se introducían palabras nuevas y que en el caso especial de "*Iesous*" y "*Christos*" esto es lo que realidad sucedió:

> Examinemos los nombres *Ieosus* y *Christos*. Ambos son formas especializadas de palabras muy comunes; el primero es un nombre común derivado del hebreo Joshua o Jeshua y el segundo, es probable que sea una variación de Chrestos = bueno. Pero el argumento de invención de números en la ortografía de estos nombres es tan fuerte que se vuelve inexorable.[21]

¿Tenemos que aceptar por lo tanto, que las palabras del Nuevo Testamento en general y los nombres *Iesous* y *Christos* en particular, fueron alterados por los editores para que se acoplaran a un patrón o molde numérico Pitagórico? Tal parecería que así fuera; sin embargo es importante hacer notar que, en relación con los nombres *Iesous* y *Christos*, la modificación de ciertas palabras antiguas e incluso la invención de otras, *no* se hizo ni por editores ni por escritores del Nuevo Testamento. Lea y Bond con toda razón, hacen la observación de que la palabra *Iesous* era la traducción griega del hebreo *Joshua* o *Jeshua*, pero es evidente que ellos no estaban conscientes de que ésta era la manera normal de escribir ese nombre a través de la Septuaginta (LXX), la traducción de las Escrituras hebreas al griego del siglo III a. C. De la misma manera, no parecen saber que *Christos* era la traducción normal de la Septuaginta para *Meshiach,* el Mesías o el Ungido; por ejemplo: "El Ungido, *Christou,* del Señor", 2Sam. 1:14; "y en contra de su ungido, *Christou*" Ps. 2:2; "vuestro ungido, *Christou*", Hab. 3:13; "*Christo,* mi ungido" Isa. 45:1. Ellos dan a entender que tal modificación se introdujo a través del griego y corroboran esto más tarde al decir que "se puede rastrear la tradición hasta el periodo en el que el lenguaje filosófico griego estaba en proceso de formación".[22] No se dan cuenta de que tanto *Iesous* como *Christos,* como ambas se escriben invariablemente en el Nuevo Testamento, provienen, sin ninguna alteración, de la Septuaginta. Así que, aunque el idioma era griego, podemos suponer que los primeros que idearon la ortografía de estos nombres no eran griegos sino judíos, Rabinos que hablaban griego, supuestamente 72 en número, a quienes aparentemente les tomó 72 días para llegar a obtener 72 traducciones idénticas de las escrituras hebreas al griego. De aquí el nombre de la Septuaginta, la traducción de los 72 o de los 70.

¿Por qué los Rabinos de la Septuaginta tradujeron *Jehoshua* o *Jeshua* como *Iesous* y no como *Ieosua o Iesua?* ¿Por qué tradujeron *Meshiach* como *Christos*? ¿Tratarían de lograr una correlación entre el griego y un sistema numérico-geométrico con el que ya estaban familiarizados en el hebreo, e intentarían crear de igual forma, una brillante síntesis de los números, la geometría y las letras en los dos idiomas en forma simultánea? El hecho de que los números 72 ó 70 son importantes en lo concerniente a la traducción, es un indicio muy probable de que algo de esta índole estaba sucediendo, ya que el 72 ó 70 afloran como números simbólicos importantes dentro una variedad de tradiciones sagradas y de manera singular en la egipcia. Si analizamos los números y la geometría del hebreo para *Iesous Christos*, esto es, Joshua, *Yehoshua* y Ungido, *Meshiach,* encontraremos que éste era en realidad el caso. También descubriremos que estamos entrando en las dimensiones de la arquitectura, la cosmología y lo que los Pitagóricos llamaban la música de las esferas a un nivel tan profundo, que sería demasiado difícil dudar que Jesús mismo era parte de esta gnosis o teoría del conocimiento.

10

Joshua, el Ungido

En primer lugar debemos resolver si utilizamos el Canon Mayor o el Menor para analizar *Jehoshua ha Meshiach* y debo admitir aquí, que no he sido capaz de comprender el Mayor, aunque creo que he optado por un sistema coherente al utilizar el Canon Menor. Por lo tanto, sólo emplearé este Canon aun aceptando que tal vez puedan existir algunas riquezas por descubrir a través del Mayor.

La contracción *Jeshua* fue posterior a la anterior *Yehoshua*. La gematria hebrea de ésta última en el Canon Menor es Y = 10, H = 5, 0 (V) = 6, Sh =21, U (V) = 6, A (Ayin) = 16, lo cual suma 64. De la misma forma la palabra Mesías o Ungido, en hebreo es *Meshiach,* que en el Canon Menor es M =13, Sh = 21, I (Y) = 10, CH = 8. Esto asciende a un total de 52. Si sumamos 64 y 52, obtenemos un total de 116. Si añadimos el artículo definido, esto es, *Jehoshua ha Meshiach*, Joshua *el* Ungido o Jesús *el* Mesías, como se utiliza en nuestros tiempos entre las congregaciones de judíos cristianos, tenemos que sumar 5 por el artículo "*el*". Esto nos da 116 + 5 = 121.

¿Qué hay de especial en estos números? No mucho si se les mira con indiferencia, pero para el Pitagórico todos son fáciles de reconocer o como números elevados al cuadrado, o múltiples de cuatro. *Jehoshua* es 64 que equivale a 8^2; *Mshiach es* 52, que equivale a 4 x 13; *Jehoshua Meshiach* es 116 que corresponde a 4 x 29 y *Jehoshua ha Meshiach* que es 121, y equivale a 11^2. ¿Qué es lo que hace tan importantes a los números elevados al cuadrado? Para la mente moderna tampoco mucho, pero si recordamos su simbolismo, el cual fue tratado en capítulos anteriores, nos daremos cuenta que para los Pitagóricos, la justicia se consideraba equivalente a 2^2, 3^2 o cualquier otro número al cuadrado. Como nos dijo Simone Weil: "Entre estos números, algunos tienen un vínculo especial con la unidad. Éstos son los números que están a la segunda potencia o elevados al cuadrado". Por lo tanto, ya que en este sistema, Unidad o Uno simbolizaba a Dios, podemos suponer que tanto *Jehoshua* como 8^2 y *Jehoshua ha Meshiach* como 11^2, simbolizaban la justicia de Dios. Esto sería aparte del sentido literal de *Jehoshua*, Salvador. De la misma manera *Jehoshua ha Mashiach*, como 11^2, debe haberse entendido como Dios, el Justo y el

Recto. Aun cuando esto no nos diga nada que no sepamos, nos ayuda sin embargo, a justificar la *gematria* como un sistema respetable que arroja nueva luz en los antecedentes hebraicos relacionados con el uso del término "el justo" en el griego del Nuevo Testamento, como en "Tú, Padre... envía la lluvia sobre el justo y el injusto" (Mateo 5:45). También añade un sabor exegético y exótico a "¡El Justo! como se aplica a Jesús mismo (Hechos 3:14; 7:52; 22:14).

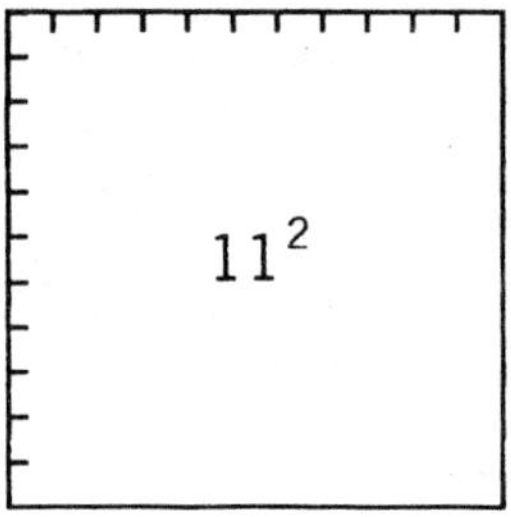

Figura 8. Once al Cuadrado

Ya que en general, hemos establecido la importancia de los números elevados al cuadrado, procedamos a explorar el significado especial de 11^2, porque ese es el número del nombre completo de *Jehoshua ha Meshiach*. ¿Qué tenía de especial este número elevado a la segunda potencia? Hasta donde podemos percatarnos, la respuesta a esta pregunta implica la aceptación de los principios de la *gematria* como se presentaron en el capítulo anterior, especialmente aquellos que hablaban de los vínculos, no sólo entre los números y la geometría, sino también entre la música y la cosmología. Me parece que sólo cuando la cosmología y la música se añaden a la geometría numérica, se descubre el significado pleno de este nombre sagrado. Presento mi teoría con esta suposición que tengo clara en la mente.

El cuadrado de 11 podría ser la figura geométrica básica para expresar la correlación entre la Tierra, el Sol y la Luna en razones simples de números enteros. Esto parece ser el fundamento más sencillo para la esencia de la cosmología hebrea como se expresa a través de la cuadratura del círculo o de circunscribir un cuadrado. La cuadratura del círculo era el símbolo más fuerte que utilizaron los antiguos para representar el matrimonio sagrado entre el Cielo, considerado como el círculo, y la Tierra, vista como un cuadrado de igual tamaño. En lenguaje común, la frase "hallar la cuadratura del círculo" significa pretender lo imposible, y es verdad que no puede trazarse con absoluta exactitud, pero es posible lograr una aproximación aceptable no en cuánto al área sino al perímetro, empleando 22/7 para el coeficiente entre la longitud de la circunferencia y el diámetro de un círculo, que se conoce como Pi (π).

Para poder calcular el diámetro de un círculo que tiene la misma circunferencia que el perímetro de un cuadrado con lados de 11, es decir, (11 x 4),

44, tenemos que dividir entre π, esto es, 44 x 7/22 = 14. Así que 14 unidades serán el diámetro de un círculo con una circunferencia de 44. Del hecho que los hebreos hayan usado esto como un modelo de la Tierra, puede inferirse que la Tierra, *Ha´ AreTz,* en el Canon Menor es 44. También se da a entender en la palabra *HUG* que significa círculo cuando se refiere a la Tierra, es 14 en el Canon Menor, esto es, el diámetro. Estas dos palabras *Ha´ AreTz* y *HUG* se encuentran juntas en Isaías 40:22 cuando se dice de Dios que Él "está sentado sobre el orbe (la esfera) terrestre".

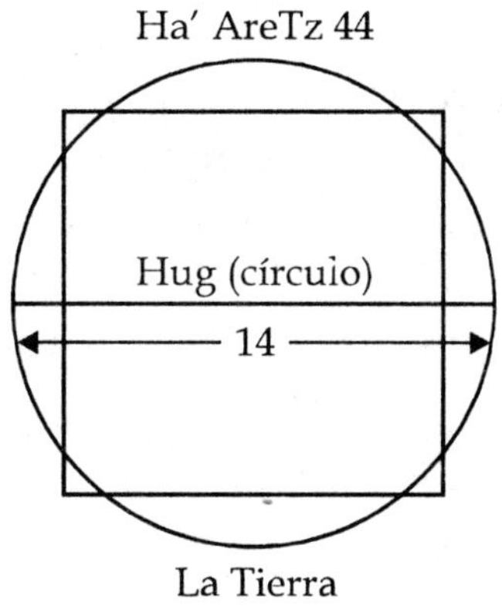

Figura 9. La Cuadratura del círculo de Ha´ AreTz y Hug

Ahora, procedamos a añadir el Sol a este modelo de la Tierra. Se construye un cuadrado con lados de 14 de tal forma que la línea central sea el diámetro, como se puede ver en la ilustración. Este cuadrado tendrá un perímetro de 14 x 4 = 56. Para encontrar el diámetro de un círculo cuya circunferencia es de 56, volvemos a dividir entre π. Esto nos da 17.818 recurrente, que es una fracción irracional. Pero si empleamos otro valor antiguo para π, 16/5 obtenemos exactamente 17.5. Por extraño que parezca, si aceptamos 17.5 como el diámetro que requerimos y lo multiplicamos por π como 22/7, obtendremos 55. Así que 17.5 x 16/5 = 56 y 17.5 x 22/7 = 55. Por el principio de "colel" (se explicó en el capítulo anterior), esta diferencia de uno es aceptable. Aunque 17.5 no es un número entero, es una fracción entera y como 17½, se puede medir con facilidad. Parece ser que éste se consideró como el diámetro del círculo del Sol porque el número de *SheMeSh,* Sol, es 55 en el Canon Menor y el número para *ChUG,* círculo, cuando se usa para el firmamento, es 17, como en Job 22:14, en donde se dice de Dios que Él "camina en el circuito o bóveda del firmamento".

Ahora vamos a añadir la Luna a este modelo de la Tierra y del Sol. La palabra más común para Luna es *yareach,* pero hay otras dos que también se utilizaban con frecuencia, *chodesh,* un mes o una luna nueva y *lebanah,* una luna blanca. Al examinar *ChoDeSh* y *LeBaNaH,* descubrimos que ambas tienen el número 33 en el Canon Menor. Ahora bien, 33 podría ser un círculo de una circunferencia de 33 y un diámetro de 10.5 circunscrito como se muestra en la Figura 11. Si se toma como está, conforma una

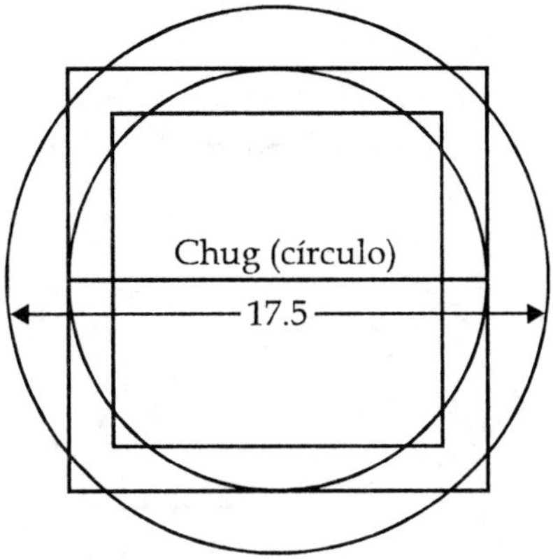

Figura 10. La Cuadratura del Círculo de Shemesh y Chug

figura muy hermosa de tres círculos concéntricos, dos en cuadratura, que tienen razones o relaciones significativas entre ambos, es decir 33:44:55. Si dividimos éstos entre su Máximo Común Denominador que es 11, obtenemos 3, 4, y 5; y 3, 4 y 5 son los números más importantes en la geometría antigua cuando se reconoce como el Teorema de Pitágoras que relaciona los tres lados de un triángulo rectángulo, y que establece que el cuadrado del lado mayor (hipotenusa) es igual a la suma de los cuadrados de los otros dos lados (catetos); pero más aún, este famoso triángulo tenía connotaciones específicas armónicas porque representaba en sus razones o relaciones, los tonos musicales de la cuarta justa (3:4), la tercera mayor (4:5) y la sexta mayor (3:5). Así pues, en la expresión de la "música de las esferas", la razón o relación entre el Sol y la Tierra equivalía a la tercera mayor, la que existía entre el Sol y la Luna correspondía a la sexta mayor, y la que había entre la Tierra y la Luna, constituyó la cuarta.

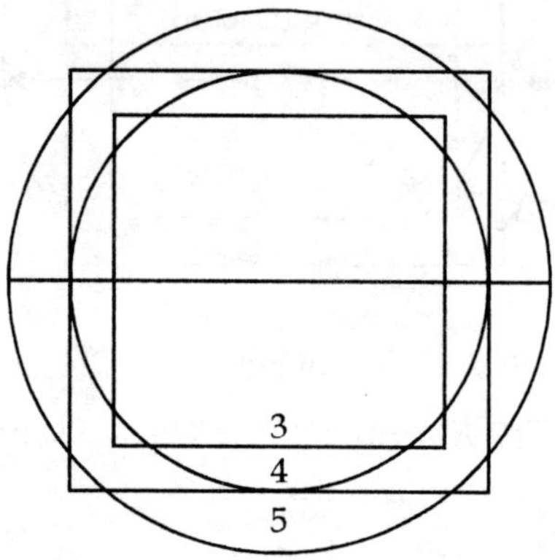

Figura 11. La Razón Matemática del Sol:Tierra:Luna

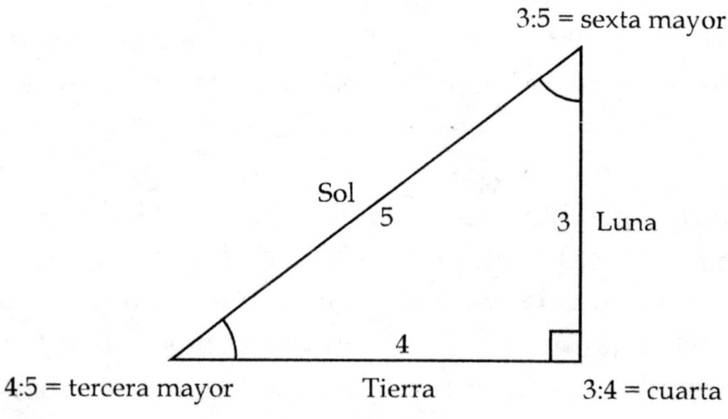

Figura 12. El Triángulo Pitagórico 3:4:5 y las razones matemáticas musicales

En estos términos, en la figura confluyen la *gematria*, la geometría, las razones o relaciones entre la Tierra, el Sol y la Luna, los tonos musicales que se asocian a ellos y el triángulo Pitagórico 3:4:5. También puede considerarse como la arquitectura del macrocosmo y esto a su vez, se puede incorporar a las razones y proporciones musicales del templo de Salomón. Este templo de los antiguos hebreos, basado en el principio "como es arriba es abajo", era considerado un microcosmo de esta misma armonía macrocósmica entre la música, la geometría y la arquitectura. Era el foco terrestre de la "música de las esferas"[1] (producida por el movimiento planetario) y sus lados estaban compuestos por los triángulos 3:4:5.

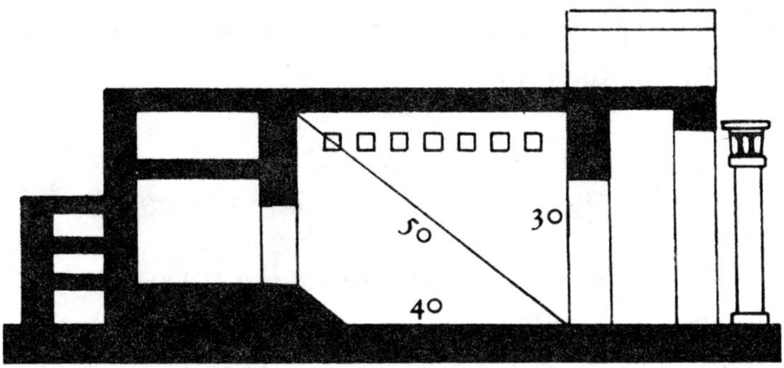

Figura 13. Los Triángulos 3:4:5 en el Lugar Santo.

El fundamento para la totalidad de este modelo del cosmos es el cuadrado original de 11; 121, el número para *Yehoshua Ha Meshiach*. De esta manera es posible observar que los nombres traducidos por los Rabinos como *Iesous Christos,* tenían por derecho propio, un enfoque de gran importancia y significado universal entre los antiguos hebreos, así como más tarde lo tuvieron entre los griegos.

Nosotros sólo estamos especulando que los Rabinos de la Septuaginta seleccionaron una ortografía específica para *Iesous* y *Christos* porque ellos sabían que la ortografía de los nombres hebreos fue ideada para ajustarse a una previa síntesis del número, la música, la arquitectura y la cosmología, y teorizando que ellos sabían también la importancia fundamental de este nombre y en particular del título, y deseaban que la *gematria* tuviera en el griego la misma importancia capital que había tenido en el hebreo. Parecería que tan sólo por los números ya habían anticipado en la Alejandría del Siglo III a. C., que el Cristo sería Jesús.

La Razón Matemática de la Tierra:Luna

Si tomamos el 33, el número de la Luna, y en lugar de definirlo como el círculo interior de nuestra cosmografía vemos los factores 11 y 3 como si estuvieran describiendo la razón o relación entre la Tierra y la Luna, se llegaría a una construcción geométrica de no poca importancia. La proporción de Tierra:Luna *es,* de hecho, 11:3, que es un extraordinario recordatorio de que los iniciadores del sistema cósmico que estamos explorando, estaban mejor informados y eran más inteligentes de lo que a veces suponemos.

Regresemos al círculo *Ha´Aretz* de 44 de circunferencia y elevémoslo al cuadrado con el cuadrado de 11 del *Yehoshua Ha Meshiach.* Si después trazamos un círculo exactamente dentro del cuadrado de 11, tendrá un diámetro de 11. Si trazamos enseguida un círculo con el centro en cualquier parte del círculo *Ha´ Aretz* de 44, pero de preferencia en la parte superior para que su circunferencia sea tangencial al cuadrado de 11, su radio será de 1.5 y el diámetro 3. Resulta sorprendente que, como lo ha demostrado John Michell, esta figura sea un modelo de la relación matemática entre la Tierra y la Luna, porque si multiplicamos 11 x 720 (que ya vimos que como el 72, está estrechamente vinculado con las traducciones de la Septuaginta), obtenemos 7,920, que consideradas como millas, es el término medio de una progresión aritmética o geométrica del diámetro de la Tierra. Si después multiplicamos 3 x 720, obtenemos 2,160, que en millas, es el diámetro exacto de la Luna. Como dice Michell:

> Es un hecho interesante de la naturaleza, ignorado por los Cosmólogos modernos pero que evidentemente era de gran interés para sus antiguos predecesores, que la respuesta al problema de la cuadratura del círculo está expuesta todas las noches a la vista pública ya que ocurre en las

> dimensiones relativas de la Tierra y de la Luna; esta misma fuente proporciona los números sagrados del canon.[2]

Por "los números sagrados del canon", Michell quiere decir que esta figura geométrica es paradigmática no sólo para la razón matemática Tierra-Luna, sino para las grandes tradiciones cosmológicas del mundo antiguo. Él ha seguido la pista del patrón recurrente de los números y de la geometría, y la ha encontrado tan primordial para los griegos y para los egipcios, como nosotros la hemos considerado para los hebreos.

La cuadratura del círculo, el símbolo del matrimonio entre el Cielo y la Tierra, parece haber sido la forma más importante en la que estas civilizaciones representaron su deseo de lograr la armonía entre el mundo espiritual y el material.

La Cuadratura del Círculo en la Gran Pirámide

Utilizando las medidas de la investigación del gobierno de Egipto, en donde el basamento cuadrado de la Gran Pirámide se da como un equivalente de 1,760 codos reales (medida antigua) y una altura de 280, Michell señala que un círculo con un radio de 280 tiene una circunferencia de 1,760. "Los perímetros del cuadrado y del círculo en la figura 15 son, por lo tanto iguales".

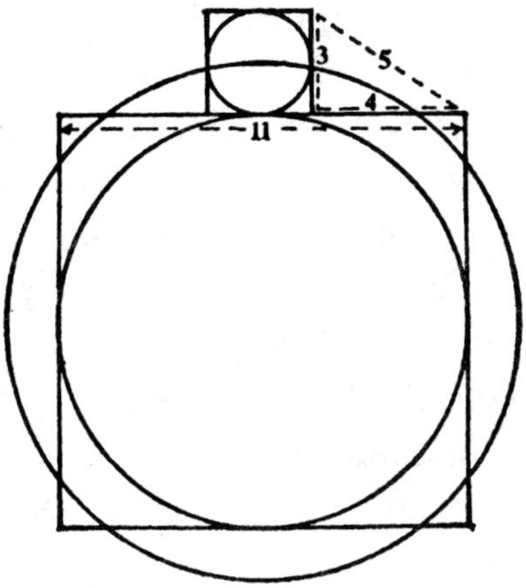

Figura 14. Cuadratura de los Círculos de la Tierra y la Luna

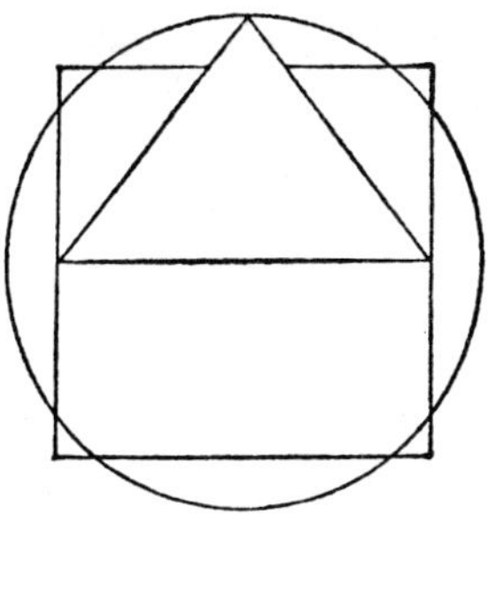

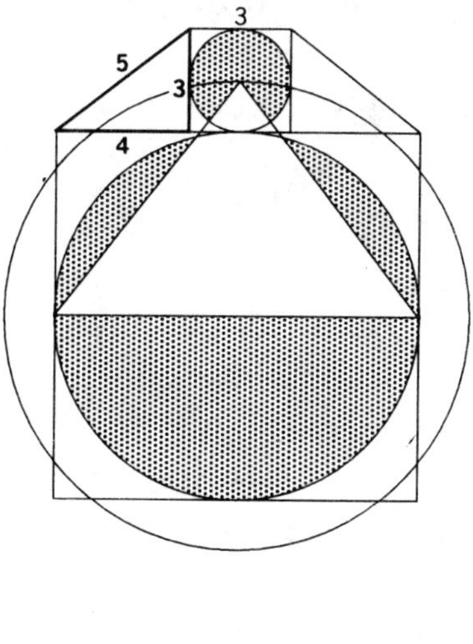

Figuras 15 y 16.

Michell desarrolla **este modelo** en la Figura 16 para que se parezca a la relación matemática Tierra-Luna de la cuadratura del círculo como ya se ha demostrado, sólo que esta vez añade el perfil de la Pirámide. Está construida por el triángulo 3:4:5 y, como antes, la altura es de 7 unidades y la longitud de la base es de 11. Una vez más, el área de la base de este modelo es 11^2 ó 121. Éste es nuestro *Jehoshua Ha Meshiach* al cuadrado. Michell hace otra interesante observación respecto a esta conexión:

> En este diagrama la altura de la Pirámide = 7, la longitud de la base = 11, así que el área de su perfil = 38.5, y $385 = 1^2 + 2^2 + 3^2 + 4^2 + 5^2 + 6^2 + 7^2 + 8^2 + 9^2 + 10^2$. Una característica peculiar de la relación de la Pirámide con la cuadratura del círculo es que 38.5 x 4 = 154, que es el área del radio del círculo, que es igual a la altura de la Pirámide, y $38.5 \times \pi = 121$ ó 11^2, que es el área de la base cuadrada de la Pirámide.[3]

En otras palabras, el área de las cuatro caras de la Pirámide es igual al área del círculo cuya circunferencia es igual al perímetro de su base cuadrada. Para aquellos que puedan pensar que Michell inventa aquí trucos numéricos o estudios piramidólogos, es importante señalar que él simplemente está enfatizando una de las muchas peculiaridades geométricas que hacen a la Gran Pirámide única en su género entre el cúmulo de monumentos antiguos del mundo. Todo lo que afirma está completamente de acuerdo con los secretos que Heródoto aprendió de los sacerdotes en Egipto desde principios del siglo V a. C. En especial, que un cuadrado en la altura de la Pirámide es igual al área de cada una de sus cuatro caras. Esto lo confirmó Peter Tompkins en lo relativo a la Divina Proporción o Psi (φ) como se explicó en el capítulo anterior:

> En la Gran Pirámide la relación φ se encuentra en el triángulo formado por la altura, la base media y la apotema; esto es, en el corte transversal básico de la estructura (figura 17a). Estas proporciones crean una relación tal entre los lados del triángulo que si la mitad de la base es 1, la apotema es φ y la altura es $\sqrt{\varphi}$ (Figura 17b). Esta relación demuestra que el reporte de Heródoto es en realidad correcto en cuanto a que el cuadrado sobre la altura de la Pirámide es $\sqrt{\varphi} \times \sqrt{\varphi} = \varphi$, las áreas de la cara $1 \times \varphi = \varphi$.[4]

Es conveniente observar que la prueba de este teorema supone que la base de la Pirámide es un cuadrado de 2 y 2^2 como se mencionó, y que para Platón significaba la justicia *por excelencia.* (El perímetro del cuadrado = 2 x 4 = 8; la circunferencia del círculo con la altura de la Pirámide como el radio ($\sqrt{\varphi}$ ó 1.272) = 1.272 x 2 x 22/7 = 7.99).

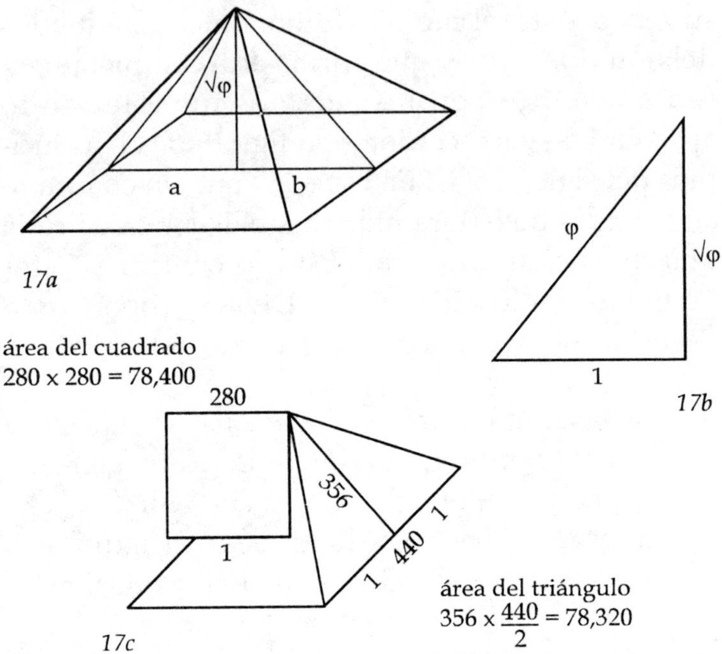

Figura 17. Las proporciones de Psi (φ) en la Gran Pirámide

Para efectos de nuestro estudio resulta suficiente señalar que 11^2 es totalmente dominante en los cálculos de todas las Pirámides. ¿Acaso por la complicada lógica de la numerología a nuestro 11^2, esto es J*ehoshua HaMeshiach*, se le pueda considerar como la base cuadrada de la Gran Pirámide? Es indiscutible que la respuesta es "no" si se interpreta literalmente, pero si se toma en forma simbólica ¿por qué no? Se ha demostrado que los nombres *Jehoshua HaMeshiach* fueron adaptados para ajustarse a una cosmología preconcebida de la Tierra, del Sol y de la Luna, la cual era semejante, si no es que idéntica, a la que Michell propone para la Pirámide. Si estos nombres fueron seleccionados en primer término por su significado cósmico, entonces se puede decir que, en dondequiera que aparezca esa cosmología, es posible aplicar los mismos nombres. No sólo nos estamos refiriendo a una persona específica, Joshua, o a un título determinado, el Mesías, sino a principios implícitos que tienen una connotación universal.

Sin embargo, el 11^2 de *Jehoshua HaMeshiach* y el 11^2 de la Pirámide no necesitan ser considerados como si sólo tuvieran una relación simbólica. Después de todo, los antiguos hebreos deben haber aprendido *algo* durante los 400 años que permanecieron en Egipto, y Moisés quien, como ya hemos visto, creció como el hijo del Faraón, fue "educado en toda la sabiduría de los egipcios" (Hechos 7:22). Además, entre los Rabinos de finales del siglo I y principios del siglo II, aún existía una tradición muy fuerte, la cual afirmaba que Jesús había ido en su juventud a Egipto para aprender magia y conjuros, y había sido tatuado con símbolos mágicos. Esta creencia estaba tan extendida que se cree que, la narración de Mateo sobre la huida a Egipto de la Sagrada Familia, fue insertada para contrarrestar la acusación de que él había sido un simple mago egipcio. La referencia que hace Mateo no niega que Jesús estuvo Egipto, pero Morton Smith señala con su aguda percepción, que él sólo fue cuando era muy pequeño y por lo mismo no era posible que hubiera aprendido magia a tan temprana edad.[5] El hecho de que explique esto, fue por cumplir con lo que el Señor había dicho por boca del profeta: "...de Egipto llamé a mi hijo", lo cual podría referirse a la comparación entre la niñez de Jesús y la de Israel, como está escrito en Oseas 11:1, o bien podría referirse a Jesús como el nuevo Moisés-Josué que salvaría al nuevo Israel de la esclavitud del pecado. De cualquier forma, hay algo más que una insinuación de que Jesús recapitulaba la historia del Antiguo Testamento con respecto a Egipto.

Estamos acostumbrados a pensar de esta manera porque es así como quieren que pensemos los autores de los Evangelios, por eso nos es fácil hacer esta relación metafórica con Egipto. Entonces, ¿por qué debería sernos tan difícil imaginar que pudiera haber algún elemento de verdad en ello? Después de todo nadie sabe a dónde fue Jesús durante los años ocultos de su juventud e inicio de su edad adulta. Tal vez *sí fue* a Egipto para aprender, no la magia, sino la sabiduría, como también lo había hecho Moisés, pero sus enemigos la llamaron magia. Cuando regresó a Nazaret se preguntaban: "¿De dónde sacó toda esta sabiduría?" Por lo general, los cristianos han creído que la recibió directamente de Dios porque él era el Hijo de Dios, pero es una explicación demasiado simplista que implica que su condición humana no era en lo absoluto como la nuestra. Es mucho más convincente pensar que él era en realidad humano y que, hasta cierto punto, tuvo que haber adquirido esta sabiduría. Por tanto, no existe ninguna razón que sea absoluta, por la cual no haya podido pasar un tiempo considerable en Egipto y por narraciones del Evangelio, es evidente que era capaz de caminar distancias enormes y Egipto no está lejos de Palestina, por lo que Jesús fácilmente pudo haber caminado hasta Egipto. Esta hipótesis es perfectamente compatible con la tradición que se describió antes, en la que a Platón se le consideró el Moisés Ático y que se pensaba que ambos habían adquirido su sabiduría del antiguo Egipto.

¿Sabía Jesús acerca de los Números de su Nombre?

Todo lo que se ha propuesto con anterioridad como una explicación a la importancia del número 121 me parece razonable en función de la *gematria* y de las disciplinas asociadas a ella como son la geometría, la música, la arquitectura y la cosmología. Me he mantenido en los límites de los principios del procedimiento que se propuso para este método exegético. Sin embargo, estoy consciente que es posible que me haya desviado de los límites de la razón de algunos y haya sido culpable de haber vislumbrado patrones en donde no existen y diseños en donde sólo hay coincidencias. Así sea, amén. No puedo disculparme por mi propia creencia de que la *gematria* es real, que en verdad está presente en el texto bíblico y que puede ayudar a iluminar las dimensiones del significado que de otra forma permanecerían ocultas. En lo que se refiere a la precisión de mis propias especulaciones, las cuales he manifestado con anterioridad, admitiría que un cierto grado de duda es legítimo. No obstante, mantendría que de hacerse un análisis estadístico de mis descubrimientos, se demostraría que la congruencia de los números con la geometría, la música, la arquitectura y la cosmología, indica un sistema coherente y no sólo una casualidad aleatoria.

La cuestión que ahora quiero retomar es aquella que trató Simone Weil, en donde asegura que Jesús sabía que él era la encarnación de "la media proporcional o el promedio geométrico" de la teología geométrica griega, así como lo referente al "varón de los pesares" de Isaías. Expresé entonces que necesitaríamos muchas más evidencias de las que aportó Weil antes de que pudiéramos especular sobre este asunto tan difícil de tratar. Ahora creo que la evidencia extra que ella requería para hacerlo, se ha presentado con mis descubrimientos anteriores. Aunque las revelaciones de Weil sean interesantes, en especial las referentes a los patrones de las proporciones geométricas en ciertos pasajes de Juan, considero que no eran lo suficientemente sistemáticas como para conformar la base desde la cual se pueda valorar la fatigosa cuestión de la conciencia que Jesús tenía de sí mismo. Sin embargo, pugnaría y sostendría que la *gematria*, entendida de forma adecuada, con sus disciplinas relacionadas, nos proporciona una base sistemática suficiente, como se ejemplifica en la *gematria* de los nombres de Jesucrito como *Iesous Christos* en griego, y de *Jehoshua HaMeshiach* en hebreo. Creo que todo lo que se ha presentado a este respecto nos justifica para poder escudriñar en la cuestión de la propia percepción de Jesús en función a una pregunta muy específica, es decir: ¿Sabía Jesús acerca de los números de su nombre? ¿Estaba consciente del vínculo entre las letras, los números, la geometría, la música, la arquitectura y el cosmos? Si la respuesta es "no", entonces debemos suponer que todo lo que se ha dicho de la *geomatria* de *Iesous Christos* en griego, le era desconocida y sólo la advirtieron aquellos editores eruditos, quienes impusieron una interpretación Pitagórica a lo que se convirtió más tarde en el material del Nuevo Testamento. Si esto fue así, entonces es de suponer que la ortografía de su nombre no hubiera importado porque de verse precisado alguna vez a escribir su nombre en griego, lo hubiera escrito como Iesus o Esus ya que ignoraba la *gematria* de *Iesous*. De igual modo, si alguna vez se consideró el Mesías o tuvo que utilizar el equivalente griego, lo debió haber pronunciado o escrito *Chrestus* como lo hizo Plinio, o *Christus* como Tácito. Lo que importaba era su ministerio y no cómo se escribía. Al decir esto, estoy consciente de que muchos estudiosos creen que Jesús sólo hablaba el

Arameo y el Hebreo, pero sostengo que al creer esto, han subestimado la penetrante helenización de Judea, la importancia de la Septuaginta y la inteligencia del mismo Jesús. En el Israel de nuestros días, mucha de la población indigente es trilingüe.

Sería más fácil aceptar esta postura si no hubiéramos ya descubierto que tanto *Iesous* como *Christos* en el Nuevo Testamento era idénticos a la traducción de *Jehoshua* y *Meshiach* en la Septuaginta. Sin embargo, si esto es cierto, se puede suponer que Plinio, Tácito y otros comentaristas anteriores que no estaban familiarizados con la Septuaginta y su origen hebreo, hubieran usado ortografía errónea, pero aquellos que sabían tanto hebreo como griego jamás lo hubieran hecho. Así que cuando el ángel se le apareció a José y le dijo que María daría a luz un hijo "al que pondrás por nombre Jesús" (Mateo 1:21, Lucas 1:31) debió haberse escrito *Iesous,* porque ésta era la traducción comúnmente aceptada de *Jehoshua.* Es evidente que a éste se está refiriendo, porque el ángel continúa: "porque él salvará a su pueblo de sus pecados", que es la interpretación original del nombre hebreo. Tanto el griego de la Septuaginta como las escrituras hebreas están detrás de la forma especial de escribir este nombre único en su género. Así pues, es difícil creer que Jesús no estaba consciente de la existencia y la importancia de la *geomatria,* cuando evidentemente era una parte importante de la tradición de las escrituras hebreas y de su traducción griega, de la cual él provenía.

Ahora bien, si la respuesta es "sí", entonces Jesús conocía el vínculo entre las letras, los números y la arquitectura del lenguaje, lo cual significa que debe haber sido partícipe en la supuesta interpretación que los autores del Evangelio le dieron más tarde. Él debió haber pertenecido a esa misma tradición que había elaborado las escrituras hebreas, que había forjado la Septuaginta y que estaba por efectuar una hazaña semejante al hacer una síntesis número-geométrica de la que surgiría el Nuevo Testamento. Esto explicaría el simbolismo numérico patente en el registro de su ministerio público. Por regla general se ha sostenido que a través del uso que Jesús le dio al simbolismo numérico, por ejemplo, el llamado a los 12 apóstoles, el que haya pasado 40 días en el desierto y el que haya comisionado a 72 discípulos, estaba, o bien recapitulando las 12 tribus, los 40 años en el desierto y los 72 ancianos del Antiguo Testamento en tiempos de Moisés, o era una imposición de sus intérpretes. Aunque lo primero y con seguridad lo segundo, pudieran hasta cierto punto ser el caso, ahora es posible observar que si estaba consciente de que esta dimensión era parte de su patrimonio, la hubiera adecuado no sólo para que las escrituras se cumplieran en alguna forma simbólica, sino porque él también la reconocía como una parte esencial de sí mismo y por supuesto de toda la creación. Todos estos números exclusivos, como todos los otros que empleó, tales como 3, 7, 10, 153, eran parte del mismo sistema que hemos identificado en la *gematria* de sus propios nombres y eran, a su vez, como ya lo hemos visto, de un significado universal.

Ya fueran evidentes u ocultos, exotéricos o esotéricos, estos números señalaban más allá de ellos mismos a las cosas que simbolizaban. Tal parecería por nuestras observaciones que lo que significaban era, en última instancia, todos los diferentes aspectos, principios y poderes del universo, lo que, como vimos con anterioridad, eran conocidos por los griegos como lo arcano o secreto. Era el cosmos en su totalidad, ni más ni menos, la gran realidad detrás de, así como *dentro* de la apariencia de todas las cosas. Era esta dimensión cósmica lo que se creía que había sido hecha a imagen y semejanza del Creador, para expresar su índole. Es en este sentido que se puede decir que la *gematria* de la Biblia y las disciplinas relacionadas con ella, constituyen lo substancial de una cosmología sagrada coherente pero secreta, de la cual los números ostensibles y su simbolismo son la expresión externa y visible.

Al apropiarse de esto para sí mismo, Jesús hubiera tenido que entrar en su propia personalidad cósmica, pasando a través de los símbolos a lo que éstos representaban. La doctrina mística oriental del *Tat Tvam Asi*, "Yo soy eso", o la enseñanza de los bardos o poetas celtas, "Yo he sido eso", tal vez sería la forma más fácil de describir su identificación con esta dimensión. La arquitectura del lenguaje lleva de *Jehoshua HaMeshiach* a la cuadratura de los círculos de la Tierra, del Sol y de la Luna. Nos conduce desde *Iesous Christos* a través de los números de Fibonacci hasta la Proporción Divina a lo largo de todo el universo. Esto es como debiera ser si Jesucristo es quien se creyó que era, el Señor de Todo, el Pantocrátor, "el Primogénito de toda la Creación". (Colosenses 1:15). Pero esos títulos involucran un observador que contempla su creación, un inventor que examina su invención o proyecto. Lo que implica la *gematria* y la arquitectura del lenguaje es una Fuerza Vital que permanece tanto dentro como fuera de la creación. Entraña una relación tanto intrínseca como extrínseca entre el Creador y la Creación. Los nombres *Jehoshua HaMeshiach* y *Iesous Christos* están formados por las mismas razones y proporciones, las mismas armonías e idéntica geometría que el cosmos mismo. Están no sólo señalando a un señorío y autoridad, sino que también expresan una participación específica. El nombre *Jehoshua HaMeshiach* no sólo nos habla de la armonía de la Tierra, del Sol y de la Luna como "Yo soy el Señor de todo eso", sino que también nos dice: "Yo estoy *en* todo eso" y "Yo *soy* eso". De la misma manera, el nombre *Iesous Christos* no sólo nos dice: "Yo soy el Pantocrátor", sino también "Yo soy la esencia de todas las cosas". Fue en este sentido que *Iesous Christos* se sobreentendió que era la Palabra creativa o el *Logos*, aquél en quien "todo tiene en él su consistencia" (Col. 1:17), el que dice: "Yo he sido eso; Yo *soy* eso". Sin la suposición de que las Escrituras están hablando esencialmente acerca de cierta insinuación, denotando que la realidad macrocósmica se inmiscuye en el mundo cósmico de apariencias finitas, la *gematria*, con sus asistentes, la geometría, la música, la arquitectura y la cosmología, sería una irrelevancia sin sentido. Sin embargo, una vez que se acepta esta suposición básica, se convierte en la llave que abrirá un baúl lleno de tesoros olvidados, en una lámpara que guía hasta una cueva pletórica de maravillas, un tapete mágico que puede hacer que volemos hasta las estrellas.

De este modo, podemos concluir que Simone Weil probablemente estaba en lo correcto cuando afirmó que Jesús admitía que él era "la media proporcional o el promedio geométrico sobre el cual los griegos estuvieron pensando durante siglos con tanta intensidad". También podemos concluir que él entró en la totalidad del saber absoluto o en la gnosis universal que esto implicaba, como parte integral de su propia personalidad cósmica: una Unidad mística con el Todo.

Procedamos ahora a examinar su ocupación, su oficio del que se decía lo había llevado a trabajar con ahínco, para ver si podemos descubrir si tenía alguna conexión real con los Pitagóricos.

11

El Gran Artífice en Séforis

¿Puede toda esta cosmología ayudarnos a entender por qué a Jesús se le llamó el carpintero? No, si entendemos que "carpintero" es alguien que trabaja en un taller de ebanistería y que esta imagen es la que hemos heredado del pensamiento popular a través de los siglos. La palabra griega *tekton* (Marcos 6:3 y Mateo 13:55) se puede aplicar a los que trabajan con piedra o metal, y también con madera, así que bien podría significar que podía haber sido albañil, herrero o ebanista.[1] La controversia sobre su posible ocupación se remonta hasta Justino en el siglo II, quien afirmaba que él hacía arados, yuntas y herramientas para labrar la tierra,[2] y hasta Orígenes en el Siglo III, negó toda asociación con trabajos de carpintería, diciendo que ningún texto del Evangelio los respaldaba.[3] La opinión de los eruditos modernos también está dividida en términos semejantes con aquellos que favorecen la postura de Orígenes y sostienen que si la referencia se toma como fidedigna y de forma literal, entonces daba lo mismo que Jesús hubiera sido herrero o mampostero o albañil.[4]

George Wesley Buchanan en su libro *Jesus, the King and His Kingdom*, desarrolla en forma más amplia esta interpretación de lo que era un "carpintero" y lo hace de manera muy impresionante, situándola en un contexto de palabras relacionadas:

> La palabra griega que se traduce como "carpintero" es *tekton.* Este término tiene el significado básico de alguien que raspa, cepilla, desbasta o construye. Algunas palabras muy relacionadas con tekton son teknadzo, que significa emplear, idear, que utiliza destreza o práctica; y tekne que significa una forma, medio o manera por lo que se gana una cosa. Es un arte, un sistema, un conjunto de reglas para hacer o realizar algo; *technema* es una obra de arte o tratado; y un *technites* es un trabajador experto en algún área especial, tal como la guerra, las prácticas religiosas, el arte teatral o la farsa. Éste es el término utilizado para describir a Dios, quien es el constructor de la ciudad que se asienta sobre los cimientos (Hebreos 11:10).[5]

La referencia de Buchanan respecto al vínculo entre *tekton*, entendido como "constructor" y *technites* como se emplea en la carta a los Hebreos, en donde Abraham "esperaba la ciudad asentada sobre cimientos, cuyo arquitecto y constructor es Dios", lleva nuestra investigación a un nivel muy alto. Nos demuestra que la palabra se puede usar para describir la mano de obra de Dios como también la mano de obra del hombre; y si la interpretáramos de manera literal *y* metafórica aplicándola a Jesús, podríamos suponer una comparación implícita entre sus actividades humanas y divinas. Si de hecho, como Buchanan continúa afirmando, Jesús era un constructor, no como cualquier obrero sino como alguien que edificaba algo, como el superintendente o director de recursos de una obra, entonces su profesión terrenal hubiera sido un complemento de su papel como aquél a través del cual Dios ha creado todas las cosas. Por lo tanto, la descripción que se hace de él como tekton, podría considerarse como el código para un maestro mampostero en la Tierra y el arquitecto (*architekton*) de los cielos. La conclusión de Buchanan en cuanto a que él "había sido un hombre de negocios pero que después se incorporó a una secta y se convirtió en un hombre de letras", coincidiría por una parte, con la afirmación de Geza Vermes que "carpintero" significa "hombre de letras" en ciertos proverbios del Talmud,[6] y por la otra, con la posibilidad de que los autores del Evangelio sabían que él había sido adiestrado y trabajaba como constructor o arquitecto. Este conocimiento debió haberse guardado cautelosamente en secreto como lo hubieran hecho las sectas masónicas hoy en día, y así se hubiera entendido que Jesús había sido carpintero e hijo de un carpintero por quienes estaban satisfechos con el sencillo mensaje de que el hijo de Dios se convirtió en un pobre trabajador y un humilde obrero. Pero, para aquellos que sabían cómo interpretar *tekton* en su significado más profundo, también se le hubiera tomado como el complemento del Creador del Universo. Ésta es la conclusión a la que llegan Bligh Bond y Simcox Lea. Ellos dicen:

> ...el que Él haya sido adiestrado como Carpintero o Constructor... sugiere que detrás de este hecho natural y externo yace un misterio, es decir que Él, en su Personalidad Divina, hizo los mundos y los Eones (Hebreos 1:2) y que el Conocimiento que Él dio a Su Iglesia, era la sabiduría de esos principios por los cuales fueron creados los mundos (Hebreos 11:3).[7]

Esta interpretación cósmica o inconmensurable puede también estar implicada en la gematria de *tekton*. Estamos hablando estrictamente, porque omega sólo debería contabilizarse en el Canon Mayor, en el que suma en total 1,475. Esto se descompone a 5 x 5 x 59, lo cual evidentemente no es simbólico. Si por otra parte contabilizamos en el Canon Menor y reemplazamos omega por ómicron (decimoquinta letra del alfabeto griego), obtenemos 88. Esto nos da un número que podemos reconocer de inmediato que nos hace regresar a la figura geométrica de la cuadratura del círculo. El cuadrado de once unidades era *Yehoshua HaMeshiach,* Josué, el Mesías, y el círculo con una circunferencia de 44 era *Ha´Aretz,* la Tierra. En la variación de John Michell respecto a esto, el cuadrado de 11 encerraba el círculo de la Tierra, mientras que el círculo con una circunferencia de 44 estaba asociado con el centro del diámetro de la Luna.

De cualquier modo, 88 simboliza la cuadratura del círculo y al circunscribir el cuadrado, como que hemos descubierto que es paradigmático y fundamental para la cosmología hebrea. Teniendo en cuenta el sigilo que rodeaba a toda enseñanza esotérica, es posible que no nos sorprendamos porque este número tan importante permanezca oculto dentro de una palabra clave, y sólo fuera revelado para aquellos que habían descubierto el significado cósmico de *tekton.* De aquí la verdadera ocupación e identidad del Jesús terrenal.

Es intrigante el hecho de que durante el desarrollo de esta "tektonica" interpretación del taller de un carpintero al cosmos, la carta a los Hebreos se ha citado tres veces, una por Buchanan y dos por Bond y Lea. Esto podría sugerir que el escritor está asegurando que al afirmar que Jesús fue el Constructor de los Eones, está atrayendo a sus lectores hebreos a una dimensión cósmica ya conocida por ellos y que algo de lo ha sido discutido con anterioridad pudiera haber sido ya conocido por ellos.

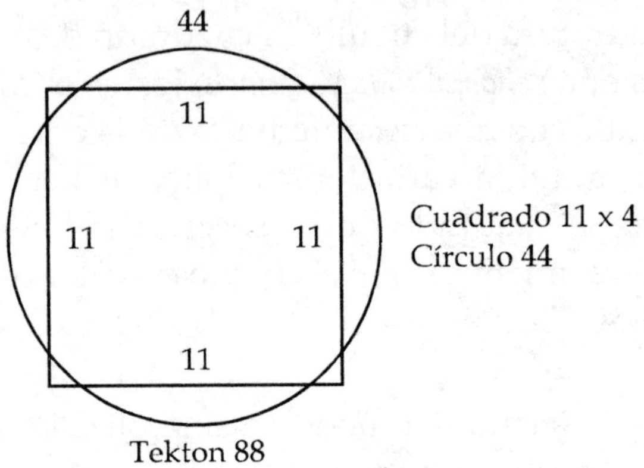

Figura 18. Cuadratura del Círculo: Tekton

Tal parece que una vez más nos vemos confrontando al símbolo de la cuadratura del círculo. Quizá sea que por adentrarnos tanto en el texto, estemos viendo coincidencias numéricas en donde no las hay y tratemos de que las cosas embonen. Esa es una probabilidad real. Sin embargo, es posible no notar la gran semejanza que 88 tiene con 888, con *Jesous*. ¿Acaso es pura coincidencia? ¿Es sólo por casualidad que, de acuerdo al Canon Menor, *arithmos*, la palabra griega para número, contar y aritmética simplemente resulte ser 88? ¿Es también una casualidad que, de acuerdo a Simone Weil, se creyera que *arithmos* era sinónimo de *Logos*, la Palabra que estaba con Dios, por la que todas las cosas fueron creadas? No es así, si hay algo de verdad en la regla de la gematria que dice: "Las palabras de valores numéricos semejantes son explicativas unas de las otras ... una se considera simbólica de la otra". Probablemente estas coincidencias no sean producto del azar, sino que tengan algo qué ver con lo que Michell llama "los secretos del Canon". Por supuesto que él se refiere al canon del sistema numérico Pitagórico, pero tal vez hemos llegado al punto en que lo podamos aplicar también al canon de las Escrituras.

La Séforis Suburbana

La interpretación de *tekton* aplicada a Jesús, se fortalece enormemente al darnos cuenta de que la pequeña aldea de Nazaret se encontraba a las afueras de Jerusalén y de la capital de Galilea, a sólo cuatro millas de Séforis, la ciudad más grande de Judea. Así que no era un pobre y alejado villorio como se ha descrito, sino el suburbio de una gran metrópolis. Este solo hecho tiene un valor tan importante en nuestra comprensión sobre la juventud y los primeros años de la vida adulta de Jesús, que resulta pertinente describir en detalle, la historia de la ciudad.

A cuatro millas al norte de Nazaret, el moderno asentamiento Israelí de Zippori (Ziph) yace al pie de la colina en la que se encontraba la antigua ciudad de Séforis. Herodes el Grande la había constituido capital de Galilea y su hijo, Herodes Antipas, hizo lo mismo aun con muchas dificultades. La historia es dramática. En su lecho de muerte, Herodes les ordenó a sus tres hijos fueran Roma para que el Emperador les ratificara sus sucesiones. Para esto corría el año 4 a. C. y así, mientras ellos estaban lejos, Judas, el líder rebelde, atacó Séforis y tomó armamento del arsenal para abastecer a sus hombres. La rebelión se extendió y la población de la ciudad aunque no se unió a Judas en la lucha, simpatizó con su causa porque su mayor agravio estaba relacionado con los impuestos fijados por los romanos. Los rebeldes fueron sofocados despiadadamente por las legiones romanas, que acabaron quemando la ciudad y vendiendo a sus habitantes como esclavos.

A pesar del estado de destrucción en que se encontraba la ciudad, cuando Antipas regresó como Tetrarca, decidió reconstruirla y conservarla como su capital. Antipas inició un enorme programa de construcción que duraría más de 20 años, hasta que por fin pudo cambiarse a su nueva fortaleza de Tiberíades en el año 26 d. C. Cuando se terminaron todos los espléndidos edificios públicos, la decoración con sus mosaicos embaldosados y el enorme teatro, en palabras de Josefo, Antipas hizo de Séforis, "el ornamento que enalteció a toda Galilea".

En el año 66 d. C., cuando Josefo, el líder de la revuelta judía en contra de los romanos llegó a Séforis en búsqueda de apoyo militar, los ancianos se rehusaron y ni siquiera lo dejaron entrar. Recordaban muy bien aún lo que había pasado cuando apoyaron a Judas en el año 4 a. C. y temían que sucediera lo mismo. Una vez que Josefo se dio cuenta que no podía tener acceso a tan importante centro estratégico, empezó a aceptar que su causa era infructuosa. Este proceso de desilusión lo llevó a la larga a cambiar de bando, una traición que nunca se le perdonó.

De pie en medio de los recién excavados restos de la ciudad, mirando hacia el Sur, es fácil localizar en el horizonte la silueta grande e irregular de la moderna ciudad de Nazaret. Hoy en día, los papeles se han cambiado porque Séforis es una aldea, pero la cercanía es todavía impresionante. No es difícil imaginar que si el joven Jesús vivía tan cerca, bien podía haber caminado una hora hasta este gran centro de la cultura greco-romana. Y más importante aún y tampoco difícil de imaginar, es el hecho de que si él era constructor, como se ha sugerido, y se estuvieron llevando a cabo grandes volúmenes de construcción desde el tiempo de su nacimiento hasta alrededor de sus veinte años, es probable que él se haya adiestrado y encontrado su primer empleo ahí. Aunque también es fácil especular, significaría que tendríamos que hacer una evaluación radical de la imagen que tenemos de la juventud y de los primeros años de la vida adulta de Jesús, semejante a la que hemos llevado a cabo con la palabra *tekton* y que de alguna manera fuera compatible con ella. Habíamos descubierto ya su ocupación más viable, ahora hemos encontrado el contexto y el lugar más probable en donde la desempeñó.

Shirley Jackson Case y Richard Patey han investigado las implicaciones que podría tener este supuesto vínculo entre Jesús y la antigua ciudad de Séforis. En el artículo "Jesus and Sepphoris" que se publicó en 1926 en la revista *The Journal of Biblical Literature,* Shirley Jackson Case señaló: la cercanía entre Nazaret y Séforis sugiere la posibilidad de contactos sociales importantes para Jesús durante su juventud y los primeros años de su edad adulta". También dedujo los posibles efectos de este contacto y menciona como el primero, un espíritu de tolerancia:

> La despreocupación de Jesús al asociarse en completa libertad con la gente del pueblo, su generosidad hacia los desconocidos y los desterrados, y su convicción de la igualdad de todas las clases ante los ojos de Dios, tal vez provengan, en alto grado, de la cercanía entre Nazaret y la ciudad de Séforis. Si Jesús hubiera pasado su juventud en alguna aldea lejana y en un ambiente estrictamente judío, hubiera sido mucho más difícil que adquiriera estas actitudes generosas que después caracterizaron su trayectoria o vida pública.[8]

La segunda característica Seforita que presenta Shirley Case es que esto hizo a Jesús menos separatista en su perspectiva religiosa.

> Otra característica que distinguió la carrera de Jesús fue su método para llevar a cabo las reformas. Jesús invirtió el programa contemporáneo del reformador judío, como se puede observar en los disidentes Sadoquitas (familia sacerdotal que se menciona en Reyes: 2-4), los Esenios, los Banu o Juan el Bautista. Los representantes de estos movimientos convocaban a la gente para que se separara de sus actividades cotidianas como una condición para lograr una mayor rectitud de vida. Mientras que en la nueva religión las personas podían seguir ocupándose de lleno en sus actividades normales.[9]

Shirley Case concluye con la tercera posible influencia que tuvo Jesús de las actitudes de los Seforitas, la cual se refiere a los romanos. La autora vuelve a narrar la triste historia de la destrucción de la ciudad en el año 4 a. C. y el hecho de que sus habitantes habían aprendido la lección. Durante la revuelta judía de los años 66 al 70 d. C., no sólo no apoyaron a Josefo ni a los rebeldes, sino que se ganaron el título acuñado en sus monedas de "Eirenopolis", la ciudad de la paz: "El que un poco antes del año 30 d. C., un carpintero de la vecina aldea de Nazaret, mantuvo con su propia actitud hacia el gobierno romano, influenciado por la sicología propia de la gente de Séforis, es por supuesto sólo una conjetura". Sin embargo, parece una extraña coincidencia que "durante toda su carrera, Jesús mantuvo una actitud de no-resistencia hacia Roma".[10]

Lo más congruente del artículo de Case y que se acerca mucho a lo que ya habíamos mencionado antes, es el hecho de que Jesús no sólo recibió la influencia social, cultural y espiritual de Séforis dada su cercanía con Nazaret, sino que en realidad, también trabajó como empleado en la reconstrucción de la ciudad:

> El hecho de que se llevara a cabo un gran proyecto de construcción en Séforis cuando Jesús era todavía muy joven, a la vez que era el principal sostén de una familia de por lo menos seis hermanos menores y una madre viuda, nos obliga a cuestionarnos si Jesús mismo no buscó la oportunidad de trabajar como carpintero en esa ciudad. Se ha afirmado con un alto grado de probabilidad, que la palabra "carpintero" aplicada a Jesús significaba no sólo uno que trabajaba la madera, sino alguien que laboraba en la construcción en general. No se necesita una imaginación muy brillante para suponer al joven Jesús buscando y encontrando empleo en Séforis.[11]

Este punto lo retomó y desarrolló Richard Patey, en dos artículos publicados en 1984 en *New*

Testament Studies. El primero de ellos bajo el título de "¿No es éste el Carpintero?", se basó en su experiencia de primera mano como director administrativo de las excavaciones James Strange que se llevaron a cabo en ese lugar en 1983. Al principio dudó de la teoría de Case y se preguntó: ¿Por qué si Séforis fue tan importante en la juventud de Jesús, nunca se mencionó en los Evangelios ni nunca regresó allá? Sus respuestas fueron que los Evangelios no se escribieron en forma de biografía y también, porque después de que Herodes Antipas decapitó a Juan el Bautista, la vida del mismo Jesús estaba en peligro ya que lo asociaban con él y por lo mismo, evitó acercarse a los dominios de Herodes. De igual manera sucedió con Tiberíades, la cual quedaba aún más cerca de su base en Cafarnaum, que parece tampoco nunca visitó.

Patey se explaya en las actitudes de los habitantes de Séforis que influenciaron el ministerio de Jesús, como antes lo contempló Case. Patey hace algunas observaciones adicionales muy perceptivas, como la famosa respuesta de Jesús a la pregunta: "¿Es o no lícito pagar impuestos al César?", la que parecía "provenir más de Séforis que de los rebeldes galileos"; se refiere también a las evidencias arqueológicas en las tumbas del lugar, las cuales podrían sugerir que Jesús, así como los otros que trabajaban en Séforis, seguramente hablaban el griego, además del arameo y hebreo; también menciona que hay una trágica y enorme ironía cuando Antipas se burla de su prisionero y éste guarda silencio, pues se suponía que él conoció a Jesús hasta que éste fue enjuiciado, pero se cree que había pulla entre los dos hombres "quienes se conocían sólo por su reputación y su fama desde hacía tiempo, aún cuando vivieron casi toda su vida a sólo unos seis kilómetros de distancia".[12]

Patey concluye que aunque la reconstrucción de Séforis adoptó el estilo helénico y tenía una gran influencia de la cultura greco-romana, el hecho de que sus residentes fueran en su mayoría inmigrantes judíos y tuvieran un vínculo sacerdotal muy fuerte con Jerusalén, quería decir que:

> ...no había una razón aparente para que un joven Nazareno eludiera esta ciudad. Es muy posible que Jesús y José trabajaran en proyectos de la construcción. Pero, si no lo hicieron, sabían del trabajo que se estaba haciendo y conocían a los trabajadores. Estos contactos ayudaron a dar una idea del mundo en el que Jesús creció y del conocimiento que tenía de él.[13]

Todo esto contribuyó a ampliar de manera especial lo presentado por Shirley Jackson Case, pero es en su segundo artículo escrito en 1984, que Patey expone su propia teoría cuyas implicaciones son muy importantes y de gran alcance.

Jesús y el Teatro

En su artículo "Jesús y el Teatro", Patey presenta la hipótesis de que Jesús no sólo sabía del teatro de Séforis sino que asistía y aprendía en él. Esta tesis se centra alrededor del uso que Jesús hacía con frecuencia de la palabra hipócritas, la cual se registra diecisiete veces en los Evangelios. La palabra *hipócritas* viene exclusivamente del griego, no hay equivalentes ni en hebreo ni en arameo y quiere decir actor de teatro. Jesús utilizó este término de manera consistente para personificar, caricaturizar y castigar a los Escribas y a los Fariseos que hacían un alarde teatral de su piedad pero cuyos corazones estaban muy lejos de Dios. Los consideraba unos hipócritas porque simulaban su religiosidad como actores que desempeñaban un papel teatral. Patey puntualiza de manera reveladora que como muchos de los judíos ortodoxos despreciaban a los actores y al teatro, consideraban ofensiva la comparación de Jesús. Si él y ellos no hubieran estado conscientes de la profesión de los actores, esta comparación no hubiera tenido ningún sentido.[14]

Patey prosigue haciendo la siguiente pregunta: ¿Asistía Jesús al teatro de Séforis? Aunque admite que no se puede dar ninguna respuesta segura, especula de manera muy intrigante:

> Antipas debe haber utilizado su teatro para escenificaciones dramáticas. Es probable que

> la educación que recibió en Roma le permitía apreciar el arte dramático. Las referencias que hacía Jesús de los actores que se pintaban la cara para aparecer tristes y desolados, indican que él había visto actores trágicos. Si Jesús hubiera visto a un héroe trágico como Edipo, quien buscó su identidad y su destino contra toda opinión y parecer, ¿qué impresión hubiera causado esto en el discernimiento de su propia vida y ministerio? ¿Sería posible que los papeles del profeta y del varón de los pesares de la tradición judía se hubieran reforzado y tomado forma de héroe trágico?[15]

Estas preguntas impresionantes, que de cierta forma nos recuerdan a Simone Weil, deben responderse en forma afirmativa al aceptar que la geografía y las circunstancias de la juventud de Jesús, fueron elegidas para que él pudiera crecer en el entendimiento de que su misión era encarnar la sabiduría, tanto de los gentiles como de los judíos. La tesis de Patey nos da un fundamento sólido para suponer que Jesús era, en efecto, judío *y* griego o greco–romano, que era judío por raza y por antecedentes, pero que estaba helenizado hasta el punto en el que le era posible verse realmente a sí mismo realizando el papel de los héroes trágicos griegos, así como la media proporcional como se ha esbozado con anterioridad. Y sin embargo, al decir que estaba helenizado o que era greco-romano, tal vez nos haga perder el meollo del asunto; que había venido a encarnar la verdad, que en última instancia no era ni judía, ni griega, ni romana, aunque todas ellas contenían aspectos profundos de esta verdad. Las suposiciones de Patey refuerzan el caso para creer lo que antes se había propuesto, o sea que el concepto de Jesús como el Pantocrátor, el Señor de Todo, no surgió por primera vez durante la helenización posterior del Evangelio, sino que estaba desde el principio ahí, en la misma conciencia de Jesús en cuanto a su identidad y misión universal, y no sólo judía. Séforis era el ambiente, único en su género, en el que esta conciencia podía llegar a realizarse.

Hay otra sección aún más impresionante en el artículo de Patey que está más relacionada con nuestro tema. Ésta atañe al tipo de teatro que Antipas construyó en Séforis. Patey muestra que concuerda con los recién expresados principios arquitectónicos de Vitrubio, el más famoso e influyente de todos los arquitectos romanos.

Para complacer a Augusto, Herodes el Grande envió a su hijo Antipas a Roma en el año 8 ó 7 a. C., para que recibiera su instrucción y educación. Permaneció ahí hasta que la salud de su padre declinó en el año 5, o principios del año 4 a. C. Herodes había construido teatros en Judea y con toda probabilidad Antipas haría lo mismo. Roma contaba con el magnífico teatro de Marcelo, cuya construcción inició Julio Cesar y terminó Augusto en el año 11 a. C. Este teatro, una hermosa estructura de tres pisos, con columnas dóricas, jónicas y corintias, y lo último en dispositivos acústicos, se convirtió en el modelo a seguir para un buen número de otros teatros.

Se construyó siguiendo los principios presentados en el Libro V de *Los Diez Libros de Arquitectura*, o Tratado *De Architectura*, escrito por Marco Vitrubio Polión, conocido en la historia como Vitruvius. Cuando Antipas regresó a casa y construyó el teatro en la ciudad de Séforis, utilizó el estilo vitruviano en el diseño y en la técnica de construcción, como explica Patey: "El diseño del escenario en el teatro de Séforis ¡es básicamente una copia del estilo de Vitrubio!"[16]

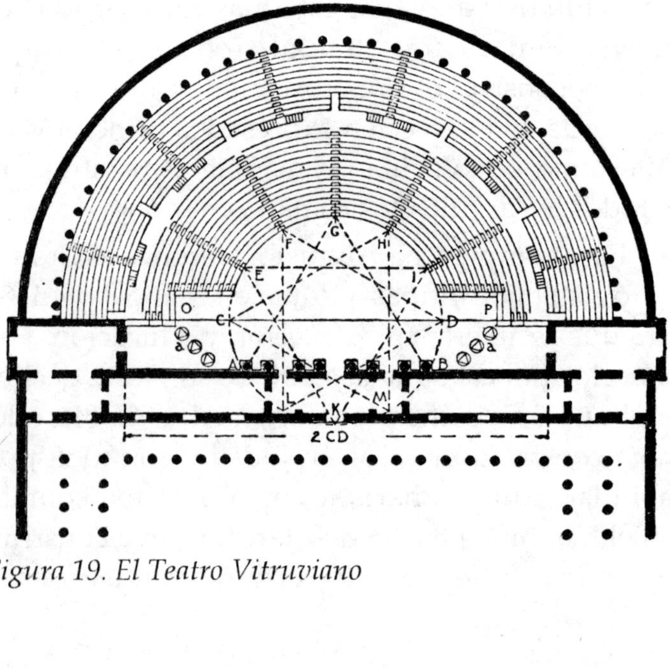

Figura 19. El Teatro Vitruviano

Esto nos lleva al mundo greco-romano tan cercano al mundo de Jesús, al grado que ambos empiezan a fundirse en uno solo y una figura compuesta, que es tan griega y romana como judía, comienza a surgir frente a nosotros. Ya se ha demostrado que Jesús no fue carpintero sino constructor en la línea de la mampostería. Pero aun si tuviéramos que retractarnos de eso y reafirmar que si fue sólo un carpintero, de todas maneras, a la luz de la hipótesis de Patey, tendríamos que cambiar nuestra percepción acerca de la *clase* de carpintería a la que se dedicaba. Si trabajaba en la ciudad de Séforis como parece ser, es probable que hiciera soleras de madera para los albañiles o mesas y sillas para el mobiliario. En otras palabras, aún como simple carpintero hubiera estado involucrado en la construcción en sí, porque hasta principios de la Era moderna, los detalles en la construcción de los edificios se medían y edificaban según los moldes de las soleras de madera. De este modo, aún la interpretación más conservadora de la ocupación de Jesús, señala incluso hacia el hecho de que era un constructor o artífice y se conserva la sugerencia de que su profesión en esta Tierra era la imagen y la encarnación de su actividad divina.

Si aceptamos la hipótesis de Patey, es lógico entonces suponer que Jesús no sólo iba al teatro de la ciudad de Séforis sino que también es probable que ayudó a construirlo. También resulta en extremo difícil dudar que él sabía todo sobre los principios de proporción y de diseño que estableció Vitrubio, en especial cuando nos damos cuenta de que 3, 5, 8, eran, como ya hemos visto, los números de Fibonacci que englobaban la gematria de su nombre y que al multiplicarse por 2, también eran idénticos a los tres números perfectos de Vitrubio, esto es, 6, 10, 16. Éste es un encuentro tan extraordinario de dos mundos que vale la pena dar una explicación.

En su obra *Los Diez Libros sobre la Arquitectura*, en el capítulo "Sobre la simetría: en los Templos y en Cuerpo Humano", Vitrubio explica, que según los antiguos, es decir los griegos, el dedo, la palma de la mano y el codo (antigua medida de longitud equivalente a la distancia que separa el codo del dedo medio, alrededor de 50 cm.), eran las medidas ideales porque al estar distribuidas de tal manera, hacían "el número perfecto". Éste era el número 10, porque las palmas de las manos, y los pies, se derivaban de los dedos de las dos manos. Sin embargo, para los matemáticos, el número perfecto era 6 porque, como se señaló con anterioridad, es la suma de sus dividendos:

> Es más, como el pie equivale a un sexto de la altura de un hombre, cuando la altura del cuerpo se expresa en número de pies con un límite de seis, ellos sostenían que éste era el número perfecto, y hacían la observación que la medida de un codo consistía en seis palmas

o veinticuatro dedos. Parece que en los estados de Grecia se seguía este principio.[17]

Más adelante dice que, porque los matemáticos consideraban que tanto el 10 como el 6 eran números perfectos, sumaron los dos para hacer de 16 el número más perfecto. Por lo tanto, sostenían que 6, 10 y 16 eran todos perfectos.

Si dividimos éstos por su máximo común denominador, que es 2, obtenemos 3, 5, 8 que como ya lo hemos visto, son los números de Fibonacci y se aproximan mucho a la Divina Proporción además de que ¡son las relaciones proporcionales en la gematria de *Iesous Christos!*

En el mismo capítulo, Vitrubio demuestra que los templos antiguos se diseñaban de acuerdo a las proporciones de estos números perfectos como se manifestaban en el cuerpo humano. Concluye con un encomio que dice: "... no nos queda más que respetar a aquellos, quienes al construir los templos de los dioses inmortales, han arreglado de tal forma los diversos elementos de la construcción que tanto las partes por separado como el diseño en su totalidad, puedan armonizar en las proporciones y la simetría".[18] Después prosigue a clasificar los distintos modelos de templos y da varios ejemplos. György Doczi en su obra *The power of Limits,* analizó algunos de estos templos entre los que destacan Labianda y Priene.[19]

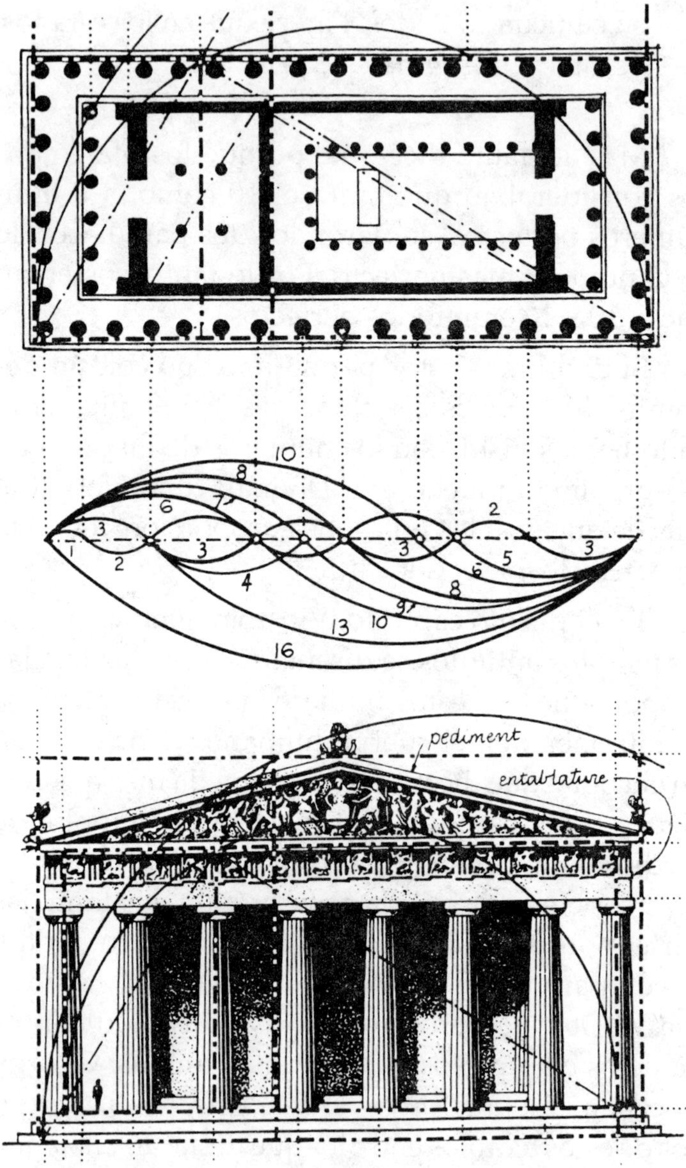

Figura 20. Ejemplos de Templos Vitruvianos: Labianda.

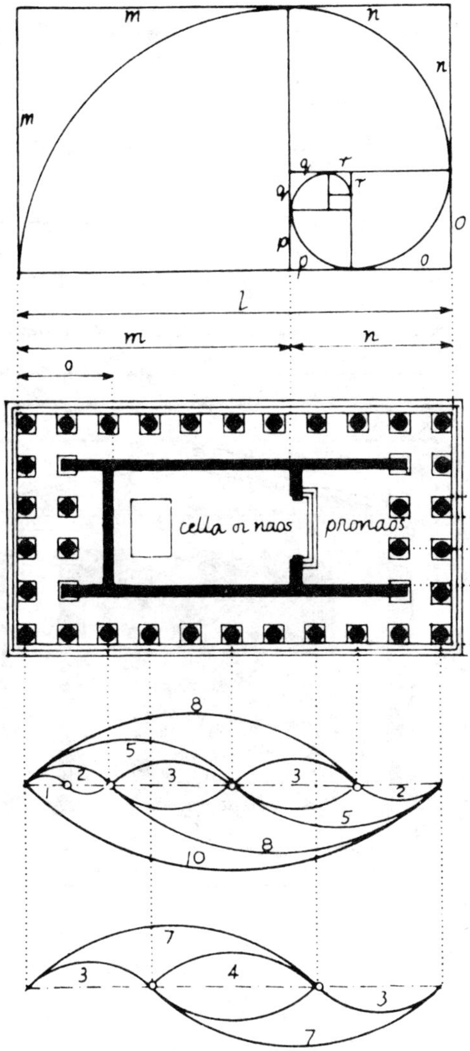

Figura 21. Ejemplos de Templos Vitruvianos: Priene. Planos (arriba), Elevación (página siguiente).

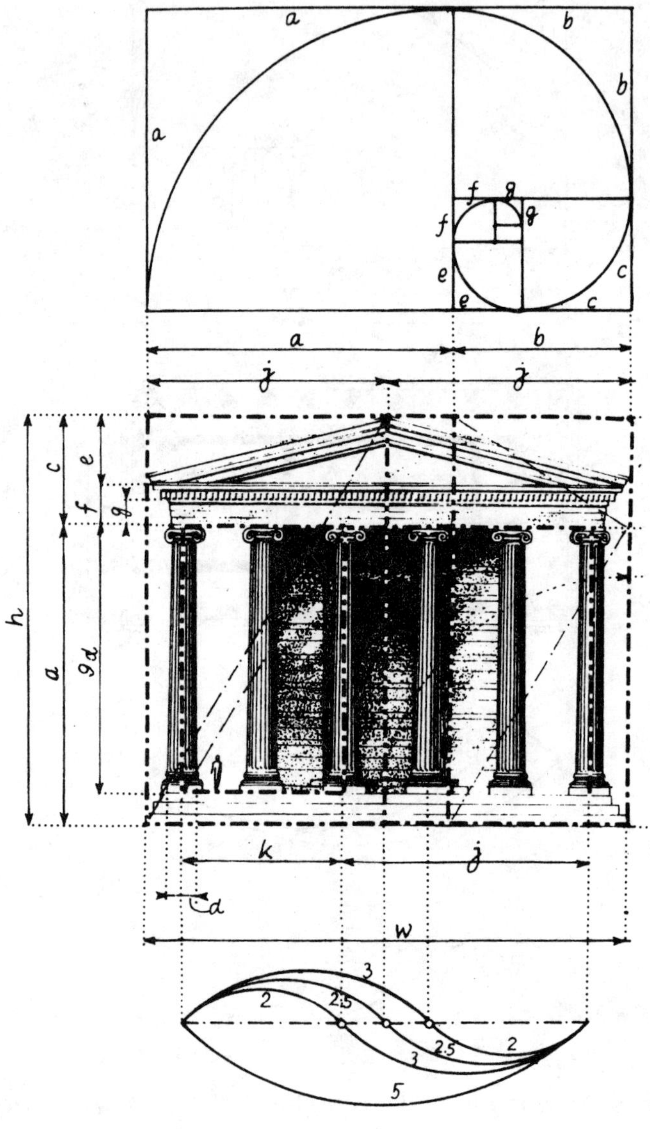
a
b
a
b
f
g
f
g
e
c
e
c
a
b
j
j
c
e
f
g
h
a
9d
k
j
d
w
3
2
2.5
2.5
2
3
5

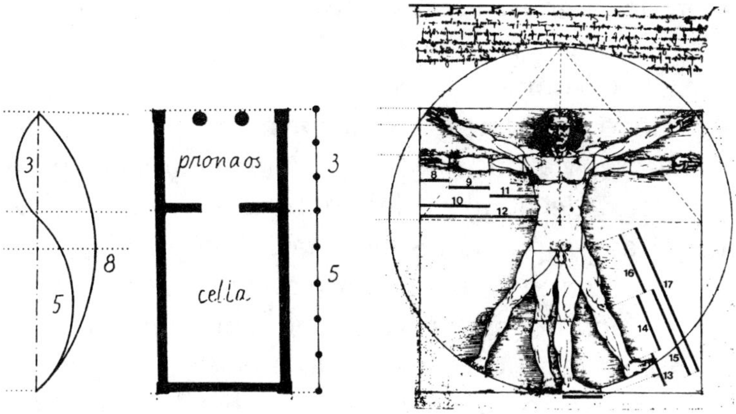

Figura 22. Las proporciones de la construcción del templo y del hombre ideal.

Con base en esta extraordinaria identidad de la teoría de la proporción, podemos decir que Jesús era la encarnación del hombre de Vitrubio; el *Anthropos* (ser humano) perfecto de los griegos. Aunque al principio esto parezca muy improbable, no es más que otra forma de describirlo como un Pitagórico de acuerdo a Vitrubio, lo supiera éste o no, porque él siempre escribió como si fuera Pitagórico sobre todos los asuntos que se relacionaban con la proporción arquitectónica, el diseño y las matemáticas. Es también, otra manera de hacer una conexión directa entre la tradición Pitagórica de la interpretación bíblica como se presentó anteriormente y de su florecimiento en el Renacimiento temprano. Esta noción del hombre ideal vitruviano fue el centro del concepto de *concinnitas* de Alberti, esa armoniosa mezcla de número, medida, proporción y arreglo, que llegó a convertirse en la norma para los artistas, escultores y arquitectos del Renacimiento. Las proporciones del hombre ideal, del que se derivan todas las otras proporciones, eran tales, según Vitrubio, que un círculo y un cuadrado que lo encerrara con toda exactitud tenía su centro en el ombligo. Alberti cambió este centro a la base de la pelvis, que parece ser más exacto, pero también él utilizó los números perfectos 6 y10 para definir la razón y proporción de la cabeza al ombligo y del ombligo a los pies. En esto estaba en lo correcto porque el ombligo por lo general, se toma para dividir el cuerpo humano entre la Proporción Divina ya que, 6 a 10 divididos entre 2, equivalen a 3 a 5, un número entero que se aproxima a φ (Psi). La mente del Renacimiento se obsesionó con esta teoría de Alberti y fue, hasta cierto punto, el paradigma para la teoría unitaria del conocimiento que produjo el arquetipo del hombre Universal o del Renacimiento. Es bien sabido que sus raíces yacen, vía Vitrubio, en las teorías griegas de la proporción y la armonía. Lo que no se conoce muy bien, es que su origen es específicamente Pitagórico y que Jesús mismo, en su nombre, enseñanzas, profesión y trabajo, personalizó esa misma tradición. ¿Acaso esto explica el porqué en ningún momento se registra que él hubiera atacado ni física ni verbalmente, ya sea a los poderes o autoridades romanas o a la cultura greco-romana?

Ciertos eruditos del Nuevo Testamento en épocas recientes, han querido asociar a Jesús con el movimiento de los Zelotes (grupo que encabezó una violenta insurrección contra los romanos) y decir que había sido un político rebelde.[20] Aunque haya otras razones para considerar atractiva a esta teoría, nada de lo que se ha presentado en este ensayo, ya sea de *gematría*, geometría, arquitectura, cosmología, carpintería, construcción, Nazaret o Séforis, comprueba esa suposición. Al contrario, lo que ha surgido de este estudio demuestra que Jesús era considerado, y él mismo así lo entendía, la encarnación de un ser cósmico cuya verdad era universal y cuya sabiduría podía aparecer en diferentes épocas y en diferentes lugares como de los griegos, romanos, egipcios o hebreos. Él estaba, por lo tanto, más allá de cualquier batalla patriótica y hay muchas más razones para pensar que era un pacifista y no un político rebelde. Representaba un sistema universal del conocimiento que era tanto romano como griego, egipcio o hebreo. Dejando atrás las diferencias de raza, cultura y religión, él personificaba la verdad que reconciliaba a bandos opuestos y enfatizaba lo que tenían en común las diferentes tradiciones. Bien se podía decir que era judío, romano, griego y egipcio, en cuanto a que todas estas culturas aceptaban, hasta cierto punto, la universalidad de esta verdad. En este sentido, la primera Iglesia lo percibía como el *Logos*, la Palabra de los hebreos y el Principio Universal Inteligente de los griegos.[21]

Es bastante extraordinario y también totalmente normal que Jesús se ajustara al modelo de Vitrubio, así como a los de los hebreos y de los egipcios que ya hemos examinado, porque si su profesión terrenal como tekton reflejaba su personalidad como el Constructor o Artífice de los Eones y el Arquitecto del Universo, entonces hubiera mostrado preferencia hacia la arquitectura en general y hacia la tradición de Vitrubio, en lo particular, porque ésta representaba los tres números perfectos de sus propios nombres.

El Monumento al Hombre Vitruviano Ideal

Eric and Carol Meyers y Ehud Netzer, en su artículo "Seforis Ornament of All Galillle", publicado en *The Biblical Archaeologist* en marzo 1986, detallan el descubrimiento del teatro, en 1931, por una expedición que organizó la Universidad de Michigan y condujo Leroy Waterman: "Su más insigne contribución fue el descubrimiento y excavación de un teatro romano enterrado en una angulosa ladera del noroeste. Aunque muy dañada, el grupo de Michigan pudo establecer las proporciones y las características del teatro. Es un edificio semicircular con un diámetro de 74 metros y con una capacidad para 4,000 ó 5,000 personas".[22]

Era un enorme auditorio, mucho más grande que cualquiera de los teatros modernos. ¿Se construyó sólo para darles prestigio o para que pudiera asistir a las representaciones un gran número de personas? Si esto fue así, entonces muchos de los asistentes supuestamente debieron ser judíos, porque, como hemos visto, la mayor parte de la población era judía. Se puede pensar que entre ellos debió estar el joven Jesús, quien con toda probabilidad ayudó a construirlo y tal vez, como artífice constructor o arquitecto, familiarizado con los principios de Vitrubio, también había ayudado a proyectarlo. ¿Qué justificación podría existir para esta última sugerencia? Ninguna, excepto que es extraño que Meyers y Netzer den exactamente 74 metros como diámetro del templo. No nos dicen si éste es del exterior o del interior o es la medida de la pared central, así que no podemos decir con exactitud lo que ellos quisieron expresar. Sin embargo, la medida que dan es exacta en metros. Y aunque la mayoría de las autoridades en la materia no aceptarían que los metros o sus equivalentes se hubieran utilizado antes de principios del siglo XIX, es extraño que sea el número 74, porque 74 es un factor de 2,368, *Iesous Christos* (74 x 32 = 2,368) y si se multiplica por π como 16/5 ¡se convierte en un círculo con una circunferencia de 236.8! Esto, por supuesto, es simple casualidad y no se debe tomar con seriedad, pero es, sin embargo, una coincidencia muy rara a la luz de todo lo hemos estado tratando. Si fuéramos responsables en nuestros cálculos, convertiríamos los 74 metros a pies romanos (esto es, 3.2808333 pies ingleses ÷ 6.8 *fathoms* griegos x 7) (un fathom es una bolina o cuerda con un peso de plomo que sirve para medir la profundidad). Esto nos daría 249.92229 que equivalen a 250 pies romanos. Si multiplicamos esto por π como 16/5 obtenemos 800 de circunferencia, lo cual, según el Canon Mayor griego, es el número para Kurios, que significa Señor y que en el Nuevo Testamento es el título con el que se nombra a Jesús con frecuencia. Es la palabra que los 72 autores de la Septuaginta utilizaron para traducir Adonai, el que en sí era el nombre de Dios que se podía pronunciar, del impronunciable Dios, YHWH, por lo general traducido como Jehová o Yahvéh. De esta manera, 800, conocido como el número *Dominical* durante toda la Era Cristiana, es uno de los más importantes del Canon. Puede también, por lo tanto, ser significativo, pues aunque Vitrubio especifica que el plano de su teatro debe dividirse, como se ilustró, en 12 segmentos, Séforis está de hecho, dividida en 8 segmentos y no en 12.

No sabemos qué valor utilizaban para π. Tampoco sabemos con cuánta exactitud los arqueólogos midieron el diámetro del teatro. Sin embargo, para obtener el número para Jesucristo, cuando 74 metros son los que se usaron, y el número para Señor, cuando se utilizaron 250 pies romanos para el diámetro, parece ser que la circunferencia de este teatro era muy especial. Si sea o no una coincidencia, no se puede lograr algo mejor que el simbolismo numérico para "El Señor Jesucristo". Tal vez, después de todo, ¡éste era su teatro, su monumento a los auténticos *hipócritas* y al *Anthropos* ideal de Vitrubio!

12

La Conexión con los Esenios

Aun cuando la mitad de la evidencia que se ha presentado en los últimos cuatro capítulos parezca una posibilidad más que una especulación errática, de todas maneras sería suficiente para poder fundamentar la suposición de que Jesús muy probablemente fue Pitagórico. Esto se aclaró en gran medida, en el último capítulo y aún así nos quedamos sin ninguna evidencia de que él en realidad haya tenido contactos con sus contemporáneos Pitagóricos. Si lo era, como parece posible por todo lo que se ha expuesto, ¿cuál fue su contexto entonces o es que permaneció aislado acaso? Lo último no es probable porque, como se ha señalado con frecuencia sin ninguna teoría, con seguridad hubo alguna tradición, secta o grupo en que se nutrió y de donde salió, aunque sea muy difícil de identificar. Siendo así, ¿abrazaría el Pitagorismo en el marco greco-romano de su trabajo en la ciudad de Séforis? Si hasta cierto punto fue éste el caso, todavía tendríamos que encontrar un contexto judío Pitagórico específico para integrar una imagen convincente. Después de todo, sus nombres griegos vinieron en línea directa del hebreo y como se ha demostrado con anterioridad, las escrituras hebreas también eran indiscutiblemente Pitagóricas. ¿Quiénes fueron entonces los herederos de este Pitagorismo hebreo y quiénes fueron los sucesores de los cosmólogos de la Septuaginta? ¿En dónde pudo haberse enterado Jesús del Pitagorismo judío tan diferente del greco-romano? Con toda seguridad debió haber existido un grupo judío Pitagórico del que no sólo provenía él, sino quienes también redactaron los Evangelios.

Ciertamente había un grupo judío contemporáneo a Jesús, que de acuerdo a la tradición que se remonta a Plinio el Viejo, Filón de Alejandría y Josefo, se consideraba Pitagórico. Este grupo fue el de los Esenios. Desde el descubrimiento de los Pergaminos del Mar Muerto, se ha escrito mucho sobre esta misteriosa secta, pero la parte Pitagórica se menciona poco. La excepción más destacada es Martin Hengel, quien en su magistral estudio *Judaism and Hellenism* proporciona suficiente evidencia como para justificar que los Esenios pudieron haber sido el medio por el que Jesús entró en contacto con el Pitagorismo judío y a través de quienes pudo haber encontrado el contexto Pitagórico judío.

Martin Hengel y los Esenios Pitagóricos

Una lectura completa de la Biblia, desde el Antiguo hasta el Nuevo Testamento, no manifiesta la enorme cantidad de pensamiento griego que llegó a Palestina durante lo que se llamó el Periodo entre Testamentos. Esto sucedió durante los 300 años que siguieron a la conquista del Medio Oriente por Alejandro Magno, entre los años 336 y 323 a. C. Como la mayor parte de la literatura sagrada de aquel tiempo normalmente no era considerada canónica, ha existido la tendencia a ignorar hasta qué grado Judea llegó a helenizarse.

Judea se volvió parte del imperio de Alejandro en el año 333 a. C. Después de eso, hubo una época de intercambio cultural entre los griegos y los judíos por más de cien años, durante la cual mostraron mutuo respecto entre ellos. Hengel dice: "El veredicto positivo de los griegos hacia los judíos en los inicios de este periodo, se debió a la actitud todavía abierta de los judíos... Existía una conjunción muy cercana entre la sabiduría palestina y la filosofía griega en las escuelas de erudición de Alejandría". A la palabra Sophia -sabiduría- se le atribuyó una existencia real. "Sabiduría", "Logos o Palabra" y el número siete eran "igualmente sagrados tanto para los Pitagóricos como para los judíos" y "llegaron a ser el principio del orden espiritual del mundo y al mismo tiempo la base del conocimiento y la voluntad moral del individuo".[1] Los *Asideos* (palabra que en la antigua historia judía, generalmente se refería al conjunto de personas piadosas) o piadosos, difundieron ideas apocalípticas como en los escritos del profeta Daniel o del patriarca Enoch, mientras que los griegos fomentaron "una sabiduría superior a través de la revelación" en sueños, visiones, testimonios, viajes astrales y experiencias de éxtasis. Después de dos siglos de escepticismo y del colapso de las formas tradicionales de la religión de los siglos IV y III a. C., ésta era la expresión para una reaparición de la piedad popular a través del mundo griego; "el renacimiento del Neo Pitagorismo en el Siglo I a. C. y el éxito de las religiones ocultas, deben ser explicadas a la luz de estas corrientes".[2] Es así como Hengel nos da el contexto histórico que explica la fuerza penetrante del pensamiento helenístico en Judea y en especial del Pitagorismo durante este periodo.

Sin embargo, esto cambió en 169-168 a. C. Antíoco IV Epífanes, rey de la Dinastía Seléucida, saqueó Jerusalén e irrumpió en el templo para reinstalar a su títere, el Sumo Sacerdote Menéalo y al grupo helenístico judío. Jerusalén llegó a ser una *polis* (comunidad política que se administraba por sí misma) griega. Después de esto, trató de exterminar a la religión judía originando "una abominable desolación" (Daniel 11:31, 12:11) en el templo, por lo que estalló una rebelión armada, la cual fue acaudillada por un grupo de sacerdotes llamados Macabeos y Asideos. Bajo el mando de Judas Macabeo lograron la victoria, recuperaron el templo en 164 a. C. y obtuvieron una casi total independencia de sus opresores griegos alrededor del año 142 a. C. Fue en este tiempo que se fundó la comunidad de los Esenios.

Existen diversas teorías en relación con los detalles, pero en general se piensa que los Esenios tuvieron como fundador a un personaje enigmático a quien llamaban el Maestro de Justicia, quien era probablemente un sacerdote Sadoquita. Él guió a un grupo que se separó de los Asideos y que partió de Jerusalén alrededor de los años 152 y 143 a. C. con dirección al desierto. Este sacerdote fundó una comunidad monástica ascética, regida por normas muy austeras y cuyo fin era reconstruir una vida que realmente se basara en la Torá, libre de toda influencia helénica y extranjera, así como del poder político de los corruptos Macabeos.

El Maestro consideraba a este grupo como un remanente fiel, el único heredero espiritual de Israel que esperaba la llegada inminente del "tiempo de la salvación". La paradoja es que, aunque se les podría describir como un grupo de ascetas frenéticos, extremistas, fanáticos, separatistas y rígidos, estaban inexplicablemente abiertos a ciertos avances recientes y a influencias helénicas.

Hengel, en su tratado sobre "*The New Spiritual Developments and Foreign Influences among the Essenes*",[3] pormenoriza una lista de todas las influencias extranjeras y por supuesto, las poco favorecedoras de los judíos, la cual divide en siete títulos o apartados. Si leemos entre líneas, es fácil darse cuenta de que éstas también podrían quedar bajo el extenso título del Pitagorismo:

1. Un concepto casi gnóstico del "conocimiento de la salvación"; "una comprensión escatológica de la salvación", tanto para el individuo como para la comunidad. Esto tenía mucho que ver con el concepto helénico, "la sabiduría a través de la revelación". El conocimiento es iluminación. "El judaísmo apocalíptico, sobre todo en la forma en que lo llevaban los Esenios, influyó en el gnosticismo judeocristiano posterior".[4]

2. El dualismo y la doble predestinación: los dos espíritus, uno de la luz y otro de las tinieblas, que se mueven inexorablemente hacia un inminente final de los tiempos, como en el zoroastrismo (religión fundada en la antigua Persia por Zoroastro).

3. El ordenamiento predeterminado de Dios respecto al mundo en términos platónicos: "En un esfuerzo por lograr una versión más racional del suceso de la creación, la teología de los

Esenios, como la anterior sabiduría de Palestina y Alejandría, por lo general favorece las nociones que están relacionadas con las ideas de la filosofía griega".[5]

4. La Angelología: juraron "conservar los nombres de los ángeles". Gabriel, Miguel, etc. que provienen del Hasidismo (Daniel y I Enoch). Existían ángeles buenos y malos, los ángeles caídos. Diversos ángeles explicaban el funcionamiento de la naturaleza; las clases inferiores "representaban algo más que las fuerzas naturales personificadas". También había estrellas o "vigilantes celestes": Los Esenios también compartieron con el medio ambiente apocalíptico y helenístico, el concepto que irradiaba una *sympatheia* (afinidad) entre los sucesos terrenales y los celestiales".[6] Se creía que las estrellas eran seres vivientes y que los ángeles eran básicamente dioses extraños despojados de su poder. Se convirtieron en intermediarios de un dios distante y tenían mucha influencia. Los puntos de vista judíos y helénicos se podían conjuntar con facilidad.

5. Las Estrellas y el Sol: sus movimientos precisos simbolizaban la perfección de Dios. Ellos regulaban todo, incluyendo las épocas de la historia como los jubileos y las semanas de los años. Adoptaron un calendario solar (el judío era lunisolar). De esta manera los festejos caían

en el mismo día todos los años. Éste era un modelo egipcio-helenístico, mas no directamente Pitagórico, aunque lo encontramos en Pitágoras, Platón, Eudoxo de Cnido y Aristóteles. La perfecta disposición u ordenamiento de las estrellas se consideraba como una prueba de la existencia de Dios. Posteriormente, a este dios de los cielos se le relacionó con Helios. Para los Esenios el simbolismo del Sol era primordial.

6. Astrología: "Al terminar el siglo III, la astrología se volvió cada vez más, la fuerza espiritual dominante entre los cultos e instruidos. El debilitamiento de la antigua religión griega en los siglos V y IV a. C. y el hecho de que se le relegara a una simple creencia en el destino, inevitablemente tenía que culminar en la astrología".[7] Tal parece que los Esenios adoptaron el conocimiento astrológico desde su inicio. En la Excavación IV se encontraron partes de un horóscopo para una personalidad mesiánica. Otros textos confirman la trascendencia del conocimiento zodiacal, por ejemplo Enoch I y II. "La importancia inherente de Qumran respecto a estas doctrinas esotéricas astrológicas se demuestra con el hecho de que estaban parcialmente escritas en escritura enigmática... Así las doctrinas astrológicas secretas de este tipo, ajenas al Antiguo Testamento, se

remontaban hasta Moisés... es extraordinario que perspectivas de esta clase de entorno helenístico penetraran hasta la comunidad Esenia".[8] Eran parte de un movimiento para alejarse del siglo escéptico después de Alejandro y de un movimiento hacia un naciente sentimiento religioso.

7. La Mántica (conjunto de artes adivinatorias) y la Magia: según un documento Esenio, Daniel era el regente de todos los magos de Babilonia. Josefo dice que los Esenios tenían adivinos que poseían escritos astrológicos de mántica semejantes a los de la mántica e interpretación de los sueños helenísticos. El predicador adivino Judas, predijo el tiempo y lugar exactos de la muerte de Antígono (miembro de la dinastía de los Asmoneos o Macabeos). Un tal Simón narró una historia semejante relacionada con el sueño del destierro de Arquelao. También se practicaba la medicina mántica mágica que utilizaba las propiedades secretas de las raíces, las plantas y las piedras. "Aun así, los Esenios tendrían una participación en el desarrollo de la magia judía de la antigüedad. La prohibición de dar a conocer "los libros de la comunidad y los nombres de los ángeles" impedía hacer un mal uso de la magia y de sus propios conocimientos secretos. La magia judía era uno de esos fenómenos en el judaísmo

> que tenía sumo interés para los observadores que no eran judíos. Sus raíces bien pueden remontarse hasta el periodo helenístico anterior al cristianismo.[9]

Ésta es una narración verdaderamente extraordinaria de una línea de pensamiento ecléctica casi inverosímil. Es algo que normalmente se consideraría incompatible con la mentalidad estrecha de los judíos. ¿Cómo es que los Esenios se las pudieron arreglar para superar el problema de todos estos temas que podrían haberse tomado de la sabiduría pagana, la cual ellos aborrecían oficialmente? Según Hengel lo lograron a base de mantener que "las revelaciones opuestas", que eran semejantes pero superiores y sutiles en cierta forma, habían sido entregadas a sus propios patriarcas *kosher* (autorizados), Enoch, Noé y Abraham.

> Cuando los Esenios estaban ocupados con la astrología y con lo relativo a la medicina y los medicamentos, creían que esto era algo fundamentalmente diferente a lo que sucedía en esta misma área, fuera de la comunidad... Ellos querían establecer, en contra de los endiablados Caldeos y de la sabiduría egipcia o griega, una sabiduría propia más extensa y auténtica, que abarcara al cosmos y a la historia; que se fundamentara en la revelación y no en la traición. No es sin un propósito determinado

> que el conjunto de conceptos que se relacionan con el conocimiento y la comprensión, descansen en el corazón de la teología de los Esenios. En este sentido, se podría hablar de un "gnosticismo" de Hasidismo Esenio, comparable a la sabiduría de Salomón, en donde la sabiduría enseña "las variedades de las plantas y las virtudes de las raíces".[10]

Sin importar lo que pensemos de esta cuestionable manera de legitimar la sabiduría de los Gentiles, es interesante lo parecida que es esta lista de influencias extranjeras de los Esenios a la que dio anteriormente Clemente de Alejandría para los orígenes de la filosofía entre los bárbaros, y también a la lista de los países que visitó Pitágoras de acuerdo a sus más recientes biógrafos. El tono constante de las descripciones de Hengel nos recuerda también el sincretismo de los humanistas del Renacimiento, quienes asimilaron el mismo nivel de conocimiento antiguo. Este tema vuelve a repetirse en el curso de nuestras investigaciones y no puede ya considerarse como marginal.

También es fascinante observar que la conexión entre los Pitagóricos y los Druidas que había mencionado Clemente, la reitera Hengel en otra parte. Cuando describe el renacer del Pitagorismo en relación con Hasidismo judío en el Siglo I a. C., se refiere a Heráclides Póntico, discípulo de Platón, quien generó una tradición que hacía resaltar un vínculo

Pitagórico con Abaris de Hyperborea, de quien otras fuentes dicen era un mago druida.[11] Esto lo analizaremos en la Parte III.

Si aplicamos este método Esenio para hacer que la sabiduría de los Gentiles sea aceptable en Jesús, podremos ver cómo le habría sido posible tener acceso a la *gnosis* (saber superior) caldea, egipcia y griega, y en realidad a cualquier otra *gnosis* sin ser acusado de traición, ya que tal era el alcance del pluralismo tolerado dentro de la secta.

Como si la lista de las tendencias de los Esenios, nuevas y adoptadas, no fuera ya bastante Pitagórica, Hengel procede a hacer otra comparación muy fuerte entre los dos movimientos. La fundamenta en estudios recientes que se relacionan con la ley griega tocante a *asociaciones religiosas privadas*. Hengel dice que la *conformación* de la comunidad Esenia era "nueva y no se derivaba de la tradición judía del Antiguo Testamento... Sólo puede entenderse a la luz del espíritu de un tiempo nuevo".[12] Todos los lazos familiares debían romperse para tener una conversión definitiva a la comunidad de la salvación. Los paralelos más cercanos a esto se pueden encontrar en "la ley de asociaciones del periodo helenístico". A la comunidad Esenia se le denominó *hayyahad*, que es equivalente al término griego para el derecho tácito, *koinon*. Las sinagogas judías de la Diáspora tenían la misma forma legal y ellos "imitaron este mismo modelo de alianza". Así pues, la primera organización judía privada conocida en

Palestina fue la de los Esenios, cuyas características incluían: 1. Honor al fundador; 2. Reglas de prioridades, asamblea plena y funcionarios; 3. Pruebas, juramentos, alimentación comunitaria y finanzas; 4. Sistema ético, sanciones, exclusión y sepultura. Fue un "imponente ejemplo de la incautación del pensamiento de la comunidad helénica con todas sus consecuencias legales, según el espíritu judío del siglo II a. C.", lo cual, dada la inherencia escatológica de su doctrina y ciertamente porque sólo ellos representaban al verdadero Israel, "les produjo una valoración de sí mismos que casi no tiene analogía en el mundo helenístico".[13] Ellos no tenían por qué saber que la conformación de su comunidad no estaba en el Antiguo Testamento, "pero la simple confianza con la que tomaban formas de organización ajenas demuestra cuán fuerte era la ley helénica y en conjunción con ella, las formas del pensamiento helenístico encontraron el camino hacia el judaísmo de Palestina". Hengel continúa planteando a este respecto que los Esenios sólo pueden ser comparados con los Pitagóricos:

> El único movimiento religioso o filosófico que por su estricta organización y su elevada auto estima podía alternar en alguna forma con la comunidad Esenia, era el Pitagórico... la estrecha afinidad entre los dos grupos fue con frecuencia una suposición ya en los siglos XVIII y XIX, con base en la tradición de Josefo,

> Filo y Plinio… También en este siglo, renombrados eruditos… suponen esta influencia Pitagórica; hasta I. Levy ha dedicado una monografía a esta relación entre el Pitagorismo y el Judaísmo. Después del descubrimiento de los manuscritos de Qumran, que hicieron añicos todos los puntos de vista anteriores, Dupont-Sommer en particular y T.F. Glasson, un poco más cauteloso, han presentado una vez más la hipótesis Pitagórica.[14]

Aristóbulo, el filósofo judío alejandrino del siglo II a. C., afirmó que Pitágoras y Orfeo aprendieron de Moisés y que siguieron ambas tradiciones como una especulación con respecto al número siete. Otras fuentes, como por ejemplo, Hermippus en su obra *Life of Pythagoras,* indica que el fundador de los Esenios pudo haber conocido las doctrinas Pitagóricas. "Sin embargo, una observancia directa puede ser incierta". Hengel critica a aquellos que han insistido en una filiación Pitagórica ya que algunos se equivocan y otros descuidan los orígenes evidentes en la enseñanza *kosher* del Hasidismo. Nosotros debemos tomar una postura equilibrada. En los Esenios existe mucha influencia del helenismo, de Babilonia, Irán y Egipto: "Pero no son los típicos Pitagóricos. Aun la doctrina de la inmortalidad del alma corresponde simplemente a una opinión religiosa muy extendida en su entorno helenístico.[15]

Hengel concluye: "Si comparamos a la comunidad Esenia con su entorno, lo más importante y esencial no son las supuestas influencias "Pitagóricas", sino el hecho de que ciertos observadores helenísticos como Josefo o Nicolás de Damasco, los podrían presentar como "Pitagóricos" judíos. Según nos dicen algunos cronistas antiguos, ellos eran filósofos, pertenecían a aquel prototipo de sabiduría tan difundido, cuya base religiosa era típica de los "profetas del Oriente".

En cierto sentido, la interpretación "helenizada" de la orden de los Esenios que han hecho varios escritores antiguos, no estaba del todo equivocada, porque precisamente en la secta Esenia, el judaísmo señala más allá del estrecho contexto de Palestina; el retiro a la soledad del desierto desencadenó grandes consecuencias religiosas que tuvieron ciertos efectos en la cristiandad primitiva, en los movimientos bautismales en Transjordania y en el gnosticismo antiguo...

Las mismas características que nos perturban y nos parecen extrañas, como la doctrina dualista de los dos espíritus, su teoría filosófica determinista, la angelología jerárquica, la astrología, la mántica y la magia, llamaron la atención dentro y fuera de Palestina debido a su naturaleza teórica y científica, y junto con la vida ascética de la comunidad provocaron que se infiriera que los Esenios eran judíos "amigos de Dios" (es decir, Pitagóricos) en tierra palestina.[16]

De este resumen queda claro que Martin Hengel, dada toda su mesura intelectual, cree que los Esenios eran judíos Pitagóricos y que Josefo estaba en lo correcto cuando los describió como un "complemento judío de los Pitagóricos griegos".

Los Esenios y los Cristianos – Lado a Lado

El propósito de citar Hengel *in extenso* es dejar lo suficientemente claro que Jesús pudo haberse iniciado en el pensamiento Pitagórico a través de los Esenios en Judea. Sin contestar a la pregunta de si él era o no en realidad un Esenio, Hengel ha demostrado, sin ninguna sombra de duda, que los Esenios pudieron haberlo dotado de un contexto Pitagórico, ya sea en Qumran o en algún otro poblado de los alrededores, en donde Josefo afirmó había también grupos. Así es que ya tenemos suficiente evidencia para concluir que pudo fácilmente ser un judío Pitagórico.

Por lo tanto, aunque no hay ninguna razón para dudar que el conducto transmisor para el Pitagorismo de Jesús pudo haber sido la secta Esenia, la pregunta permanece: ¿hay alguna evidencia que demuestre que realmente éste pudiera haber sido el caso? ¿Existen similitudes entre sus enseñanzas y las de los Esenios que pudieran señalar en esta dirección? Pues bien, es evidente que por lógica la respuesta es sí; y definitivamente sí las hay, porque aun cuando los eruditos han discrepado sobre algunos detalles, el consenso nunca ha puesto en duda esta cuestión. En realidad, el hecho de que haya sido un asunto tan importante durante tanto tiempo, precisa que sea examinado en detalle. Conforme lo vayamos haciendo, se pondrá de manifiesto que la conexión o relación entre los Esenios y el Jesús de los Evangelios era, con toda probabilidad muy cercana.

Si en verdad estuviéramos de acuerdo con André Dupont-Sommer, el erudito más renombrado de los primeros Manuscritos del Mar Muerto, llegaríamos a la conclusión de que las conexiones eran tan cercanas que vienen a establecer una identificación entre Jesús y el Maestro de Justicia que fue el fundador de los Esenios:

> El Maestro Galileo, como se nos presenta en las escrituras del Nuevo Testamento, en muchos aspectos parece ser una sorprendente reencarnación del Maestro. Como éste último, él predicó la penitencia, la pobreza, la humildad, el amor al prójimo, la castidad. Como él, ordenó la observancia de la Ley de Moisés, de la Ley en general, pero la Ley ya terminada y perfeccionada gracias a Sus propias revelaciones. Como el Maestro, fue el Elegido y el Mesías de Dios, el Mesías y redentor del mundo. Al igual que él, fue objeto de las hostilidades de los sacerdotes; como él, fue condenado y enviado a la muerte. Igual que él, pronunció

> su juicio sobre Jerusalén. Como él, al final de los tiempos, será el juez supremo. Como él, fundó una Iglesia cuyos miembros esperan con ansia Su glorioso regreso.[17]

La mayoría de los expertos en la materia están en desacuerdo con esta identificación, ya que es poco probable que la secta considerara al Maestro como el Mesías. También es de dudarse que haya sido condenado a muerte. Además, los Pergaminos en ninguna parte sugieren que él sería el supremo juez al final de los tiempos, ni que regresaría glorioso. Edward Cook, al hacer una evaluación de todo esto en su libro *Solving the Mysteries of the Dead Sea Scrolls*, concluye: "La mayoría de los letrados se sintieron satisfechos al seguir la sugerencia un tanto más justificable de Dupont-Sommer, acerca del origen Esenio de los Pergaminos del Mar Muerto y dejaron a un lado sus especulaciones sobre la Cristología".[18]

A pesar de todo lo que se ha criticado a Dupont-Sommer, es importante hacer notar que sólo se rechazaron sus especulaciones sobre la Cristología. Ésta ha sido también la suerte de otros que han teorizado de manera semejante y su propuesta que indica que los Pergaminos tenían un origen Esenio, no ha sido rechazada. Desde los tiempos de Dupont-Sommer hasta nuestros días, esta teoría ha tenido una fuerte credibilidad como afirma Geza Vermes, la máxima autoridad contemporánea en la materia: "Con excepciones insignificantes, los letrados reconocieron alrededor de 1950, que los Pergaminos que se encontraron en las cuevas o grutas y en las ruinas de los asentamientos cercanos estaban relacionados... la identidad Esenia de los antiguos habitantes de Qumran ha alcanzado una aceptación general".[19]

Vermes dice que aunque algunos todavía cuestionan la teoría Esenia, ésta queda como la mejor opción:

> En realidad, se explican mejor ciertas peculiaridades tan impresionantes como la propiedad común de los bienes y la falta de referencia a mujeres en el Reglamento de la comunidad; la probable coexistencia de miembros de la secta, célibes y casados (según Flavio Josefo había dos clases de Esenios), y la extraordinaria coincidencia entre la situación geográfica de Qumran y la descripción de Plinio el Viejo de un asentamiento Esenio cerca del Mar Muerto, entre Jericó y Engedi... ya que ninguna de las teorías contendientes que asocian al grupo de Qumran con los Fariseos, los Saduceos, los Zelotes o los judíos cristianos puede resistir un escrutinio crítico, creo que la declaración que formulé en 1977 todavía es válida: "El veredicto final debe ser uno que proponga soluciones y la teoría de los Esenios es relativamente la más exacta. Es más seguro

afirmar que posee un alto grado de probabilidad intrínseca".[20]

De la misma manera, James VanderKam, miembro del Equipo de traductores de los Pergaminos del Mar Muerto, al revisar las opiniones sobre este asunto, llega a las mismas conclusiones que Vermes: "El resultado de toda la investigación especifica que numerosos argumentos señalan enérgicamente a los residentes de Qumran como Esenios, y nadie contradice esta identificación".[21]

VanderKam acepta la crítica divulgada por Dupont-Sommer que se mencionó anteriormente: "Algunas de sus afirmaciones se basaron en las interpretaciones erróneas de los textos".[22] También descarta a otros que han sido demasiado ligeros para "arrastrar a la Cristiandad y a los Pergaminos hacia una proximidad mucho mayor de lo que permite la línea principal".

Sin embargo, él rebasa la investigación de la mayoría de los eruditos que "se han dedicado de manera callada y paciente, a la tarea de establecer con precisión los puntos de contacto y las discrepancias entre las dos literaturas, y la forma en que uno puede explicar sus correlaciones".[23] Sobresale entre estos, Millar Burrows de Yale, quien vislumbró semejanzas entre Juan el Bautista y sus seguidores, y entre Jesús y el Maestro, y sus respectivos mensajes:

> Pero Burrows opinaba que las similitudes más convincentes se podían observar en asuntos como la estructura comunitaria (los 12 que no eran sacerdotes en el concilio de Qumran se comparan a los 12 Apóstoles); las formas de rendir culto (bautismo, alimentos); las prácticas (la comunidad de bienes); las doctrinas (el dualismo de la luz y las tinieblas, la rectitud e integridad que confiere la gracia); y la interpretación de las escrituras (sin una noción preestablecida de lo que constituye la Biblia).

La especie de parentesco que señala Burrows y otros cuantos datos paralelos como la escatología, siguen perdurando en las áreas donde los letrados han percibido una mayor semejanza entre las dos comunidades y sus escritos. De ser necesario evidenciarlo, el simple hecho de una substancial lista de los paralelos entre ellos demuestra de muchas maneras, que el Cristianismo surgió del Judaísmo y pidió prestado mucho de su legado para dar forma a su propia vida y doctrina.[24]

De esto se puede deducir que VanderKam está tan seguro de las múltiples semejanzas entre la comunidad de Qumran y el Cristianismo, como lo está respecto a las que existen entre los Pergaminos del Mar Muerto y los Esenios; y aunque existen ligeras diferencias entre las conclusiones de ambos estudios y la posición anterior de Dupont-Sommer, es bastante obvio para el actual laico sin preparación, el consenso del letrado en la materia que está en completo acuerdo con aquellos que han apoyado las hipótesis de los Esenios y de los Cristianos en el estudio de los Pergaminos durante los últimos cuarenta años.

En el libro *Jesus, Qumran and the Vatican,* dos hombres de letras de Tübingen, Otto Betz y Rainer Riesner, se propusieron destruir la hipótesis disidente presentada por Michael Baigent y Richard Leigh en *The Dead Sea Scrolls Deception,* según la teoría desarrollada por Robert Eisenman que dice que Jesús, Qumran y los Esenios eran todos Zelotes.[25] A pesar de que en su libro no hacen más que dar golpe tras golpe a Baigent, Leigh y Eisenman, nos llevan, paso a paso, hacia algunas propuestas inesperadas con relación a los estrechos vínculos entre los primeros Cristianos y los Esenios.

Estos dos hombres están de acuerdo con los expertos arriba citados, en cuanto a que los Esenios y la comunidad de Qumran sí pueden ser semejantes. Aun la mayoría de los textos no bíblicos de Qumran deberían considerarse como Esenios. Esta semejanza es "casi indiscutible". Ellos citan a Frank M. Gross:

> El hombre de letras que quiera "ejercer cautela" sobre la similitud que existe entre el grupo de Qumran y los Esenios, se encontrará en una postura sorprendente. Él debe proponer con

> toda seriedad que dos importantes grupos de comunidades religiosas, los cuales fundaron poblados en la misma región del Mar Muerto, vivieron de hecho en los mismos dos siglos, compartieron los mismos y extraordinarios puntos de vista, y realizaron purificaciones, comidas rituales y ceremonias similares o iguales. Lo que es más, el erudito debe suponer que una comunidad descrita con tanta precisión en las fuentes antiguas, desapareció simplemente sin dejar vestigios de construcciones, ni restos o residuos de cerámica. En contraste, la otra comunidad, que es ignorada por completo en las fuentes clásicas, dejó atrás muchas ruinas y hasta una biblioteca.[26]

Betz y Riesner sostienen que entre las múltiples semejanzas está el extraordinario concepto de servicio ejemplificado por Jesús (Marcos 10:45; Juan 13), el cual puede también encontrarse en Qumran. Éste fue característico en María, Marta y Lázaro que vivieron en Betania y ninguno estaba casado "tal vez originalmente pertenecieron a la 'segunda orden' de los Esenios que habitaban a las afueras del monasterio". Ellos brindaron a Jesús su hospitalidad:

> De acuerdo con Josefo, tal hospitalidad era característica de los Esenios: "Cuando los seguidores llegan de alguna parte, todos los recursos del lugar se ponen a su disposición

> como si fueran de ellos, y hospedan y atienden a hombres a quienes nunca han visto antes como si fueran viejos amigos". (*Jewish War II*, 124). Jesús también se acercó a esta familia de la misma manera. Los personajes que describe Lucas en su narración de la infancia de Jesús, Zacarías e Isabel, José y María, Simeón y Ana, tienen todos la piedad y devoción del humilde o del pobre (*anawim*) que caracterizó a los Esenios.[27]

Ellos buscaban el consuelo de Israel. De igual modo, la familia de Jesús pudo haber venido "del más amplio círculo del movimiento del Hasidismo":

> El lenguaje que se utilizó en las narraciones del nacimiento de Jesús en Lucas 1-2 y en sus tradiciones especiales, tiene por lo general un sello hebreo y se acerca a las formas lingüísticas y a los conceptos que muestran los paralelos más cercanos a los escritos de Qumran. La expresión: "Los hombres en quien Dios se complace" (Lucas 2:14) es sólo el ejemplo más renombrado de aquellos escritos (cf. IQH 4.32f; 11.9). Un antiguo problema de la crítica literaria podría resolverse con este texto de Qumran.[28]

Betz y Riesner presentan enseguida la más interesante, y desde nuestro punto de vista, la más congruente de sus teorías. Nos dicen que algunos Fariseos se volvieron cristianos, de entre los que sobresalió Pablo, y que con toda probabilidad "una multitud de sacerdotes iban aceptando la fe", (Hechos 6:7), refiriéndose a la conversión de los Esenios. Ellos sugieren que podían haber sido miembros de la iglesia primitiva y que tal vez vivieron en la comarca de los Esenios en Jerusalén, un distrito que, según hallazgos recientes de Fray Bargil Pixner y su equipo de arqueólogos, se encontraba en los contornos del Monte Sión ubicado en la región sudoeste de la ciudad. La tradición de la comarca ha identificado esta área como el primer lugar de reunión de la comunidad cristiana, en especial en lo que se refiere al recinto de la Última Cena. Puesto que esta creencia se remonta hasta principios del siglo II, es probable que sea confiable.

De acuerdo con Bargil Pixner, la palabra *katalyma,* casa de huéspedes (Marcos 14:14), se puede rastrear hasta la narración original de la Última Cena. "El Maestro dice: ¿en dónde está mi sala en donde pueda comer la Pascua con mis discípulos?". Éste término sólo se usa en otro contexto, en la posada de Belén (Lucas 2:7). Pixner afirma que se refiere a una casa de huéspedes esenia contigua a la Comarca de los Esenios, que se rentaba a los amigos o conocidos que deseaban celebrar alguna fiesta de los Esenios.[29] Pixner refuerza esta declaración con un análisis detallado y convincente de la cronología de los eventos que llevan hasta la muerte de Jesús,

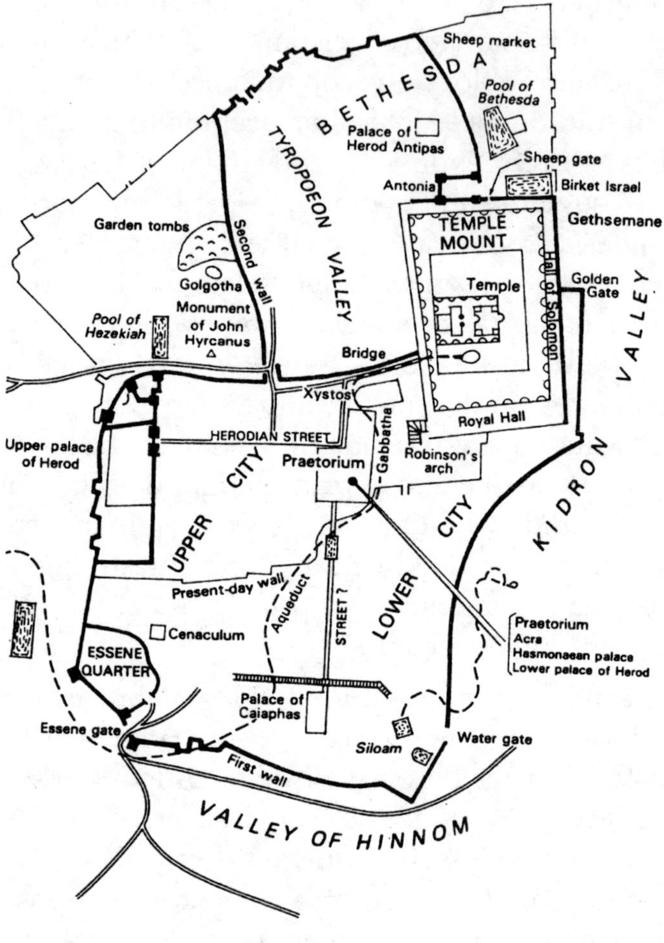

Figura 23. La Comarca y Puerta de los Esenios

basado en la suposición de que él y sus discípulos observasen la tradición de la Cena Pascual, la cual se llevaba a cabo el martes por la tarde y no el jueves como se ha sostenido por tradición.[30]

Un poco más abajo del Monte Sión, en el extremo sur, el equipo de Fray Pixner encontró en sus excavaciones un pórtico que data de los tiempos del Nuevo Testamento, y que muy probablemente es el que Josefo llamó "El Pórtico de los Esenios". Durante muchos años los investigadores han sugerido que el nombre del pórtico se deriva de un asentamiento esenio en Jerusalén. También se descubrieron en esa área unos baños rituales de gran tamaño, *Mikweh,* sólo comparables a los de Qumran y Betania (en donde se cree que hubo otro grupo esenio), lo que ayuda a confirmar esta suposición.

Es probable que esta comarca o distrito esenio se haya reestablecido después del terremoto que tuvo lugar en Qumran alrededor del año 32 a. C. Según Josefo, Herodes el Grande (37- a. C.), tenía en este tiempo buena disposición para con los Esenios porque se sabía que ellos lo habían favorecido con su mántica o artes adivinatorias y sus habilidades para profetizar. Después de la destrucción de Qumran, él les ofreció instalarlos en la ciudad y cuando llegó el tiempo de regresar, sólo unos cuantos lo hicieron.[31]

En su libro *With Jesus in Jerusalem,* Bargil Pixner, da un recuento completo[32] de todo esto y revela que durante el curso de la vida de Jesús, la mayoría de los Esenios ya no estaban en Qumran sino en el distrito esenio de Jerusalén. Esto cambia de forma radical la imagen tradicional de los Esenios: de una que los presenta alejados geográficamente, a otra que los presenta muy cerca del centro de toda la acción del Nuevo Testamento.

Betz y Riesner utilizan el trabajo de Pixner para plantear que los Esenios y los Cristianos estaban unos al lado de los otros. Dicen que se puede encontrar evidencia de esto en una posible interpretación esenia del relato de Pentecostés (Hechos 2:5), en donde dice que "había en Jerusalén, hombres piadosos que allí residían", porque la palabra griega *Eulabes* que significa piadoso es *hase* en arameo. Es posible que esta palabra sea la raíz de la palabra griega *Essenos*. Hay dos observaciones adicionales que apoyan este vínculo esenio con Pentecostés: la primera se refiere a que la comparación de Sinaí con Pentecostés obviamente tiene paralelos en los textos de Qumran. La segunda es el hecho de que compartieran todas sus posesiones, lo que es una característica muy marcada en la Iglesia primitiva (Hechos 2:44-45 y 4:32-35), y también una práctica normal entre los Esenios. Betz y Riesner comparten la opinión de que si la comunidad Cristiana primitiva se desarrolló en o cerca de la Comarca de los Esenios, eso explicaría el hecho de que "los primeros Cristianos pudieran permanecer en la Ciudad Santa aunque estuviera dominada por los enemigos que habían perpetrado la muerte de su Maestro".[33]

Este argumento a favor de que el primer Pentecostés cristiano fue efectuado dentro de un ambiente Esenio, es reforzado por Yigael Yadin en *The Temple Scroll*, quien nos muestra cómo la celebración de la fiesta de Pentecostés era mucho más importante para los Esenios que para la corriente principal del Judaísmo.[34] También consolida la conexión entre Qumran y los Esenios de Jerusalén, porque el Pergamino del Templo de igual forma enfatiza que la celebración de Pentecostés se encontró en Qumran.

Este vínculo literario adicional entre los Pergaminos y los Esenios nos lleva a la observación de que los Esenios eran escritores muy prolíficos. Tal evidencia no debería de cegarnos para examinar el axioma de que los escritores del Nuevo Testamento también eran productivos. Aunando estas dos consideraciones surge una pregunta igualmente indudable: ¿Estaban relacionados? Si las dos comunidades, los Esenios y los Cristianos, vivían "lado a lado", si muchas de las prácticas y enseñanzas de los Esenios fueron adoptadas por los Cristianos, y si la Última Cena y el primer Pentecostés Cristiano se celebraron en la casa de huéspedes de los Esenios, entonces es lógico suponer que también debió haber alguna alteración literaria.

Betz y Riesner son de la opinión de que esta inferencia se podría justificar. Los Pergaminos nos dicen que el estudio de las Escrituras era de suma importancia para los Esenios y a su constitución o Reglamento de Comunidad, dedicaban una cuarta parte del horario laborable. Sus escritos provenían de sus estudios y "es bastante sorprendente la frecuencia con que los Esenios y los primeros Cristianos se refieren a un conjunto de textos bastante específicos del Antiguo Testamento".[35] Así que, ¿sería posible que los Esenios Cristianos desempeñaran un papel al escribir o editar lo que se convirtió en los relatos de los Evangelios? La principal objeción a esta posibilidad es que los especialistas en estudios bíblicos creen que la mayor parte del material del Nuevo Testamento se escribió mucho después, hacia finales del siglo I. Pero este consenso no está tan unificado como antes lo estaba. Algunos peritos como Rudolf Pesch, Gerd Theissen, Carsten Peter Thiede y Matthew D'Ancona, sostienen el argumento de que existen bases sólidas para aceptar una fecha anterior.[36] Una de las razones para apegarse a la fecha posterior ha sido la incredulidad de que la sabia sofisticación y la profundidad teológica manifestada en cada una de sus partes, pudieran venir de los relatos de testigos oculares que supuestamente eran simples pescadores y no del largo proceso de una reflexión madura. Sin embargo, la objeción a una fecha más temprana se anularía si los Esenios del aposento de calígrafos o escribanos en Jerusalén (intérpretes y redactores de la Biblia), al convertirse a Jesús, el Mesías, llevaran consigo su experiencia literaria y teológica, y la aplicaran a la escritura o edición de las narraciones relacionadas con Jesús. Esto es lo que concluyen Betz y Riesner:

> Así que podemos deducir que todo un grupo de Esenios se convirtió a Jesús, el Mesías. Estos Esenios conversos formaron un cuerpo

> de teólogos altamente calificados para su tiempo. Eran capaces de dilucidar a un nivel intelectual muy profundo quién era Jesús y cómo había traído la Salvación. Un estudio comparativo con los textos de Qumran muestra que las manifestaciones y nociones del Nuevo Testamento, que muchos consideraban como provenientes del griego y creían que eran tardías, son en realidad de origen Palestino y son tempranas. Eso se aplica a partes del Nuevo Testamento tan debatidas, como el Evangelio según San Juan y el primer capítulo de los Hechos de los Apóstoles.[37]

Con esta conclusión Betz y Riesner nos proporcionan el eslabón perdido por una parte con Martin Hengel, quien dio una extensa evidencia de que los Esenios eran Pitagóricos y por la otra, con los escritos del Nuevo Testamento que hemos demostrado están impregnados del simbolismo numérico Pitagórico y de la cosmología de una fuente desconocida. Aunque ellos nunca mencionan la dimensión Pitagórica del pensamiento esenio, sin embargo contestan la pregunta que se formuló con anterioridad: ¿Cómo logró entrar el Pitagorismo en el Nuevo Testamento? Nos han dicho de manera muy convincente cómo, con toda probabilidad, pudo haber venido de los Esenios. Si muchos de los primeros Cristianos en Jerusalén eran Esenios conversos, versados en el Antiguo Testamento y en la literatura de la época entre los Testamentos, con todas las habilidades eclécticas Pitagóricas que mencionó Hengel, debieron estar entonces perfectamente preparados para producir ediciones Pitagóricas de los relatos del Evangelio, en los que el simbolismo numérico griego, la gematria y la cosmología, podían ser equiparadas con gran ingenio al hebreo, ya que eran igualmente expertos en ambos.

Tal vez aquí por fin hayamos identificado a inspirados expertos que ocultaron el precioso tesoro Pitagórico en el fundamento de la estructura lingüística del Nuevo Testamento, que ha sido develado, identificado y valorado por Simcox Lea, Bligh Bond, Simone Weil y otros.

Teniendo en cuenta la conclusión de la sección: "¿Sabía Jesús lo relacionado con los Números de su Nombre?" (o sea que no sólo tenía conocimiento de ellos sino que se había introducido en la cosmología que implicaban, así como en la extensión cósmica de su propia persona), es difícil dudar que él estuviera tan profundamente involucrado con los primeros Esenios conversos, de quienes él mismo fue el agente de su conversión.

Sin forzar en exceso el asunto, también es razonable inferir que todas las conexiones y relaciones cercanas entre los Esenios y los Cristianos que se han descubierto, ya sean geográficas, doctrinales, prácticas, empíricas o bíblicas, deben haber sido iniciadas por el mismo Jesús.

Los discípulos no eran más grandes que su Maestro. Éste fue muy probablemente *su* contexto Pitagórico tanto como el de ellos.

III

La Sabiduría en el Norte

13

La Sabiduría es Universal

¿Existe alguna otra palabra en la Biblia cuyo significado sea igual a *tekton,* o algún otro concepto equivalente al Maestro Artífice, constructor o arquitecto? ¿Es *tekton,* como se aplica a Jesús, único en su género o hay un término descriptivo similar que pueda confirmar y aumentar el valor de lo que ya se ha expuesto?

Hay otra palabra y sólo una. Se puede encontrar en Proverbios 8:30, y dice que la Sabiduría estaba al lado de Dios en la Creación, como un maestro arquitecto:

> Yo estaba ahí, a su lado, como arquitecto,
> y era yo todos los días su delicia,
> jugando en su presencia en todo tiempo.

La palabra hebrea que se traduce como "maestro artífice" es *´amon,* pero aquí hay un problema textual. En el hebreo original, se omitieron las vocales, así que *´amon* pudo haber sido *´amun,* que significa "predilecto" o "pequeño muy amado". Esta traducción la favorece la Nueva Biblia Inglesa y también Gerhard von Rad quien interpreta el versículo:

> ... entonces yo estaba a su lado como su predilecto, y era todos los días su delicia, jugando en su presencia todo el tiempo.[1]

A través de los siglos han existido otros, los cuales cita Von Rad, que han estado de acuerdo en que la concepción de sabiduría como "el hijo predilecto" se ajusta a otras metáforas en este pasaje, como el hecho de que haya "sido engendrada" (v. 24) y "haya jugado" (v. 30). Sin embargo, muchos están en desacuerdo y como Derek Kidner, disputan que tal interpretación tan infantil "hace que el papel de la sabiduría sea por completo irresponsable".[2] De esta opinión mayoritaria, uno de los que tienen más autoridad es W.O.E. Oersterley,[3] quien ha sido secundado por otros como A. Cohen[4] y Edgar Jones.[5] Su creencia de que *´amon* significa "maestro obrero" se basa en la tradición rabínica antigua. En especial él cita al Rabino Hoshjah del siglo III d. C., quien iniciaba sus conferencias sobre la sabiduría mencionando este versículo y explicando que la palabra *´amon* era equivalente a *´uman*, "arquitecto". Esta interpretación puede remontarse hasta la Septuaginta en el siglo III a. C., que traducía *´amon* como *´harmozousa*, "el que traía la armonía". De aquí surgió el término *componens* de la Vulgata Latina, un concepto semejante. Siguiendo esto, entre algunos comentaristas recientes, R.B.Y. Scott[6] ha propuesto que *´amon* debe en realidad interpretarse como *omen*, un participio activo, que significa uno que une o enlaza. "De esta manera", como Kathleen Farmer señala, "Scott traduce el versículo 30[a] "Entonces yo estaba cerca de él uniendo [todo] a la vez".[7]

Si aceptamos esta opinión de la mayoría, entonces nos remontaremos a través de la tradición rabínica a la traducción de la Septuaginta para *amon* como *harmozousa*. Retomando este tema, Martin Hengel dice que esto se aproxima al concepto Estoico de que "la sabiduría se adapta y lleva a la armonía".[8] Señala que a través de toda la cita de Proverbios 8:22-31, hay divergencias significativas del hebreo en la traducción griega que le hacen pensar que la sabiduría se está asemejando de manera consciente a una especie de "alma del mundo" como en la obra *Timaeus* de Platón. En ella Platón pormenoriza pasajes que describen el alma del mundo, lo que encuentra muy semejante a la descripción de la Sabiduría:[9]

1. El alma del mundo, como la sabiduría, aparece como la primera y máxima creación del

demiurgo que impregna el universo: "Así que estableció un universo de una esfera única en un movimiento circular, solitario, pero dada su excelencia, no necesita más compañía que la de él mismo y está satisfecho de ser su propio conocido y amigo". (*Timaeus*, 34b)

2. Como la sabiduría, el alma del mundo rodea el mundo visible como una mediadora invisible, racional y armónica: "el alma... proporcionó una fuente divina de vida interminable y racional para todos los tiempos. El cuerpo del cielo es visible, pero el alma es invisible y dotada de razón y armonía, ya que es la mejor creación de las cosas eternas mejores e inteligibles". (*Timaeus*, 36 c-37 a)

3. El padre divino también se deleitó en la perfección del alma del mundo que había creado: "Cuando el padre que la había engendrado, percibió que el universo estaba vivo y en movimiento, un santuario para los dioses eternos, se alegró y en su gozo planeó hacerla aún más a su imagen y modelo; y como este modelo es un Ser Viviente eterno, se dispuso a hacer que el universo se le pareciera también de esta manera, tanto como fuera posible". (*Timaeus*, 37c)

4. El alma del mundo, como la sabiduría, fue engendrada por el padre como un ser bendito y

divino: "Su creación, entonces, por todas estas razones, era un dios bendito". (*Timaeus*, 34b)

5. El mundo que creó el demiurgo a través del alma del mundo es hermoso, lleno de armonía y bueno: "La forma divina que él hizo, en su mayor parte de fuego para que al mirarse pudiera ser tan brillante y tan hermosa como fuera posible; y la hizo de forma esférica como el universo, la colocó para que siguiera el movimiento de la inteligencia más elevada y la distribuyó alrededor del círculo del cielo para que fuera una especie de bordado universal y cósmico. (*Timaeus*, 40 a)

El texto completo de Proverbios 8:22-31 con el que Hengel compara la sabiduría en estos pasajes, dice así:

Yahvéh me creó, primicia de su camino,
antes que sus obras más antiguas.

Desde la eternidad fui moldeada,
desde el principio, antes que la tierra.

Cuando no existían los abismos fui engendrada,
cuando no había fuentes cargadas de agua.

Antes que los montes fueran asentados,
antes que las colinas, fui engendrada.

No había hecho aún la tierra ni los campos,
ni el polvo primordial del orbe.

Cuando asentó los cielos, allí estaba yo,
cuando trazó un círculo sobre la faz del abismo,
arriba condensó las nubes,
cuando afianzó las fuentes del abismo,
Cuando al mar dio su precepto
para que las aguas no rebasaran su orilla,
cuando asentó los cimientos de la tierra,
Yo estaba allí, como arquitecto,
y era yo todos los días su delicia,
jugando en su presencia en todo tiempo,
jugando por el orbe de la tierra;
y mis delicias están con los hijos de los hombres.

Hengel nos dice que el desconocido autor de los Proverbios era posiblemente un contemporáneo cercano a Aristóbulo, el primer filósofo de la religión que se conoció alrededor de 170 a. C. El mismo Aristóbulo nos dice que Platón sabía del relato que Moisés hizo de la creación. Así que Aristóbulo con seguridad estaba familiarizado con el *Timaeus*, que tiene vínculos fuertes con la traducción del Génesis, la historia de la creación, hecha por la Septuaginta. Es difícil saber "si el traductor del libro de los Proverbios conoció el *Timaeus*", lo que nos lleva a la conclusión de que el primero realmente se apropió las ideas del último; "no obstante", Hengel concluye, "podemos darnos cuenta de la forma en que la especulación sobre la sabiduría judía y la doctrina de la creación prosperó con creces al lado de los conceptos análogos griegos".[10]

De este estudio de sabias interpretaciones de los Proverbios 8:30, sería razonable entender que *amon* o *uman* significa maestro artífice, constructor o arquitecto. Así, este significado, complementaría con exactitud el atribuido a *tekton* cuando se toma como el complemento del arquitecto celestial y "el Constructor de los Eones" al aplicarlo a Jesús, el "carpintero". Por lo tanto, nos lleva por analogía, de un concepto que no es abiertamente bíblico, el Jesús Pitagórico, a uno que sí lo es, o sea, Jesús como la encarnación de la divina Sabiduría, ya que, como afirma San Pablo "Él es el poder y la sabiduría de Dios" (1Cor. 1:25).

No obstante, aunque hemos pasado de un concepto implícito a uno explícito, no parece que hayamos cambiado nuestro *locus classicus* (postura clásica), es decir, el *Timaeus* de Platón. Pero sin importar cuanto hayamos hondeado en las profundidades del Antiguo Testamento, hemos salido con rapidez a la superficie de las aguas conocidas del Platonismo, porque fue Christopher Butler quien primero nos indicó que muchos pensadores cristianos no encontraban dificultad en asociar el *Timaeus* con el *Génesis*, ni para aceptar el concepto de Dios como un maestro artífice. Ya Simone Weil utilizó parte de la misma sección del *Timaeus* que Hengel citó arriba, para señalarnos la presencia de la proporción geométrica "el lazo más hermoso" en la estructura de algunas de las declaraciones importantes de San Juan, respecto a Jesús.

Aunque se pueda implicar, por lo menos en cuanto a esta comparación inicial se refiere, que las tradiciones Pitagóricas y las de la sabiduría son sinónimas, es importante haber avanzado de lo que parecía relativamente desconocido, la tradición esotérica, hacia algo que es más conocido. La tradición de la sabiduría, al contrario de la Pitagórica, se encuentra en la literatura de la sabiduría del Antiguo Testamento y no sólo en los Proverbios, también en los Salmos, en Job, en el Eclesiastés, en los Salmos de Salomón y en la Sabiduría de Salomón, e incluso en el Nuevo Testamento, por ejemplo, cuando San Pablo se refiere claramente al pasaje de la sabiduría que hemos venido discutiendo, y dice de Jesús:

> Él es Imagen de Dios invisible,
> Primogénito de toda la creación,
> porque en él fueron creadas todas
> las cosas, en los cielos en la Tierra,
> las visibles y las invisibles,
> los Tronos, las Dominaciones,
> los Principados, las Potestades:
> todo fue creado por él y para él,
> Él existe con anterioridad a todo,
> y todo tiene en él su consistencia. (Col. 1:15-17)

Además, lo que hemos descubierto acerca de la sabiduría o de *amon* o de *uman*, el maestro artífice, implica que la tradición de la sabiduría en sí era Pitagórica, por lo menos hasta cierto punto. Esto se ilustra en Filón, el judío, seguidor de Platón en el siglo I, citado con anterioridad al enumerar los temas que se supone Moisés había aprendido de los egipcios. Él hace comentarios sobre el texto que ya conocemos bien: "Moisés fue educado en toda la sabiduría de Egipto", y declara:

> La aritmética, la geometría, el amor por la métrica, el ritmo, la armonía y todo lo relacionado con la música como se manifiesta por el uso de instrumentos, y en libros de texto y tratados de carácter especial, le fue impartido por egipcios versados. Éstos lo instruyeron además en la filosofía transmitida a través de símbolos, como se puede ver en las llamadas inscripciones santas y en el respeto que se les tenía a los animales, a quienes incluso se les rendía culto. Tuvo maestros griegos que le enseñaron lo restante de un curso escolar regular, y los habitantes de los países vecinos lo hacían con respecto a las letras Asirias y la ciencia caldea de los cuerpos celestes. Esto también lo adquirió de los egipcios, quienes daban una atención especial a la astrología.[11]

Esta descripción se asemeja muy de cerca a la educación Pitagórica en general y a la del Cuadrivio en particular (conjunto de las cuatro artes liberales de la antigua Grecia y del mundo medieval: aritmética, geometría, astronomía y música), a tal grado que no podían diferenciarse.

Tal parece que lo que llamamos Pitagorismo, estaba, de hecho, incluido dentro de la tradición de una sabiduría muy antigua que prevaleció en el mundo primitivo. Como ya hemos visto, es posible que haya tenido pequeñas variaciones respecto al énfasis que le ponían diversas culturas, pero substancialmente era la misma en Egipto, Asiria, Caldea e Israel.

La universalidad de esta tradición de la sabiduría, si no es que el Pitagorismo o proto-Pitagorismo inmerso en ella, ha sido aceptada en años recientes por la mayoría de los estudiosos que han estado de acuerdo con W. Baumgartner, quien dijo: "Del Nilo al Tigris existió y se cultivó una literatura sobre la sabiduría que es semejante en esencia."[12] Al hacer esto, los especialistas modernos han confirmado y validado la opinión de los primeros Padres de la Iglesia de Alejandría, en particular de Clemente, quien como se citó antes, sostenía que la filosofía, entendida adecuadamente como el amor por la sabiduría, tenía su origen en el mundo antiguo mucho antes de los griegos.

Para Clemente, las filosofías del antiguo Egipto, Asiria, Gales, Bactriana, los Celtas y Persia eran tan semejantes que bien hubieran podido ser agrupadas conforme a la filosofía de Grecia, a la cual precedieron. Clemente implica que los profetas egipcios, los caldeos, los druidas, los samaníes, los filósofos celtas y los magos, pudieron haber tenido muy buenas relaciones entre ellos y con los filósofos griegos. Un pasaje similar de Diógenes de Laertes le hace eco:

> Algunos dicen que el estudio de la filosofía fue de origen bárbaro. Ya que los Persas tenían a sus Magos; los babilonios o los asirios tenían a los *caldeos*; en la India tenían a los *gimnosofistas*, mientras que los celtas y los gálatas tenían adivinos llamados *druidas* y *semnotheoi*, como dice Aristóteles en "Magic" y Sotian en el vigésimo tercer libro de su "Succession of Philosophers".[13]

Éste es el pasaje al que se refiere Simone Weil cuando trata sobre los orígenes de la doctrina del Pitagorismo. Ella suponía que había un vínculo entre el origen de la tradición de la filosofía y la sabiduría, y el origen del Pitagorismo. Esta conjetura es también patente en otro pasaje de Clemente:

> Alejandro, en su libro "On the Pithagorean Symbols", relata que Pitágoras era discípulo de Nazaratus, el asirio… y que además Pitágoras era seguidor de los gálatas y los brahmanes.[14]

Aunque ya hemos mencionado con anterioridad todos estos textos, su tema se ha vuelto tan importante para este estudio, que es válido que los utilicemos una vez más para hacer hincapié en que la tradición Pitagórica fue parte de la tradición filosófica de la sabiduría. Como tal, traza su origen a todas las civilizaciones conocidas del mundo antiguo, incluyendo a los brahmanes y a los gimnosofistas de la India, a los druidas y a los filósofos de los galos y de los celtas.

¿Era ésta la "sabiduría secreta y oculta" a la que San Pablo se refería cuando dijo: "Sin embargo, hablamos de sabiduría entre los perfectos" (1Cor. 2:6)? Ya hemos demostrado que hay suficientes razones para establecer un vínculo entre los conceptos de Pablo respecto a "la sabiduría secreta" y "el conocimiento", y el Pitagorismo en general y la gematria en lo particular. La tesis es aún más fuerte, ahora que ya hemos establecido que el Pitagorismo era parte de la tradición filosófica de la sabiduría, y tal vez ya estemos en condiciones de hacer la pregunta en otra forma: ¿Era confidencial la sabiduría secreta, no sólo por ser Pitagórica, sino porque era universal y por lo tanto, las autoridades de los Zelotes llegaron a sospechar de ella? ¿Había venido Jesús a liberar a los hombres y a las mujeres de un sectarismo fanático en el cual la sabiduría representaba en efecto la Ley, y llevarlos hacia la libertad de un internacionalismo antiguo que significaba la verdad universal? ¿Era esto el meollo de sus luchas con los Escribas y los Fariseos, los Legisladores y los Sumos Sacerdotes? Si a estas preguntas se les puede dar una respuesta afirmativa, entonces sería una forma legítima de comprender por qué Jesús condena la actitud de sus adversarios de manera desafiante y ofensiva en por lo menos uno de los pasajes:

> Y dijo: "¡Ay de vosotros los legistas, que imponéis a los hombres cargas intolerables, pero vosotros no las tocáis ni con uno de vuestros dedos! ¡Ay de vosotros que edificáis los sepulcros de los profetas que vuestros padres mataron! Por lo tanto, sois testigos y estáis de acuerdo con las obras de vuestros padres; porque ellos los mataron y vosotros edificáis. Por eso dijo la Sabiduría de Dios: Les enviaré profetas y apóstoles, y a algunos los matarán y perseguirán para que se pidan cuentas a esta generación de la sangre derramada de todos los profetas desde la creación del mundo, desde la sangre de Abel hasta la sangre de Zacarías, el que pereció entre el altar y el Santuario". (Lucas 11:46-51)

Los Fariseos habían convertido la sabiduría en Ley, en rigorismo legal y en una exhibición teatral de la religión. Se habían vuelto *hipócritas,* actores. De la misma manera los legistas habían olvidado los preceptos éticos de la tradición de la sabiduría.

Habían relegado las bases de lo que podríamos llamar la ley natural y la justicia natural. Jesús, en el siguiente versículo, establece un vínculo trascendental entre esta traición contra la sabiduría y sus fatales consecuencias, y la remoción de la clave de "el conocimiento", que ya discutimos con anterioridad. Éste es el contexto en el que Jesús continúa:

> "¡Ay de vosotros los legistas, que os habéis llevado la llave de la ciencia! No entrasteis vosotros, y a los que querían entrar, se lo habéis impedido" (Lucas 11:52)

Así pues, podemos concluir legítimamente que la sabiduría que se había rechazado estaba asociada con "el conocimiento" científico que se había reprimido; que éste era el Pitagorismo, que era de carácter universal y que Jesús tomó la misión de representarlo, reconstruirlo y *serlo,* tanto como *amon* o *uman,* como *tekton,* porque el maestro artífice de la ciudad de Séforis fue también el iniciador de la sabiduría universal.

Cuando Jesús regresó a su ciudad natal en los primeros días de su ministerio y predicó en la sinagoga con motivo del šabbat, muchos de los miembros de la congregación quedaron tan impresionados con sus enseñanzas que estaban verdaderamente perplejos. Unos a otros se decían: "¿De dónde obtuvo este hombre todo esto? ¿Qué es esta sabiduría que se le ha conferido?" Todos conocían a su familia lo suficiente como para intuir que no podía haber recibido esa sabiduría de ellos. ¿Sabrían que había estado lejos muchos años? La pregunta: "¿No es éste el carpintero?" podría indicar que no estaban totalmente seguros de quién era él, porque hacía mucho tiempo que no lo veían y posiblemente en ese tiempo él había cambiado. Podría implicar que necesitaban estar seguros respecto a su identidad, y no sólo tratarse de que se mostraran incrédulos en cuanto a que un joven tan preparado viniera de una familia tan sencilla, común y corriente.

Si la pregunta puede ser válida interpretada de esta forma, entonces podemos suponer que la verdadera respuesta fue un secreto guardado con sumo cuidado. Porque si él se había convertido en un iniciado en la tradición filosófica de la sabiduría, de la que Pitágoras era una importante parte integral entonces, después de completar sus estudios en el Pitagorismo judío con los Esenios, bien pudo haberse involucrado en un largo curso de estudios intelectuales y espirituales, del que pudo haber asimilado lo mejor de la sabiduría de Egipto, Asiria, Persia, India, Bactriana, Gales y los celtas. Si deducimos que realmente fue a todos estos países o estudió en algún centro especial, por ejemplo en el monasterio de Therapeutae a las afueras de Alejandría, tal vez sería llegar demasiado lejos en especulación. Pero negar que *conocía* la esencia de todas estas filosofías sería dudar de su postura como Pitagórico, porque, relacionadas, y dudar que la sabiduría que le fue dada estaba vinculada con la sabiduría universal, sería pasar por alto todas las evidencias que se expusieron con anterioridad.

Bien sea que haya ido personalmente a todos esos países o sólo haya adquirido su sabiduría es algo que no podemos asegurar. Lo que podemos decir es que en principio, no existen razones para dudar que él haya ido a todos ellos. Los Evangelios guardaron un completo silencio en cuanto a las actividades de Jesús entre los 12 y los 30 años, así que pudo transcurrir el tiempo suficiente para que él trabajara como constructor en Séforis y para que viajara a todos los centros de sabiduría del mundo entonces conocido. Al juzgar por la celeridad con la que viajó por todo Judea durante su vida pública, existen suficientes bases para considerarlo un caminante infatigable. Si las tropas de Alejandro pudieron caminar sobre lodo hasta las Pirámides y hasta el Valle del Indo, ¿por qué no podría hacerlo él? Si las legiones romanas pudieron llegar a Gales o hasta Britania, ¿por qué no podría él? No hay razón alguna para que él no pudiera hacerlo. Lo único que nos detiene para aceptar esta posibilidad es que hemos crecido con un modelo conceptual inadecuado de quién era Jesús. Tampoco hemos logrado comprender la naturaleza internacional y universal de la sabiduría que él personificó. Sólo hasta que ampliemos nuestro estrecho modelo conceptual del judaico a uno internacional y amplio, podremos hacerle justicia a la nacional y amplio, podremos hacerle justicia a la relación tan cercana que tenía Jesús con esta tradición cosmopolita de filosofía y sabiduría. Este concepto se esclarecerá cuando analicemos la numerología del vocablo *Chokmah,* la palabra hebrea que más se usa para sabiduría, y la comparemos con la palabra "Jesucristo", como se analizó con anterioridad, lo que nos llevará a una jornada internacional hacia lugares inesperadamente conocidos.

14

La Sabiduría va hacia el Norte

En 1984 Vernon Jenkins, quien estaba entonces en el Departamento de Ciencias de la Computación de la Universidad de Cardiff, presentó un escrito hasta entonces inédito en "*The Cracking of a Unique Code*", en donde muestra los resultados de su investigación independiente sobre la gematria del primer versículo de la Biblia.[1] Por medio de un análisis realizado por computadora, descubrió que el Génesis 1:1 contenía patrones regulares de números y de geometría que sin lugar a dudas eran algo más que un producto de la casualidad, convenciéndose de que comprobaban la autoría divina de las Escrituras.

Empezó por descubrir la gematria de siete palabras hebreas que se traducen como "En el principio Dios creó los cielos y la Tierra".

90 200 1 5 400 1 6 40 10 40 300 5 400 1 40 10 5 30 1 1 200 2 400 10 300 1 200 2

296 407 395 401 86 203 913

בראשית ברא אלהים את השמים ואת הארץ

Tierra la — y — Cielos los — Dios creo principio el En

Figura 24. La Numerología de Génesis 1:1

Como puede verse, los números son: En el Principio, 913; Creó, 203; Dios, 86; Eth (intraducible), 401; Los Cielos, 395; Y, 407; La Tierra, 296. A primera vista, ningún número sencillo o patrón es evidente, pero cuando se suman todos, hacen un total de 2701, que equivale a 37 x 73. De la misma manera, si se suman la sexta y séptima palabras, que son "Y", 407 y "La Tierra", 296, el resultado es 703, lo que es igual a 37 x 19. Es interesante que 2701 sea el 73° número triangular y 703 sea el 37° número triangular.

Había otras figuras geométricas igualmente impresionantes que se derivaban de estos números y que indicaban que el número 37, además de ser la raíz esencial para todo el conjunto matemático (2701 = 37 x 73), tenía un alto y desproporcionado porcentaje de incidencia en todo el texto. Así que Vernon Jenkins decidió hacer un análisis de los factores de todas las combinaciones de las siete palabras y números, y descubrió que de los 127 posibles, 23 eran múltiplos de 37.

Esto le sorprendió porque, de acuerdo a la probabilidad estadística, representaba más de seis veces lo esperado.

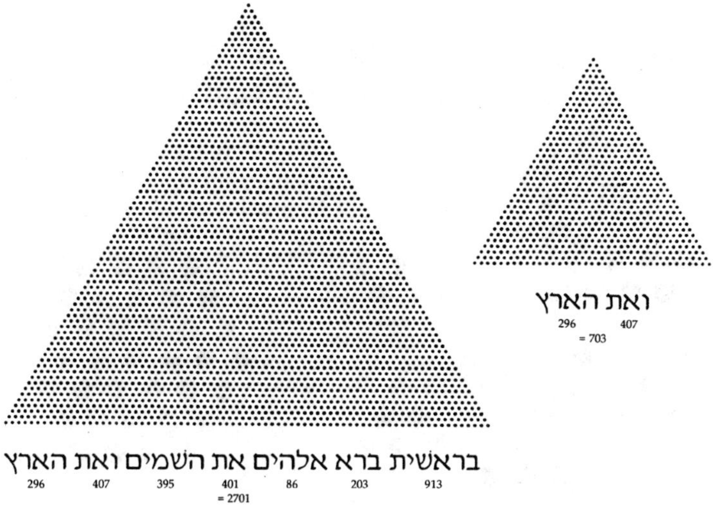

Figura 25. La Triangulación Numérica de Génesis 1:1

Jenkins continuó descubriendo otros atributos extraordinarios de estos números y lo más sobresaliente fue que 37 y 73 no sólo estaban vinculados a la triangulación numérica de 2701 y 703 como se ilustró arriba, sino que también estaban relacionados entre sí como un par de figuras compatibles: hexágono-hexagrama. La inesperada apariencia de la estrella de David en este contexto, también fue fascinante.

Enseguida encontró que el hexágono de 37 no sólo es compatible con el hexagrama de 73, sino que también tiene otra propiedad inusitada, es el único número, con excepción del 1261, que es tanto hexágono como hexagrama. Debido a que aparece como hexágono (el cuarto) y hexagrama (el tercero) entre los miembros subsecuentes de las series, 37 es, de esta manera, único e inimitable. (Consultar la figura 26).

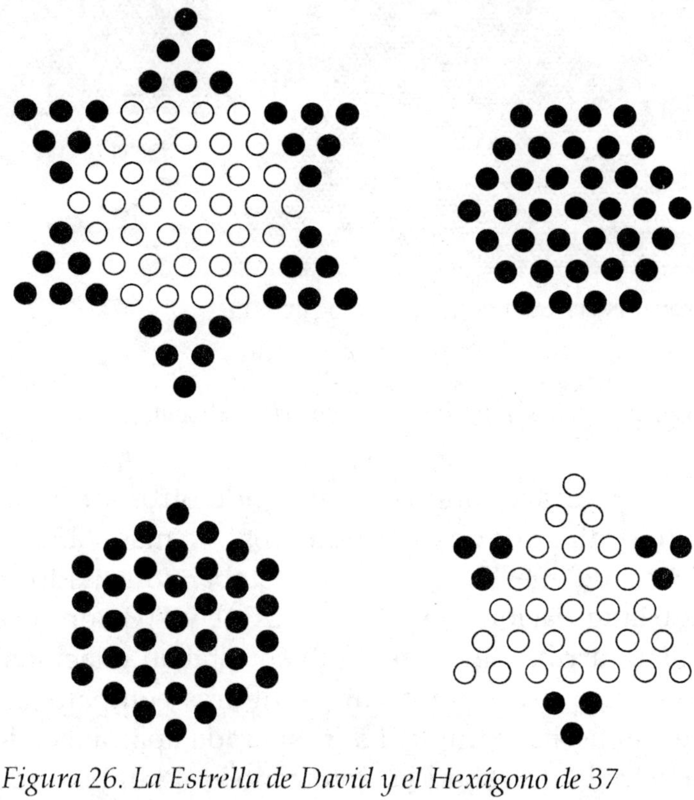

Figura 26. La Estrella de David y el Hexágono de 37

Para Vernon Jenkins, todos estos hallazgos confirmaron la doctrina evangélica de la inspiración divina de las Escrituras, pero para los espíritus más prosaicos que recuerdan la historia primitiva de las matemáticas, existe evidencia del trabajo de una mano más terrenal. El indicio de la identidad de esto es el descubrimiento de Jenkins en la frecuencia de los números simbólicos. El uso de estos números se atribuyó a los Pitagóricos. Boyer y Mercbach lo confirman en su obra *A History of Mathematics*: "La exactitud con la que los Pitagóricos entrelazan el número en sus pensamientos queda bien ilustrada por su preocupación respecto a los números simbólicos".[2] Por lo tanto, parecería como si la inspiración divina para este rompecabezas numérico, extraordinariamente complejo, se hubiera transmitido a través de los Pitagóricos y su obsesión por el alfabeto número-geométrico. Los llamados autores "Sacerdotales" del Génesis 1:1 deben haber sido Pitagóricos muy capaces y como tales, pudieron haber venido de la misma tradición de erudición hebrea de la que vinieron aquellos que configuraron la numerología de *Jehoshua haMeshiach* y su traducción Septuaginta de *Iesous Christos*, como lo examinamos antes.

Pero, ¿qué tiene que ver todo esto con la sabiduría? ¿Con cuánta precisión se relaciona con la palabra *chokmah*, utilizada casi siempre para la sabiduría a través de todo el Antiguo Testamento? Tal parecería que tiene que ver mucho porque la gematria para *chokmah* en el Canon Menor es Ch = 8, K = 11, M = 13, H = 5, que equivale a 37 y en el Canon Mayor es Ch = 8, K =20, M = 40, H = 5, lo que hace un total de 73. Existen muy pocas palabras hebreas importantes que sumen 37 y aún menos que totalicen 73. *Chokmah* es el único término hebreo en el que ambos números primos, tan poco comunes, dan este total. En verdad esto es extraordinario y sin embargo es sumamente adecuado porque por lo general los expertos sostienen que "la teología de la sabiduría es la teología de la creación" y "que la influencia de la sabiduría algunas veces se encuentra en el Capítulo I del Génesis".[3] Lo anterior se confirma por el hecho de que la primera narración de la Creación en Génesis 1, que es la Sacerdotal, probablemente siga una estructura esquemática que en sí se basa en un hexágono, en el cual, cada punto representa uno de los seis días, con el šabbat en el centro. San Agustín lo da a entender, basado en Filón, quien en el famoso pasaje citado con anterioridad dijo que, "Dios creó todas las cosas en seis días porque el número es perfecto y hubiera sido perfecto aún si el trabajo de seis días no existiera".

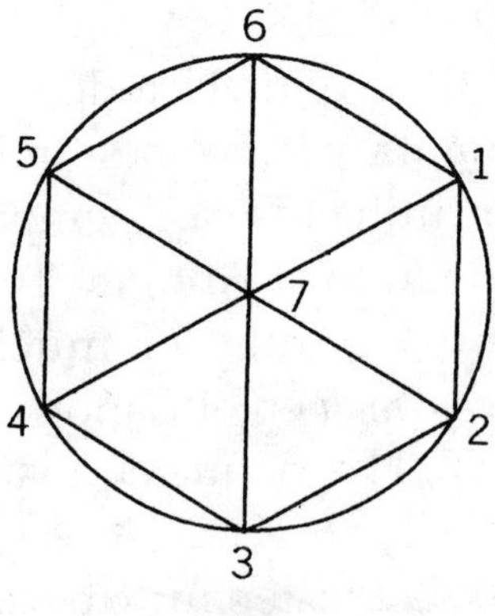

Figura 27. Los Siete Días de la Creación

Es fascinante especular que si agrandamos este hexágono de siete a 37 unidades, bien podríamos descubrir el paradigma básico de la creación en la tradición hebrea de la sabiduría, porque el tercer hexágono tiene 12 unidades alrededor de su perímetro lo que podría simbolizar las 12 tribus y el zodiaco, y la cuarta tiene 18, que representa toda la vida, porque Vida, *Chi* = 18.

Ésta es una propuesta del artista ortodoxo judío, Ya´acov Kaszemacher.

Figura 28. Las Fundaciones por Ya'acov Kaszemacher

Bien pudo haber sido el modelo número-geométrico de la sabiduría como el Creador, el cual fue utilizado por los Sacerdotes Pitagóricos para estructurar la composición literaria y codificar su creencia de que Dios había creado todas las cosas a través de la sabiduría del maestro artífice.

La posibilidad de que realmente haya sido el caso se incrementa de forma considerable por el hecho de que en el griego del Nuevo Testamento, el nombre de Jesucristo, *Iesous Christos,* que ya hemos analizado en relación con los números Fibonacci 3, 5, 8, se puede también descomponer en factores relacionados con 37, el número de la sabiduría. Como ya hemos subrayado, sólo el Canon Mayor se puede utilizar para el nombre completo, que para *Iesous* es: I =10, E = 8, S = 200, O = 70, U = 400, S = 200, que hacen un total de 888. Éste se descompone en 37 x 24. Para *Christos* obtenemos: Ch = 600, R = 100, I = 10, S = 200, T = 300, O = 70, S = 200, lo que da un total de 1480, el cual se descompone en 37 x 40. Así que 37 es el número primo para *Iesous Christos*. Ya que los números primos son números fundamentales en la gematria, podríamos decir que *Iesous Christos* está implicado en el número 37 y comparte los atributos y significados simbólicos de ese número. Como simboliza la sabiduría, podemos decir por lo tanto que en lo referente a la gematria, Jesucristo es la sabiduría y comparte los atributos de la sabiduría.

Sin embargo, esto no nos dice nada nuevo. Es algo que ya habíamos establecido. Así que, ¿puede el testimonio de la gematria añadir algo nuevo a lo que ya sabemos? Creo que sí lo puede hacer, si volvemos una vez más al trabajo de Bligh Bond y Simcox Lea, quienes han escrito ampliamente sobre el tema. Ellos hacen la observación que al unir *Iesous* como 37 x 24 y *Christos* como 37 x 40 dan un total de 37 x 64, que resulta en 2368. Proceden a señalar que el número 37 puede verse de manera figurativa como un cubo y también como hexágono si éstos son imaginados en forma tridimensional. Si se observa como cubo, igual que en la ilustración de Kaszemacher que se muestra en la figura 28, éste se compone de 64 subcubos, de los que sólo 37 son visibles. Así el cubo o tercera potencia de 4 (4 x 4 x 4 = 64), cuando es observado desde un ángulo de 45°, exactamente es lo mismo que un hexágono que ostenta 37 sub-cubos. En esta forma extraña y no del todo lógica, los números 37 y 64 están vinculados. Ya que *Iesous Christos* equivale a 37 x 64, Bond y Lea proponen que el cubo de 4, visto como un hexágono, es la expresión número-geométrica de Jesucristo. Apoyan esto al demostrar que en vista de que la palabra griega para Verdad, *Aletheia*, es 64 en el Canon Mayor, el cubo de 4 puede ser denominado "el cubo de la Verdad", lo cual simboliza a Jesucristo como la Verdad. Es el "Cubo Simbólico del Señor"[4] en el que las 37 unidades que pueden verse, simbolizan al Jesús humano y las 27 que no se ven representan su divinidad.

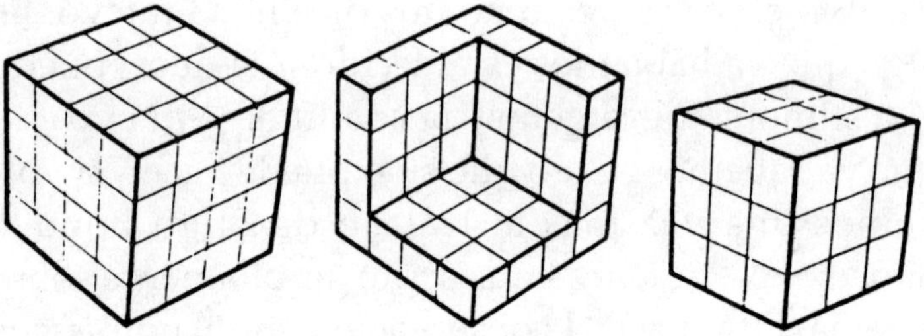

Figura 29. El Cubo, Símbolo del Señor

Quizá todo esto pueda considerarse sumamente arbitrario y podría descartarse ya que tal vez parece una especulación fantasiosa, excepto por el hecho de que, como es evidente en la ilustración, se está proponiendo exactamente la misma figura geométrica que brotó de Génesis 1:1 en las investigaciones de Vernon Jenkins, y que hemos identificado como la expresión numérica-geométrica de *chokmah,* la sabiduría. Como ya hemos corroborado que el hebreo del Capítulo I, versículo 1 del Génesis y el griego de *Iesous Christos* están vinculados a la sabiduría a través del número primo fundamental 37, por extraño que parezca, no es fácil atribuir esta coincidencia a una probable casualidad.

Debe considerarse la posibilidad de que estemos descubriendo un mosaico de interconexiones intencionales, en especial cuando Bon y Lea aseguran que su interpretación no es original, sino que está fundamentada en ciertos escritos de los primeros

Padres de la Iglesia, especialmente en la Homilía Diecisiete de Clemente de Roma, que fue escrita alrededor del año 100 d. C.

En este período poco conocido pero de mucha influencia, Clemente, aspirando a hablar en nombre de San Pedro, sostuvo que cuando se retó al apóstol para que indicara el lugar en el que se encontraba Dios, respondió que era en "*to mè on*", literalmente, "el lugar que no es". Éste se describe como el lugar de encuentro de las Seis Líneas Sin Límites:

> Aquél, dondequiera que Él esté, está como quien dice, en el centro de un espacio sin límites y es la terminal del Todo. Las seis extensiones, como tienen su origen en Él, tienen también la naturaleza de cosas ilimitadas ... Ya que en Él terminan las seis líneas sin límites o infinitas, y de Él toman sus extensiones ilimitadas.[5]

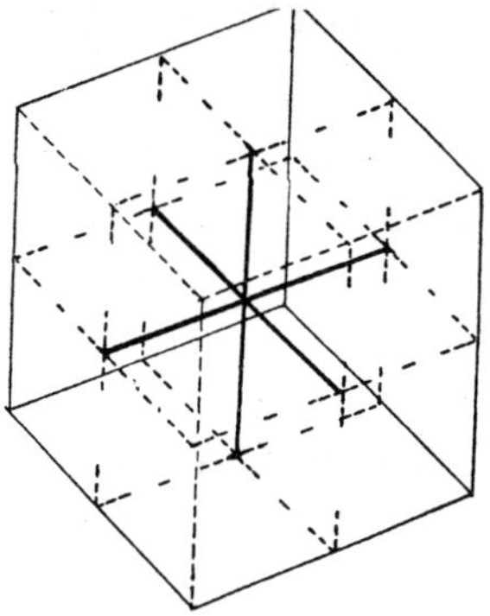

Figura 30. Las Seis Líneas Sin Límites

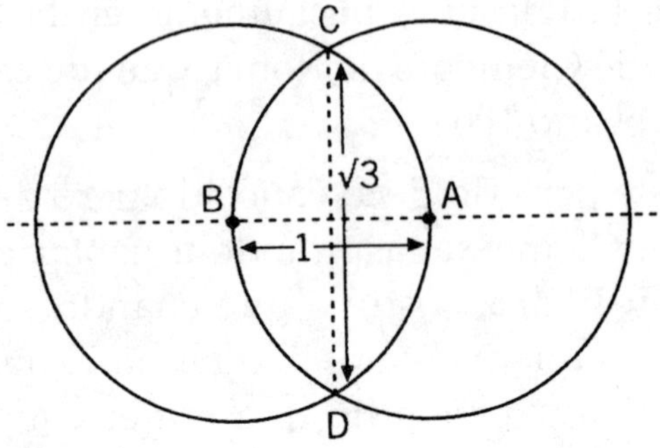

Figura 32. La razón matemática de 37 a 64 (ó √3)

Si Clemente tenía algún argumento, cualquiera que éste fuera, al atribuir tan incomprensible descripción filosófica a San Pedro, el pescador sencillo de Galilea, entonces no podríamos tener una evidencia más clara de que el simbolismo geométrico de Pitágoras yace cerca del corazón de la revelación Cristiana. Pues estas Seis Líneas Sin Límites son los ejes de una estructura cúbica que se expande desde un punto determinado hasta el infinito. En nuestros días se llamarían Coordenadas Cartesianas. Esta naturaleza cúbica de la Verdad y su identificación con Jesucristo, la confirman Bond y Lea por medio de la gematria de KUBOS KURIOU, el Cubo del Señor (692 + 1000), que equivale al OCTO KUBOI, el Cubo de Ocho (1190 + 502).[6]

Por sutiles que parezcan los eslabones en esta cadena de coincidencias, es sin embargo, bastante asombroso que Vernon Jenkins haya encontrado la misma figura geométrica en el hebreo del Génesis

1:1; que Bond y Lea encontraran en el griego de *Iesous Christos,* sin tener ningún conocimiento del trabajo del primer experto. También es muy extraño que Jenkins, y Bond y Lea, no tuvieran la más remota idea de que esta figura estuviera vinculada con la de la sabiduría. Lo que ha surgido con mucha claridad es que el cubo de 4, o el cubo de la Verdad, "El símbolo del cubo del Señor" no es sólo "la imagen de la representación de Dios", sino que también es la imagen de la conformación de la sabiduría y por supuesto la de la Creación que la sabiduría procreó de Dios. Es la sabiduría la que parece haber estado implícita en una presencia sigilosa en todas partes y durante todo el tiempo.

Si Jenkins hubiera visto esto, sin duda alguna hubiera querido señalar, que el equivalente hebreo del cubo de la Verdad, *Aletheia,* 64, bien hubiera podido ser Israel, ya que en el Canon Menor I = 10, S = 21, R = 20, A = 1, L = 12, lo que hace un total de 64. También pudo haber sido Joshua ya que I = 10, H = 5, O = 6, S = 21, U = 6, A = 16 y también suma 64. De esta forma, el cubo de 4 también podría haber simbolizado en hebreo, la Sabiduría de Israel o la Sabiduría de Joshua, el Salvador. Esto se relacionaría con nuestras investigaciones previas dentro de la posición central de la gematria de *Jehoshua haMeshiach.*

Como la geometría de la Divina Proporción que surgió de la gematria de *Iesous Christos* como la relación proporcional: 3 es a 5 lo que 5 es a 8, también existe una geometría que emerge de *Iesous Christos* cuando se toma como 37 x 64. Esto se basa en el hecho de que la razón entre 37 y 64 es 1 a la raíz cuadrada de 3, es decir, $\sqrt{3}$ ya que $37 \times \sqrt{3} = 64.085879$. La figura geométrica que mejor engloba esto es aquella que consta de dos círculos iguales cuyas circunferencias se cruzan entre sí en el centro de cada una de ellas.

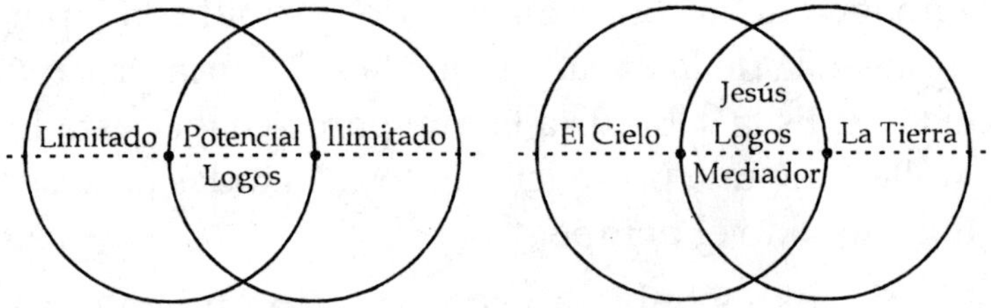

Figura 32. El Logos Potencial y la Vesica Piscis como la Figura Procreadora

A esta figura se le conocía entre los Pitagóricos como el Logos Potencial porque simbolizaba la Díada, o grupo de dos que se convertía en la Tríada, o grupo de tres, la armonía o el Logos. La propiedad de la figura del rombo superpuesto en el centro, cuya relación entre su eje menor AB y su eje mayor CD es 1 a $\sqrt{3}$. En vista de que también se podía expresar geométricamente como 1 a $\sqrt{3}$, los primeros Cristianos se la apropiaron y la llamaron "vesica Piscis", Pez ojival; Jesús se conocía como el Gran Pez de la Era de Piscis y el primer credo era el acróstico

Iesous *Christos, Theou, Uios, Soter,* Jesucristo, Hijo de Dios, Salvador, que se escribía ICHTHUS, Pez en griego.

Aquello que había simbolizado a lo Limitado, lo Ilimitado y la potencialidad del Logos, llegó a representar a Cristo como el Logos, el Mediador entre los cielos y la Tierra, la luz y las tinieblas. Éste es otro ejemplo muy claro de cómo los conceptos geométricos Pitagóricos eran parte integral de la forma de pensar de los primeros cristianos.[7]

Como los números Fibonacci, la *vésica Piscis* tiene connotaciones universales, no en el mundo orgánico del crecimiento, sino en el mundo de las formas geométricas. Ya que, como explica Robert Lawlor, la *vesica* u ojiva, es una "figura procreadora" porque "se puede decir que todos los polígonos regulares se originan de la secuencia ordenada de los agrupamientos de la *vesica*".[8]

En la ilustración más pequeña se puede ver con más facilidad lo que Lawler quiere decir. De la intersección de los tres círculos que forman, entre sí una *vesicae* (ojiva), se puede construir un triángulo equilátero, después un cuadrado y a continuación un pentágono. En la ilustración más grande, esta figura se expande a fin de que sea posible construir también un octágono, un decágono y un dodecágono. Se puede decir que así es como todos los polígonos han surgido del vientre del Pez. De la misma manera, a Jesucristo se le puede considerar

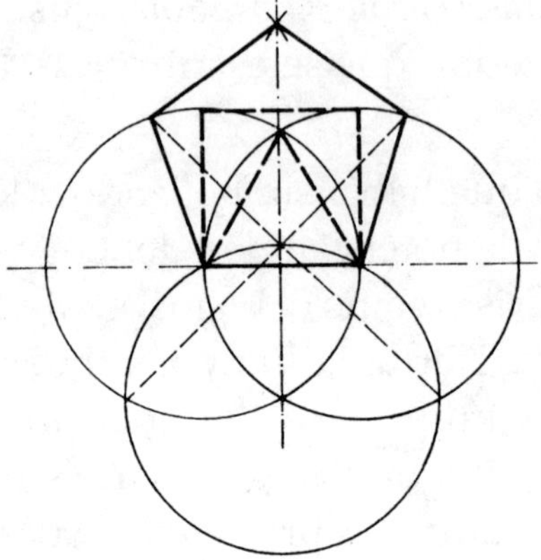

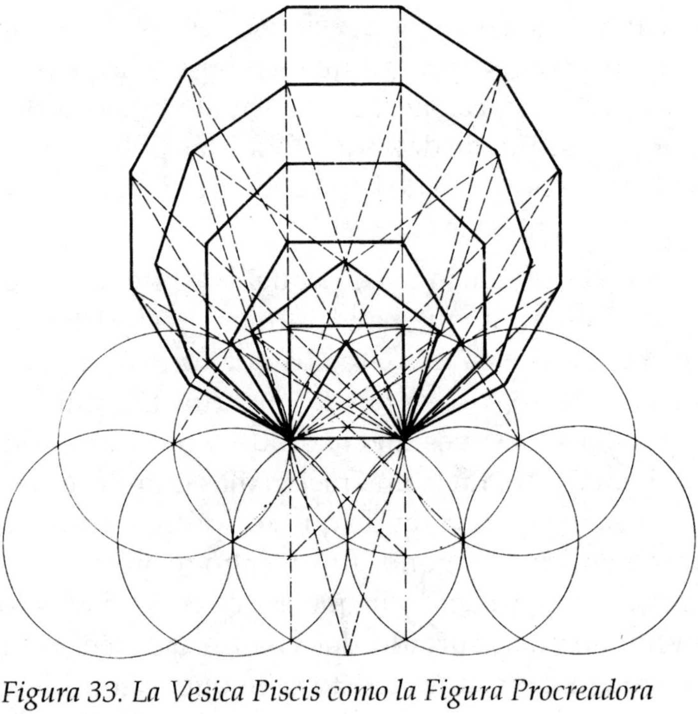

Figura 33. La Vesica Piscis como la Figura Procreadora

como "la figura procreadora" del "mundo" poligonal. Aunque no sea tan importante para el mundo natural como la Proporción Divina o Sección Áurea, la *vesica Piscis* era primordial para la geometría y resultó ser igual de importante en la arquitectura sacra del mundo Occidental.

Si la geometría de los números de Fibonacci nos llevó hasta la arquitectura de la tradición clásica representada en los templos griegos, en Vitrubio y Alberti, de igual forma la geometría *vesica* (ojival) nos conduce hasta la arquitectura Gótica. Como dice Lawler, ha sido "la fuente temática más importante para los templos cósmicos de esta Era en el Occidente, es decir las catedrales Góticas".[9] Ésta es también la opinión de los historiadores de la arquitectura, tales como Claude Bragdon, que vincula la *vesica* con la aureola que circunda las esculturas medievales de Cristo.

> La *vesica Piscis*, que en muchos casos parece haber determinado las dimensiones fundamentales de los planos de una catedral -la longitud interior y el ancho del transepto (cuerpo transversal de una iglesia que separa la capilla mayor de la nave y forma los brazos de la cruz)- se asemeja a una aureola alrededor de la figura de Cristo en las representaciones antiguas, un hecho que ciertamente señala la relación entre los dos.[10]

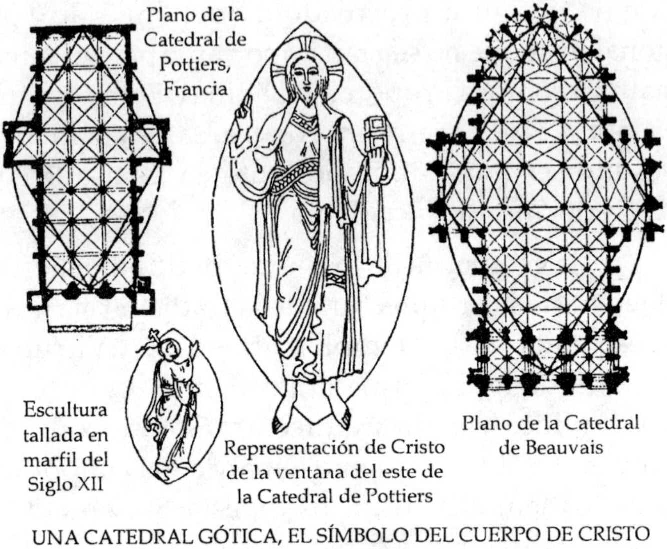

Figura 34. La Vesica Piscis en las Catedrales Góticas

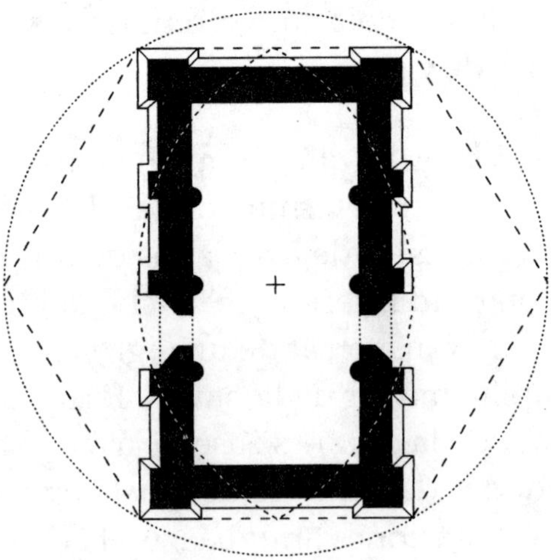

Figura 35. La Vesica Piscis en la Capilla de Nuestra Señora en Glastonbury

Sin embargo, a pesar de que se ha aceptado el supuesto nexo entre los planos góticos y la *vesica* (arco ojival), en ciertos círculos ha sido tanta la falta de interés en esta figura gótica y son tan escasas las fuentes de consulta, que la naturaleza exacta de este vínculo, sólo ha sido examinada por unos cuantos. Entre ellos sobresale Bligh Bond, quien en sus escritos de hace ochenta años aseguraba que él la había encontrado no sólo "en muchas formas aproximadas, en planos de nuestras iglesias y las del continente, sino que se utilizó de manera palpable en detalles góticos de estructuras arquitectónicas, en especial cuando este estilo estuvo en la cúspide de su expresión, o sea en el siglo XII y principios del XIII, en la manifestación del gótico inglés".[11]

Bond dice que ha sido fácil encontrar aproximaciones funcionales al ideal de la *vesica*, como se ilustra por el uso de la razón matemática de 4 a 7, a la que denomina "la regla convencional de la mampostería", pero ha sido difícil encontrar ejemplares del ideal preciso de 1 a 1.732. Él opina que sólo ha descubierto una y que ésta es la Capilla de Nuestra Señora en Glastonbury.

> El autor ha tenido mucha suerte al descubrir un ejemplo casi perfecto de dicho principio en la Capilla de la Abadía de Nuestra Señora en Glastonbury, una estructura cuya historia estaría totalmente a favor de una expresión simbólica perfecta, debido al enorme y

> escrupuloso cuidado que tuvieron sus constructores al diseñarla basados en lineamientos antiguos, como ha quedado registrado.[12]

Continúa dando los detalles de la forma en que llegó a lo que él cree que es una evaluación muy exacta de las medidas internas y externas de la Capilla. Bond hace la observación de que si los constructores hubieran utilizado la regla convencional de la mampostería que equivale a la razón matemática de 7:4 para trazar los planos, hubiera sido o un poco más larga o más ancha de lo que en realidad es. En el interior midió exactamente 37 pies de ancho o envergadura. Según la regla convencional, la longitud hubiera sido, por lo tanto de 37 x 7 ÷ 4, es decir 64 pies con 9 pulgadas. Pero en realidad es más corta y resulta ser casi la razón matemática perfecta de v3, que equivale a 64 pies.

Es realmente extraño haber llegado a una personificación arquitectónica de Jesucristo como la razón matemática de la *vesica* que es tan precisa como cualquier otra que se haya visto con anterioridad en relación con las razones o relaciones de 3, 5 y 8 ó 6, 10 y 16 de Vitrubio. Es igualmente extraño que de todas las razones o relaciones de la *vesica* atribuidas al estilo gótico, la única que se ha encontrado que sea exacta y no sólo una aproximación, parece ser la Capilla de Nuestra Señora en Glastonbury. Lo que es aún más representativo es que esta exactitud está englobada no sólo en una *vesica* perfecta, sino en los números reales asociados con Jesucristo, es decir 37 y 64, expresados en pies ingleses. ¿Es acaso sólo una coincidencia que la única *vesica* gótica perfecta haya sido descubierta en Glastonbury? ¿Estaba Bligh Bond ,como arquitecto de la Abadía en aquella época, predispuesto al descubrimiento de lo que deseaba encontrar? Confieso que no estoy en condiciones de juzgar, y lo único que puedo decir es que los historiadores de la arquitectura que han prestado atención a este asunto desde entonces, tales como Keith Critchlow, John Michell y Robert Lawlor, todos han aceptado la exactitud de los cálculos de Bligh Bond.

Si esto es así, debemos por lo tanto suponer, que existió una tradición esotérica de la arquitectura sacra que no sólo sabía que Jesucristo, como el Gran Pez de la Era de Piscis, estaba asociado con la razón matemática de $\sqrt{3}$ de la *vesica*, sino también que la numerología de su nombre podía expresarse de manera singular como 37 en relación con 64. También podemos suponer que si fue algo más que una coincidencia que esta razón matemática tan original de 37 a 64, estuviera contenida en Glastonbury a principios de la Edad Media, pudo haber sido porque Glastonbury era un antiguo lugar sagrado, al cual, en el amanecer de la Era Cristiana, se le había asociado con misterios esotéricos sin ser el menor de ellos la leyenda recurrente de que el mismo Jesús había estado en Glastonbury durante su vida oculta y de hecho había fundado la iglesia de ahí. Por un camino largo e indirecto hemos regresado al corazón del sitio geográfico y a la reflexión que con mucho detenimiento se hizo en la Parte I de este estudio. La rueda ha dado una vuelta completa. Hemos presentado una tesis bien fundamentada respecto a la posibilidad de que Jesús haya sido Pitagórico y maestro artífice o constructor. En el Capítulo 11, "El Gran Artífice en Séforis", señalamos la posibilidad de que su título profesional fuera *tekton,* que podría significar el complemento de su papel divino como el Constructor Celestial. Esto se argumentó con suficiente credibilidad para poder comprobar lo que se afirmó en el Capítulo 4, que decía que cuando San Agustín le dijo al Papa Gregorio que se consideraba que la antigua Iglesia de Glastonbury había sido construida por "Dios mismo", o en otra versión, "como obra de las mismas manos de Cristo", pudo haberse estado refiriendo a una tradición que se fundamentaba en hechos históricos reales. Además, el título de "el Artífice celestial" *Coelorum Fabricator,* que él utilizó para Jesucristo en ese contexto, es tan semejante al complemento divino de *tekton,* como para justificar la suposición de que todo lo que se afirmaba con relación a la reconstrucción de la ciudad de Séforis, puede ahora reiterarse con respecto a la construcción de la antigua Iglesia de Glastonbury.

Así hemos llegado a un punto en el que podemos sostener, con toda legitimidad, que la *Domus*

Dei, la Casa de Dios, la cual según el Libro de Domesday, se conocía como "el Secreto del Señor" en el gran monasterio de Glastonbury, era nada menos que una Iglesia que Jesús construyó. Era un secreto, de igual manera que lo fue el verdadero significado de *tekton*, oculto detrás del término velado de "carpintero". Ambos secretos eran ejemplos del sigilo asociado con los Pitagóricos.

Esta interpretación parece haber sido confirmada por la enigmática referencia que hizo William de Malmesbury, respecto a "un secreto sagrado" que estaba codificado en las figuras decorativas del piso de la antigua Iglesia. Nos dice que alrededor del altar "podemos observar triángulos y cuadrados sellados con plomo, debajo de los cuales, si pretendo que se encuentren algunos secretos sagrados, no creo estar haciendo ningún daño a la religión". Por más que nos parezca utópica la coincidencia de este secreto *sacro*, se debería reconocer que el hecho de que se haga mención de diseños triangulares y cuadrados sugiere enfáticamente un origen Pitagórico, que a la luz de todo lo que se ha atestiguado con anterioridad, bien pudiera haber sido el del mismo Jesús, el Pitagórico.

15

De Glastonbury a Stonehenge

En la parte II se sometió a consideración la posibilidad de que Jesús no sólo hubiera tenido conexiones con los Pitagóricos, sino que él mismo hubiera sido uno de ellos a través de los Esenios. Ahora que esta parte del estudio ha regresado a Glastonbury, la identidad de Jesús como probable Pitagórico ha reforzado considerablemente el hecho de que él haya sido quien construyera la *Vetusta Ecclesia,* la antigua Iglesia. Sin embargo, el énfasis del argumento se ha desplazado de la tradición Pitagórica como tal, a la tradición de la sabiduría, dentro de la cual el Pitagorismo tuvo un lugar muy significativo. Es la misma Sabiduría, *chokmah* y la interpretación Pitagórica del número 37, lo que nos ha llevado al Norte y de regreso a Glastonbury. Procedamos pues a la búsqueda por esta ruta de investigación y veamos a dónde nos guía la sabiduría, especialmente en lo relacionado con la arquitectura gótica y la *vesica Piscis* (arco ojival).

Si volvemos a examinar el plano de una catedral gótica, podemos ver que los dos triángulos equiláteros que van de una base a otra y forman juntos un rombo, tienen la misma razón matemática de los ejes de la *vesica* (ojiva) que los circunda, esto es 1 al $\sqrt{3}$. Para efectos arquitectónicos, el rombo por ser angular, es una figura más fácil de trabajarse que la *vesica*, y es por eso, por finalidades prácticas, que la llegó a representar. Fue esta figura rombal la que sirvió de fundamento al principio de construcción llamado *ad triangulam*, que junto con el principio *ad quadratum*, son la esencia y base de la arquitectura eclesiástica medieval.

Así pues, encontramos que el símbolo del Nuevo Testamento de "la imagen de la representación de Dios" y "el cubo, símbolo del Señor" vuelven a surgir a su máxima escala en la Edad Media como *vesica Piscis* representando a Jesucristo como ICHITHUS, el Gran Pez de la Era de Piscis. Pero, ¿cuál es exactamente el vínculo que existe entre el cubo comohexágono y la *vesica Piscis?* Si volvemos a examinar la ilustración de Bligh Bond de la Capilla de Nuestra Señora en Glastonbury, podemos ver que el trazo o diseño gráfico está incluido y contenido dentro de un círculo que encierra un hexágono.

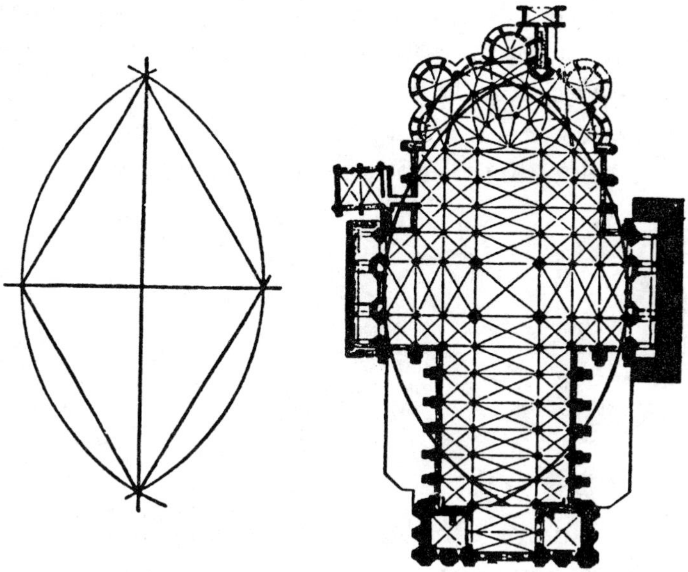

Figura 36. La Vesica Piscis y el Plano de la Catedral de Chartres

Hemos visto cómo la razón matemática de los ejes de la *vesica* es de 1 a √3. Ahora podemos ver que el rectángulo formado alrededor de la *vesica*, tiene lados de 1 y √3, y es igual a uno que se traza o construye sobre los lados y a lo largo de los ejes del hexágono. Esta razón 1 a √3 es la propiedad geométrica de cualquier hexágono. Por lo mismo, es fácil percibir cómo el cubo-como-hexágono del Nuevo Testamento pudo haberse modificado y cambiado por rectángulos de √3 dentro del estilo del Período Gótico, puesto que simplemente es la expresión arquitectónica de la misma figura geométrica. Aunque falta la evidencia documentada para la continuidad de esta tradición esotérica, la confirmación de las medidas de los planos góticos reales, demuestran todo lo que descubrieron Vernon Jenkins, Bligh Bond y Simcox Lea.

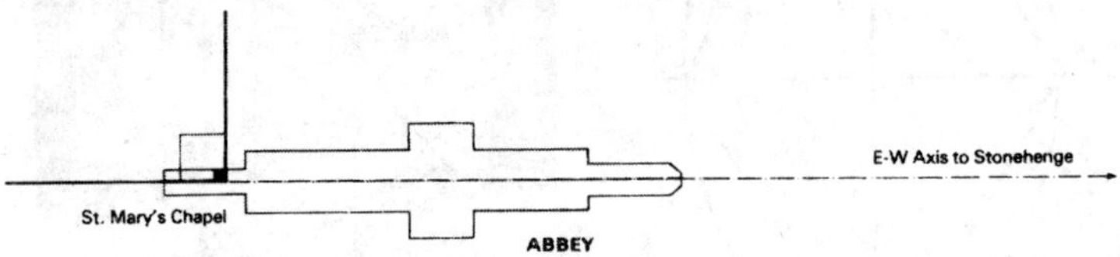

Figura 37. Eje Este-Oeste de la Abadía de Glastonbury

En su libro *The View over Atlantis*, John Michell ofrece una prueba adicional de la importancia arquitectónica del cubo-como-hexágono, la figura *vesica* rombal, que proviene de una fuente aún más inesperada. Michell se basa en la observación que hizo respecto al eje principal de la Abadía de Glastonbury que va de Oeste a Este y es parte de una alineación de varios puntos sobresalientes y líneas normativas. Él se percató de que si este eje se prolongara hacia el Este, llegaría hasta Stonehenge.[1] Keneth Knight , Donald Cyr y Nigel Pennick, desde entonces han presentado más evidencias que confirman esta orientación.[2]

Un eje que uniera a la Abadía de Glastonbury con Stonehenge, no sería por sí mismo suficiente para justificar una comparación entre las dos construcciones a 3,000 años de distancia una de la otra, y sin embargo, aunque parezca extraño, Michell comprueba que la construcción de Stonehenge sigue el mismo principio geométrico que el estilo gótico, es decir la *vesica*. Si seguimos su análisis y elaboramos el plano que él sugirió para Stonehenge III (c. 2200-1600 a. C.), esto se esclarecerá.[3]

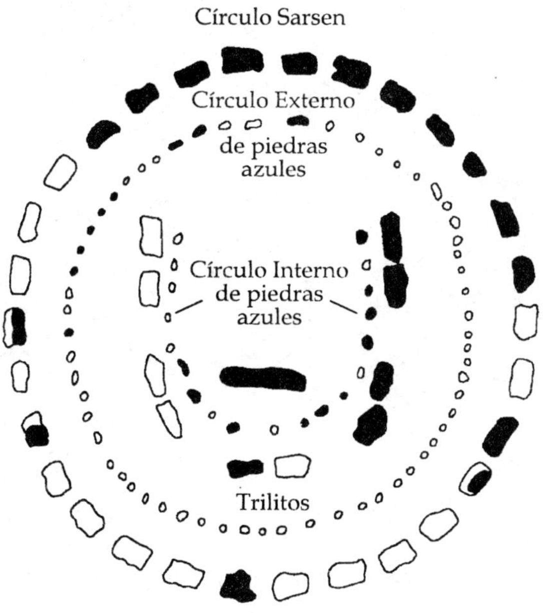

Figura 38. Plano de Stonehenge

En primer lugar, hay que trazar una *vesica* (ojiva) normal y después un tercer círculo concéntrico, con su eje central en el centro de la *vesica O*, el cual corta el eje horizontal *AOB* en *E* y *F*. Dibujar dentro el rectángulo √3 *HIJK*. Éste representa la

Capilla de Nuestra Señora en Glastonbury. Enseguida, se traza un círculo con *O* como centro y *OB* como radio, el cual tocará la *vesica* de modo tangencial en *A* y *B*.

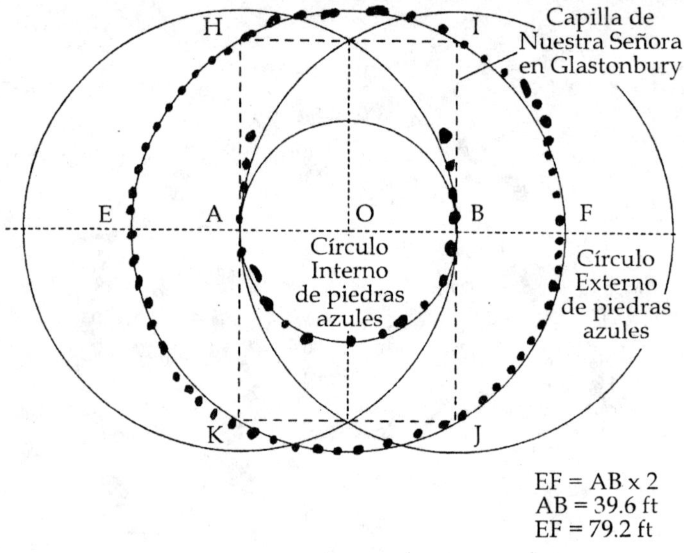

Figura 39. Ensamblaje de los diseños gráficos de La Capilla de Nuestra Señora en Glastonbury y del Monumento Megalítico en Stonehenge.

La característica del círculo trazado dentro del rectángulo √3, es que su diámetro es la mitad del diámetro del círculo cuyo trazo sobrepasa los lados del mismo rectángulo. Por lo tanto AB = ½ EF. El círculo más pequeño de Stonehenge en forma de U o de herradura, es el Círculo Interior de piedras areniscas azules. Se ha descubierto que éste mide exactamente la mitad del Círculo Exterior de piedras de arenisca azulada. Esta sencilla figura demuestra el hecho tan extraordinario que prueba que la misma construcción geométrica yace en el corazón, tanto de Stonehenge como de la Capilla de Nuestra Señora en Glastonbury, y ciertamente pertenece en general al estilo gótico.

Michell procede a demostrar que hay un vínculo aún más estrecho entre estos sitios sagrados, en apariencia independientes e inconexos. Ya hemos señalado lo que Bligh Bond descubrió en cuanto a que la Capilla de Santa María no sólo englobaba la razón matemática $\sqrt{3}$ de la *vesica*, sino que las medidas eran precisamente 37 y 64, los números exactos del nombre de Jesucristo; pero que éstas eran medidas del *interior*, como nos dijo Bond. También mencionó que las proporciones del *exterior* eran 40 x 69.5 pies. No obstante, Michell ha descubierto que el ancho *exterior* varía ligeramente y que la media de su progresión matemática puede considerarse como de 39.6 pies. Es imposible saber si está alterando un poco los números sin investigarlo de forma independiente, pero lo que sostiene es que esta medida es la misma del diámetro del Círculo Interior de piedras areniscas azules de Stonehenge. Sin embargo, aunque nos parezca un tanto dudosa una coincidencia tan extraordinaria, reprimamos por un momento nuestros juicios y examinemos su geometría con mayor detenimiento.

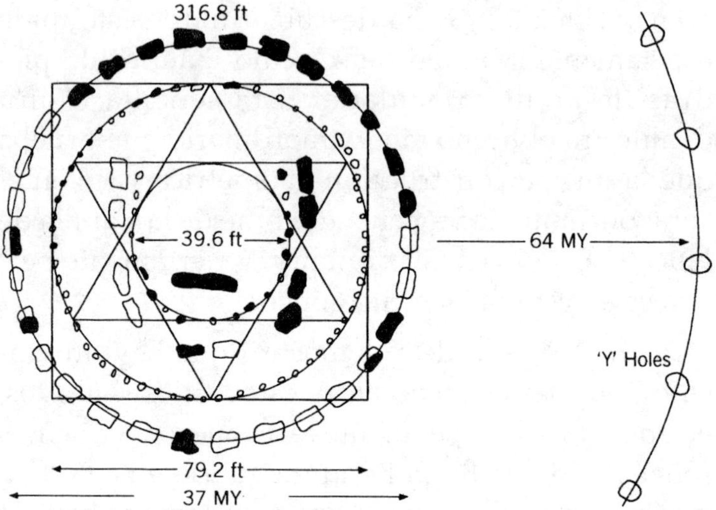

Figura 40. Las Cuadraturas de los Círculos en Stonehenge

Si aceptamos las medidas de Michell para el diámetro del Círculo Interior de piedras areniscas azules como de 39.6 pies, entonces el diámetro del Círculo Externo, como ya lo demostramos, será de 2 x 39.6 = 79.2 pies. Si queremos encerrar este círculo en un cuadrado, el perímetro de ese cuadrado será de 4 x 79.2 = 316.8 pies; para convertirlo a Yardas Megalíticas (YM), tenemos que dividir entre 2.72 dando como resultado 116.47058; y para transferir éstas a Varas Megalíticas tenemos que dividir entre 2.5, lo que nos da 46.588235. Esto es asombroso porque el Profesor Thom, cuya investigación de Stonehenge ha sido ampliamente reconocida, dio una circunferencia interna del Círculo de Sarsen de

45 Varas Megalíticas y la externa de 48 Varas Megalíticas. Así, 46.588235 es sólo la fracción más pequeña (0.088 Varas Megalíticas o 7 pulgadas) de la semicircunferencia de 46.5. En otras palabras, nuestro especulativo cuadrado que circunda el Círculo Externo de piedras areniscas azules, es la elevación al cuadrado, de manera casi exacta, del Círculo de Sarsen.

Sin embargo, de ninguna manera es ésta la última de las maravillas, nosotros debemos continuar con una mezcla de asombro y de escepticismo. Ahora, si deseamos calcular la media aritmética del diámetro del Círculo de Sarsen, dividiremos 46.588235 entre π, lo que equivale a 14.823539 Varas Megalíticas. Al convertir éstas a Yardas Megalíticas, obtendremos 37.058822. Si después fijamos la media aritmética de la circunferencia o sea su semicircunferencia en exactamente 46.5 Varas Megalíticas, el diámetro en Yardas Megalíticas será de 36.988632, que implícitamente es 37. De cualquier manera, podemos decir que la media aritmética del diámetro del Círculo de Sarsen es de 37 Yardas Megalíticas. Éste es el número que habíamos descubierto como la gematria para *chokmah*, la sabiduría, la raíz primaria para el nombre de *Iesous Christos*, y el hebreo de Génesis 1:1. Es el número secreto, que nunca se utilizó de forma abierta en la Biblia, y que ha perturbado nuestros estudios. Aquí está de nuevo, igual de misterioso, pero tan claro como trascendental, incrustado en la característica medible más imponente y exacta de Stonehenge, construido alrededor del año 2000 a. C.

Michell continúa sorprendiéndonos al señalar que si se construyera una *vesica* (arco ojival) sobre el diámetro del Círculo de Sarsen que es 37, entonces el eje más largo de 64 Yardas Megalíticas, si se traza como un círculo desde el punto *O*, atravesaría el círculo de los hoyos "Y", que son vestigios enigmáticos de los primeros Círculos de piedra arenisca erigidos y después desmontados entre los años 1900 y 1700 a. C.[4]

Esto parece algo vago, pero Michell cree que este cálculo es factible porque coincide con ciertas palabras griegas del Nuevo Testamento. Una vez que 64 Yardas Megalíticas se convierten a pies (64 x 2.72 = 174.59) y si 174.59 se redondea a 174.6 o 1,746, obtenemos un número muy importante sobre el cual escribió en su libro *City of Revelation*.[5] A este número se le conoce como el número de fusión, porque es la suma de 666, el número masculino para Fuego, que se deriva del cuadrado mágico del Sol y de 1,080, el número femenino para Agua y que se asocia con la Luna. Así, 666 + 1,080 = 1,746. El número 666 se reconocerá como el número de la bestia en el Apocalipsis y 1,080 es la gematria de *hagion pneuma,* el Espíritu Santo, la persona femenina de la Trinidad. El número 1,746 por sí mismo es *kokkos sinapeos,* un grano de mostaza, que para Jesús, simbolizaba el Reino de los Cielos (Lucas 13:14).

No importa cuán difícil sea tomar en serio estos números mágicos, pero existe uno que presenta Michell, el cual no es tan fácil de descartar. Corresponde a la circunferencia del Círculo de Sarsen que él ha tomado como 316.8 pies y que de ser considerado como 3168 equivale a la gematria de Señor Jesucristo, ya que *Kurios,* Señor = 800, *Iesous* = 888 y *Christos* = 1,480, dan en total 3,168.[6] Ésta es una coincidencia extraordinaria y nos recuerda de inmediato el teatro de la ciudad de Séforis, cuyo diámetro, considerado como 250 pies romanos, tenía una circunferencia de 800, es decir, *Kurius,* Señor; y si toma como 74 metros, tenía una circunferencia de 263.8, es decir, *Iesous Christos.*

Tal vez esta comparación con el teatro Séforis sólo sirva para debilitar aún más la credibilidad. Sin embargo, antes de que domine el escepticismo, recordemos uno o dos números específicos que tal vez sean más convincentes y que estaban relacionados con el estudio que hicimos de Joshua, el Ungido o el Mesías, que en hebreo es *Yehoshua haMeshiach.* Entonces se enfatizó mucho el hecho de que la gematria en el Canon Menor llegaba hasta 121 ó 11^2. Se ha venido mencionando que, porque *Yehoshua* es 64 y *chokmah* es 37, los dos números juntos podrían interpretarse como la sabiduría de Joshua, el Salvador, pero a lo que no se le ha dado ninguna importancia es a *Yehoshua haMeshiach,* Joshua, Ungido o Mesías, que estrictamente hablando sería el equivalente de Jesucristo, cuyo número es 116. Éste es un múltiplo de cuatro, porque 4 x 29 = 116.

Lo extraño es que 116 está muy cercano a 116.47058, lo cual, de acuerdo a John Michell, es la media matemática de la circunferencia o semicircunferencia del Círculo de Sarsen en Yardas Megalíticas. Además, 29 se acerca de manera insólita a 29.117647, que es el número que él da para el diámetro del Círculo Exterior de piedras areniscas azules. De hecho son tan allegados, que si los que construyeron los monolitos utilizaron Yardas Megalíticas y prefirieron usar números enteros en lugar de las fracciones irracionales, lo que parecería una suposición razonable, entonces casi se podría sospechar que 116 Yardas Megalíticas y 29 Yardas Megalíticas eran las medidas exactas que estaban utilizando. Una circunferencia de exactamente 116 daría un diámetro de 36.9, que se aproximaría todavía más a 37, lo cual podría sostener el simbolismo.

Si hiciéramos este pequeño ajuste de 116.47058 a 16, ¿cuál sería la diferencia? Es evidente que desde el punto de vista de la geometría, no habría ninguna disimilitud, pero en función del simbolismo significaría perder el equivalente a Señor Jesucristo, porque el 316.79997 que Michell aproximó a 316.8, se convertiría en 315.52, al cual como 3,155, le faltarían 13. Sin embargo, obtendríamos *Yehoshua Meshiach,* Joshua, Mesías, que como hemos visto, tiene el mismo significado que Jesucristo en hebreo.

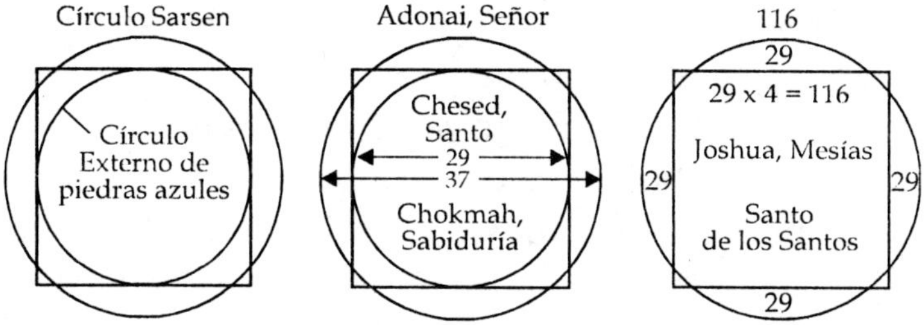

Figura 41. Simbolismo Numérico de Sarsen y del Círculo Exterior de piedras areniscas azules

Al cambiar del griego al hebreo, también obtendríamos cierta confirmación de que la cuadratura del círculo de 116 era en realidad algo muy sagrado, porque es también la gematria de *Kadosh haKadoshim*, el Santo de los Santos, el santuario más sagrado del Templo de Salomón. Podemos decir, por lo tanto, que podría llamarse el Santo de los Santos de Joshua, el Mesías. De la misma manera cobraríamos seguridad en cuanto a la importancia del número 37, porque es también la gematria de *Chesed*, que significa Santo, el atributo principal de la divinidad. ¿Qué podría ser más adecuado que el diámetro de la cuadratura del círculo del Santo de los Santos de Joshua, el Mesías, que es el sagrario de la sabiduría, la cual es Santa: la Sabiduría Santa, y con respecto al número 29, el diámetro del Círculo de las piedras areniscas azules? ¿Se asocia también ese número con una divinidad? Curiosamente, hay también un nombre divino hebraico, es *Adonai*. Éste, como se comentó en el capítulo "El Gran Artífice en Séforis", era el nombre de Dios que podía pronunciarse, del impronunciable Dios, YHWH, por lo general traducido como *Jehová* o *Yahvéh*, nombre que los 72 rabinos, autores de la Septuaginta utilizaron para traducir *Kurios*, que significa Señor. Así, al perder del griego *Kurios Iesous Christos*, Señor Jesucristo, se obtuvo el equivalente completo del hebreo ¡*Adonai Yehoshua Meshiach*, Señor Joshua, el Mesías!

Es extraño, casi misterioso, que al cambiar del Canon Mayor griego al Canon Menor hebreo, una copia idéntica de los nombres divinos pudiera concordar con el axioma Pitagórico que dice que "los Dioses son Números". Sopesándolo, parecería que el hebreo se ajusta más que el griego. Para empezar, está compuesto en su totalidad de números enteros, mientras que John Michell utiliza fracciones o números irracionales y puntos decimales. De esta manera 116 es Joshua, el Mesías, *y* como 4 x 29, es el Santo de los Santos; 37 es Santo, así como sabiduría y 29 es *Adonai*, Señor.

El griego, en contraste, parece bastante maniobrado. Si se toma 316.8 como 3168, puede ser un número convincente para Señor Jesucristo, pero 174.59, redondeado a 174.6 para que se vuelva el número de fusión, puede estar un tanto forzado, en especial considerando que 64 x 2.72 equivale a 174.8 y no a 174.59. Mi opinión es que lo mejor es utilizar números enteros siempre que sea posible.

Sin embargo, después de expresar lo anterior, debemos admitir que todavía hay otra dimensión en lo referente a los números de John Michell, ya que al escoger 39.6 pies para la Capilla de Nuestra Señora y para el Círculo Interior de las piedras areniscas, y 79.2 pies para el Círculo Exterior, él está haciendo también una conexión cósmica. Ambas medidas se relacionan con un modelo de la Tierra, ya que 39.6 pies, como 3,960 millas, es la media del radio de la Tierra y 79.2, tomado como 7,920 millas, es la media aritmética de su diámetro.

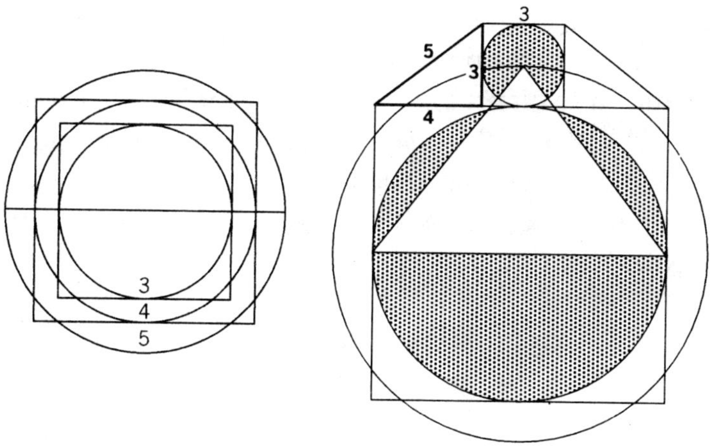

Figura 42. La razón matemática de la Luna : Tierra : Sol y el perfil geométrico de la Gran Pirámide

Si dividimos ahora 7,920 entre 720 obtendremos exactamente 11, lo cual nos regresa de forma misteriosa al preciso cuadrado de 11 ó 11^2, que era el fundamento geométrico de *Yehoshua haMeshiach*, y que nos llevó a la razón matemática 3:4:5 entre la Luna, la Tierra y el Sol, así como el paradigma de la razón matemática de la Tierra : Luna y el perfil geométrico de la Gran Pirámide.

Tal parece que el modelo de John Michell en cuanto a la cuadratura del círculo, puede, después de todo, aplicarse a Stonehenge, y que las discrepancias mínimas que existen entre 116 y 116.47058 y entre 29 y 29.117647, no son suficientes por sí mismas como para debilitar su caso respecto a las conexiones cósmicas que se implicaron entonces, como sucede en otros ejemplos que ya hemos examinado. Si éste en realidad es el caso, entonces todo lo que ya se planteó en el plano cosmológico respecto a *Yehoshua haMeshiach*, Joshua el Ungido, puede considerarse aplicable a los santos nombres hebreos que parecen estar codificados en las medidas principales de Stonehenge.

16

Los Círculos de Piedra Pitagóricos

Además de la posibilidad de que el vínculo entre la Capilla de Nuestra Señora en Glastonbury y el Círculo Interior de las piedras areniscas azules en forma de herradura de Stonehenge pueda ser insubstancial, existen otras tres interrogantes serias que surgen del último capítulo. En primer lugar: ¿Es exacta la geometría y puede considerarse Pitagórica, o más bien proto-Pitagórica? En segundo: ¿Hay una muy remota posibilidad de que hayan existido vínculos entre los constructores de Stonehenge y los últimos Pitagóricos griegos? En tercer lugar: ¿Se tiene además, conocimiento de alguna conexión con el mundo semítico de los hebreos? Ya que todas son grandes incógnitas, se contestarán una a la vez en los próximos tres capítulos, empezando con la geometría.

La primera objeción al método geométrico que se empleó, es que éste es cronológicamente anacrónico, porque el Círculo Sarsen antedata a los Círculos Externo e Interno de las piedras areniscas azules.

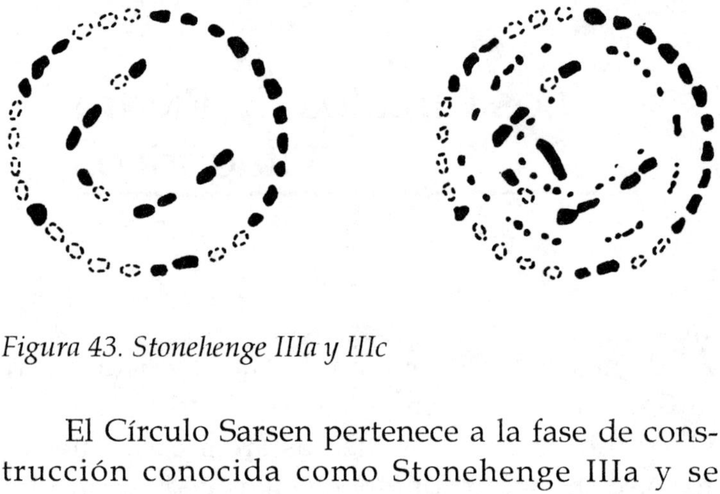

Figura 43. Stonehenge IIIa y IIIc

El Círculo Sarsen pertenece a la fase de construcción conocida como Stonehenge IIIa y se remonta hasta cerca del año 2000 a. C., mientras que los Círculos Exterior e Interior pertenecen a la fase IIIc y datan de 1650 a 1250 a. C., así que pudieron haber transcurrido más de 500 años entre los dos, lo que es un tiempo muy prolongado para poder considerar la cuadratura del círculo. No obstante, el uso de la geometría *pudo* haberse dado en forma retrospectiva, y ya que cuando hablamos de Stonehenge, nos referimos a un programa de construcción que duró más de 1,500 años en total, lo cual podría decir que eran lentos para todo. Además, la coherencia del plan general sugiere la continuidad de una tradición y por lo tanto cierta forma de relación entre las diversas fases. Aunque esto parezca un tanto aventurado, las medidas reales del Círculo de Sarsen y del Círculo Externo, se ajustan con exactitud al patrón de la cuadratura del círculo y el resto continúa de ahí, de tal manera que el argumento de la geometría aún persiste.

La siguiente pregunta es: ¿Se ajusta esta geometría a una interpretación Pitagórica? Pues bien, es evidente por lo que se ha dicho antes acerca de la cuadratura del círculo y de su simbolismo, que es probable que sea así, pero existen otros aspectos del plan que refuerzan esta conjetura y que hasta ahora no se habían mencionado. El primero es el triángulo Pitagórico que el profesor Thom identificó en la construcción de los Trilitos del Círculo de Sarsen. Él descubrió que en éstos, las piedras de mayor tamaño estaban perfectamente ordenadas entre dos elipses, una de 30 x 20 y la otra de 27 x 17 Yardas Megalíticas (YM). La que está al interior se basa en un triángulo Pitagórico casi perfecto, cuyo cuadrado de la hipotenusa es 729 y la suma de los otros dos cuadrados es 730.[1]

La comprobación de que en realidad estamos hablando de una tradición ininterrumpida de geometría proto-Pitagórica, proviene de la fase más temprana de construcción, conocida como Stonehenge I, que data de entre el año 3000 al 2000

a. C. Se han identificado triángulos Pitagóricos de 5:12:13 en lo que se conoce como el sitio del rectángulo de piedra.

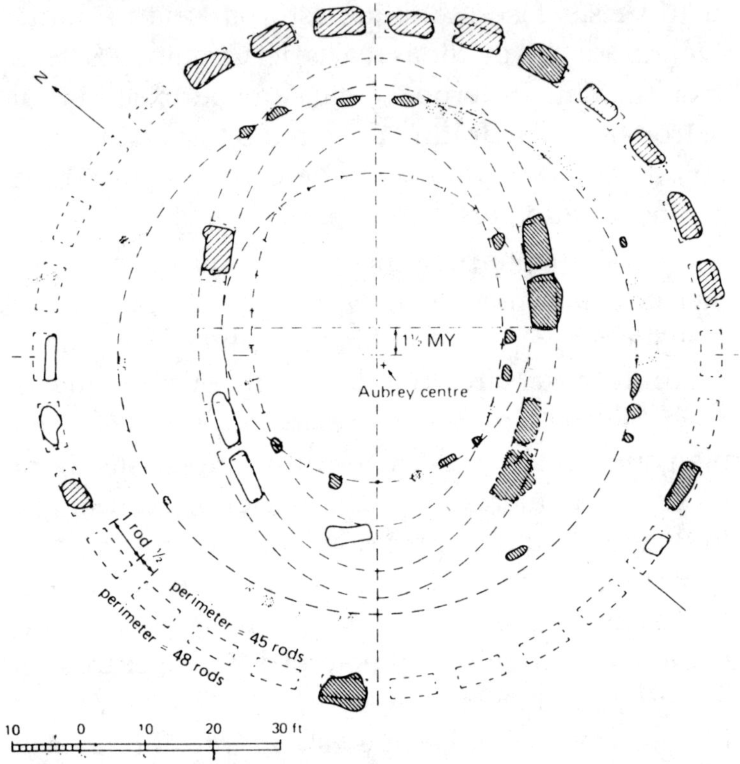

Figura 44. Plano de Stonehenge por Alexander Thom

Thom menciona la circunferencia del Círculo de los Agujeros de Aubrey como de "casi exactamente 131 Varas Megalíticas".[2] Ya que los cuatro rectángulos están en el Círculo de Aubrey, la diagonal formada por el rectángulo sería de 104 YM. Por regla general se ha aceptado que los lados de menor dimensión de este rectángulo son de 40 YM y los de mayor dimensión son de 96 YM. Como 40^2 (1,600) + 96^2 (9,216) = 104^2 (10,816), este rectángulo está formado de dos triángulos Pitagóricos perfectos de 5:12:13.[3] Si esto es así, sería difícil dudar que lo que más tarde se denominó geometría Pitagórica, fuera conocida y se empleara desde la fase más temprana en Stonehenge, continuando en uso a través de su largo y lento proceso de desarrollo.

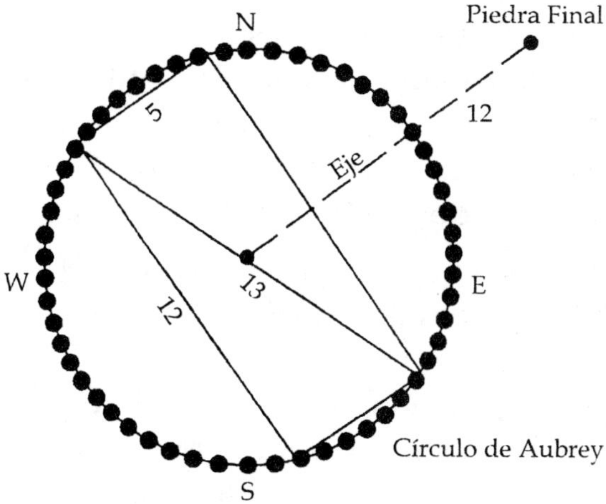

Figura 45. Triángulo Pitagórico formado de una diagonal del Rectángulo del Sitio de Piedra

La prueba evidente que indica que no sólo Stonehenge, sino también los Círculos Megalíticos Británicos en general, fueron expresiones de una geometría proto-Pitagórica, proviene de un minucioso examen al trabajo de Alexander Thom.

A lo largo de todo su extenso estudio relacionado con la geometría de los círculos de piedras, el profesor Thom nunca parece haber contemplado seriamente la probabilidad de que uno de los principales objetivos de quienes los construyeran, pudiera haber sido la manifestación de un sistema de geometría simbólica o sagrada. Él pensó que fueron mentes científicas entrenadas, en especial astrónomos, quienes construyeron esos círculos para trazar el curso del año solar y lunar, y predecir las mareas lunares, los eclipses y los periodos de máxima luz. Pero aunque Thom identificó triángulos Pitagóricos en lo que él llamaba círculos ovoideos y elípticos, nunca sospechó que en realidad hubieran sido construidos por proto-Pitagóricos.

Si él se lo hubiera imaginado, contaría con un modelo interpretativo no menos científico y que también fuera simbólico, ya que, como hemos visto, los Pitagóricos tenían una teoría del conocimiento que incluía el simbolismo y lo sagrado. Esto le hubiera facilitado a Thom encontrar una razón más satisfactoria que proporcionar la medición de lo que él creía era una obsesión por tratar de lograr promedios de números enteros para el π de círculos ovoideos y aplanados. Si por ser Pitagóricos, quienes construyeron los círculos de piedra creían que "todas las cosas eran números", y que "los dioses eran números", entonces cada número que utilizaron como números enteros, hubieran tenido un significado simbólico importante. Ciertamente esto también le hubiera ayudado a Thom y a todos los demás, a darse cuenta que la razón de los Pitagóricos para construir la gran variedad de círculos era que la geometría, como el número en el espacio, estaba en el corazón de su simbolismo místico y expresaba todos los diferentes principios, o *archai* del cosmos en términos que podían medirse.

Como hemos visto a lo largo de este estudio, el conocimiento para los Pitagóricos nunca fue laico o profano, y hablar de "mentes científicas entrenadas"[4] en el sentido moderno, es totalmente inapropiado. Para ellos, toda la creación era la manifestación de la personalidad de los dioses y de las diosas, "como es arriba, es abajo". Christopher Chippindale se acerca a ello cuando dice: "Deberíamos pensar en lugar de una *cosmología* prehistórica, en una preocupación más amplia por los cuerpos celestes, su significado, sus poderes mágicos, su influencia en nuestro mundo inferior, y de ninguna manera en el modelo de una ciencia analítica occidental".[5]

Como ya se ha mencionado, la teoría del conocimiento de los Pitagóricos se centraba en su cuádruple entendimiento del número. El número como tal era la aritmética; el número en el espacio era la geometría; el número en el tiempo, la armonía musical; y el número en el tiempo-espacio, la astronomía-astrología. La unión de estos conceptos formó un sistema de conocimiento en el que las correspondencias eran contempladas entre las diversas disciplinas, la humanidad y el cosmos. El cosmos superior era el universo macrocósmico y el cosmos inferior, el individuo microcósmico. Entre estos dos estaba el *mesocosmos*, el mundo intermedio. Éste era el espacio sagrado, *temenos*, el templo, el sitio especial en donde las energías macrocósmicas se podían concentrar y mediar entre las mujeres y los hombres microcósmicos, armonizándolos con lo divino.

De acuerdo con esta cosmología, los círculos de piedra eran centros donde se podían experimentar estas energías divinas. Eran los prototipos de los círculos mágicos tradicionales, en donde cada número y cada forma geométrica correspondía a un principio divino que estaba activo en el macrocosmos, y accesible en estos recintos, siempre y cuando englobara con exactitud los números y las formas geométricas correctas. Estos principios se consideraban la base de la música, la música de las esferas celestes y la humana como su contrapartida terrenal. De esta forma, las alineaciones astronómicas que Thom y algunos otros han planteado, junto con la precisión de los diseños geométricos, no sólo se utilizaron para propósitos como las cosechas de temporada, la pesca y la navegación; también debieron considerarse como alineaciones para la transferencia de las energías de los dioses y las diosas, quienes eran con frecuencia identificados con los cuerpos celestes. Por eso era de suma importancia mantenerse a tono con ellos para poder predecir lo que el destino les tenía deparado.

Si aplicamos todo esto a lo que hemos podido descubrir en Stonehenge, sería posible decir que los principios divinos que este lugar pudo contener, y cuyas energías pudo haber transmitido, eran aquellos que se asociaban con Joshua, el Mesías, de cuyo culto el Círculo Sarsen era el Santo de los Santos, con el diámetro de la Sagrada Sabiduría como consorte, así que el atributo divino pleno podría decirse que era: "La Sagrada Sabiduría de Joshua, el Mesías". De la misma manera, el Círculo Exterior de piedras areniscas azules pudo haber estado asociado con las energías divinas de *Adonai*, el Señor. Pero esto no ha sido comprobado aún, así que regresaremos a este asunto más adelante porque en teoría así es como el sistema debió haber funcionado.

Lo anterior no nos debería parecer extraño si lo comparamos con la consagración de las iglesias en honor de los Santos, miembros de la Sagrada Familia de los Cristianos, de María o aun del Salvador mismo. De igual manera, tampoco debería sorprendernos el sistema simbólico de los números porque simplemente es una forma más temprana de lo que ya hemos demostrado que se expresaba en los templos griegos, en los teatros de Vitrubio, en las iglesias de Alberti y en las catedrales góticas. La única maravilla por descubrir es que la cosmología numérica era la misma que funcionaba en la Gran Bretaña megalítica desde por lo menos el año 3000 a. C.

La innovación de Alexander Thom fue asumir de forma osada y sin precedentes, que nuestros ancestros prehistóricos eran tan inteligentes como lo somos nosotros. Él aplicó las ciencias de la ingeniería y de la astronomía a un campo que, con muy pocas excepciones, era hasta entonces del dominio total de los arqueólogos, quienes nunca cuestionaron la presuposición de que los constructores de los megalitos fueran seres primitivos y salvajes. Thom probó que estaban equivocados pero no fue su intención demostrar que había descubierto una civilización proto-Pitagórica. Su hijo el Dr. Archie Thom, ya fallecido, dice en la biografía de su padre, *Walking in all of the Squares*, que a Alexander nunca "le pasó por la mente"[6] pensar en estos términos. Es por lo tanto mucho más asombroso el hecho de que haya descubierto cómo el número y la geometría, y por supuesto la astronomía, encajan en una interpretación Pitagórica. Esto nos convence aún más, dado que él encontró todo aquello que no estaba buscando y que no reconoció, así como lo que a otros les ha costado identificar, utilizando los resultados de su investigación objetiva sin verdadero interés y sin alteraciones ni justificaciones.

Mi punto de vista, el cual se basa en el trabajo de Thom es que, sólo porque los constructores de los círculos de piedra eran los que conocían en grados muy avanzados su astronomía y su geometría, no significa que la razón primordial para transportar todas esas enormes piedras tuviera que ser necesariamente científica en el sentido moderno; no más de lo que lo fue para los que construyeron la

Gran Pirámide, los templos griegos, o la Abadía de Glastonbury. En otras palabras, creo que la mejor manera de comprender nuestra herencia megalítica, es verla como el ejemplo más temprano en Europa y uno de los primeros en el mundo de la tradición arquitectónica sagrada, que en el Occidente se asocia con los nombres de Pitágoras y Platón.

Se podrían dar otros muchos ejemplos del uso simbólico del número y de la geometría en círculos de piedras, pero el más obvio y pertinente para nuestros objetivos, viene de las únicas instancias en las que Thom *sí* consideró la construcción geométrica como él creía que debía ser. Éstos son los círculos ovoideos, los cuales, como ya se mencionó, él pensó que fueron construidos alrededor de triángulos Pitagóricos. Sometámoslos a una interpretación Pitagórica.

Thom demostró que había tres clases de círculos ovoideos: aquellos construidos alrededor de dos triángulos, cuyos lados de menor medida estaban contiguos, como los del Templo Druida cerca de la ciudad de Inverness en Escocia; aquellos triángulos cuya altura estaba adyacente una de la otra, como el de Allan Walter en la Frontera Escocesa, y aquellos, cuyas hipotenusas eran contiguas, como el de Borrowston Rig cerca de Lauder.[7] ¿Qué era lo que simbolizaban?

En el simbolismo antiguo, el huevo representaba universalmente el origen del que venía toda la vida, el germen y la potencialidad de la creación y el vientre de toda la existencia. Un ejemplo moderno de esto es el huevo de Pascua.

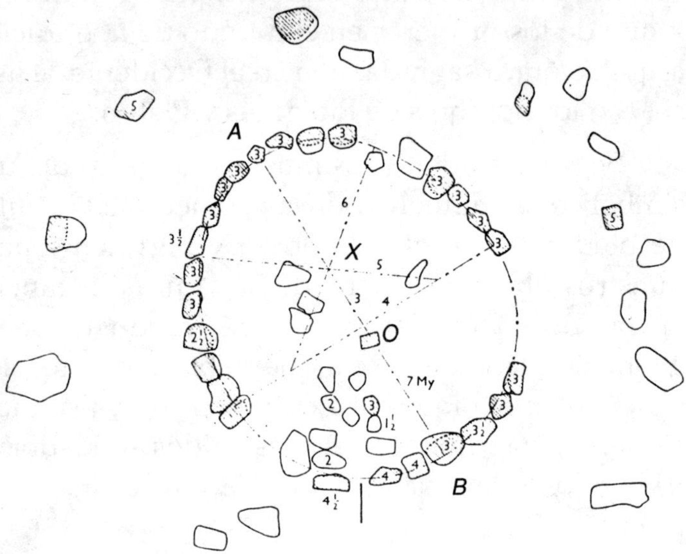

Figura 46. Templo Druida

Según J.C. Cooper en su obra *An Illustrated Encyclopaedia of Traditional Symbolism*, los triángulos Pitagóricos por sí mismos, simbolizaban el cuerpo, la mente y el espíritu en armonía con el cosmos.[8] Esta interpretación se expresa a la perfección con los números y las razones matemáticas en las construcciones a las que se refiere Thom. En el Templo Druida, el eje mayor AB está formado de AX = 6 YM, XO = 3 YM, OB = 7 YM, así que la longitud total es de 16 YM. Si la dividimos en la X, obtenemos dos partes AX = 6 y XB = 10. Por lo tanto, se puede decir que las razones o proporciones son 6 a 10 a 16. Éstas se reconocen de inmediato como los tres números que Vitrubio nos indicó eran considerados como los más perfectos entre los antiguos.

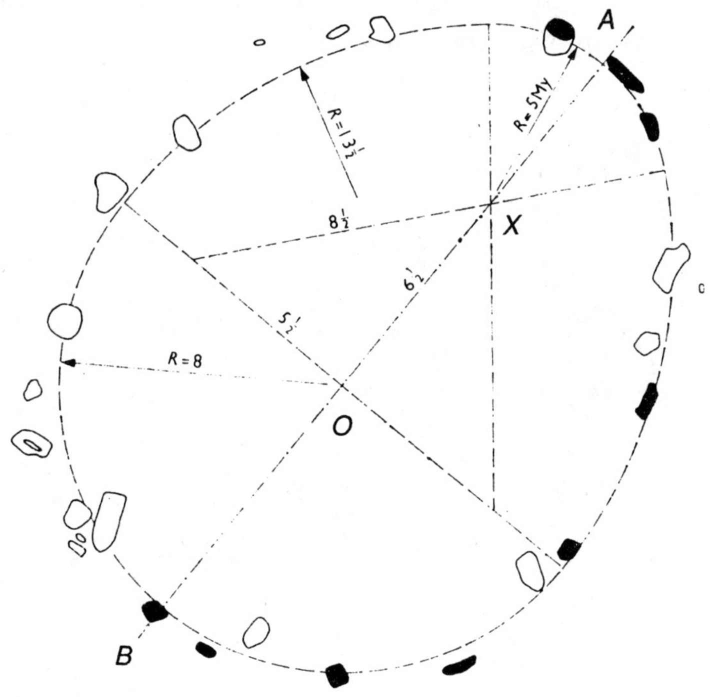

Figura 47. Allan Water

Si ahora dividimos entre 2, obtendremos 3, 5 y 8, que de inmediato se reconocen como los números de Fibonacci que están implícitos en la gematria de *Iesous Christos.* Se recordará que *Iesous* era 888, lo que equivale a 3 x 296; *Christos* era 1480 que equivale a 5 x 296; y *Iesous Christos* era 2368, que es igual a 8 x 296. ¿Significaría esto que de algún modo extraordinario estamos de regreso en el mundo trazado con anterioridad por Christopher Butler, Simone Weil, Vernon Jenkins, Bligh Bond, Simcox Lea y John Michell? Un escrutinio de los otros círculos nos indicaría que sí lo estamos.

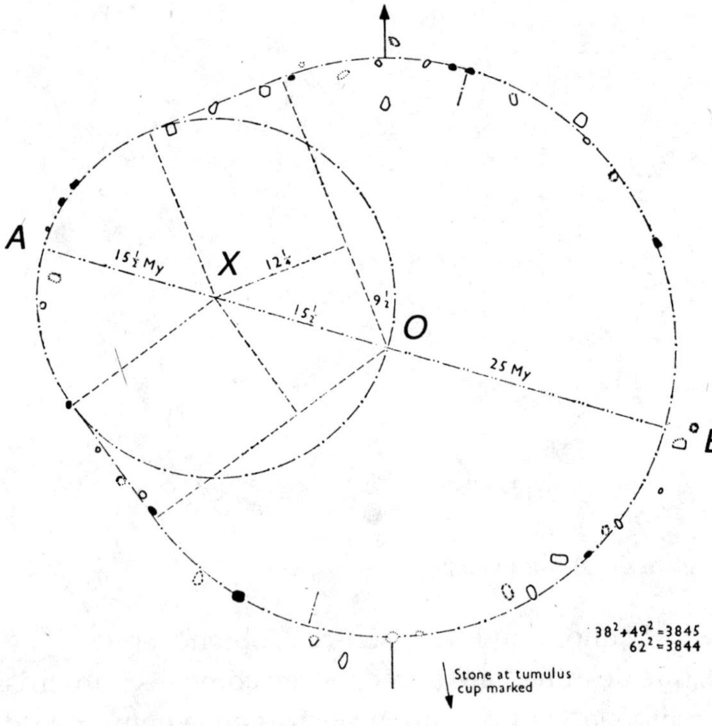

Figura 48. Borrowston Rig

Volviendo a Allan Water, los tres radios utilizados para señalar el círculo, fueron proporcionados por Thom como 5 YM, 8YM y 13.5 YM. Es extraño que no haya notado que 5, 8 y 13 también son números de la serie de Fibonacci y que "nunca identificara el símbolo Psi en la geometría megalítica".[9] Lo mismo sucedió en sus planos de Borrowston Rig, en los que el radio AX = 15.5 YM y el radio OB = 25 YM. Al dividirse entre 5, aparecen los números de Fibonacci 5 y 8, aunque sea de forma aproximada. El hecho de que la proporción no es precisamente 3:5 sino 3.1 a 5, sugiere cierta duda acerca de una interpretación Fibonacci. Sin embargo, es notorio que la razón matemática 3.1 a 5 da una aproximación más exacta a la Divina Proporción o Sección Áurea, de lo que 3 a 5 lo hace, puesto que 3.1 a 5 es 1.6129, mientras que 3 a 5 es 1.6666, que no se aproxima tanto a 1.618. Así, 3.1 a 5 da la Proporción Divina a 2 puntos decimales, mientras que 3 a 5 sólo la da a 1 punto.

¿Acaso éstos son aleatorios? ¿Es sólo por simple casualidad que cada ejemplo de círculo ovoide, proporcionado por Thom, no sólo esté construido alrededor de los triángulos Pitagóricos, sino que también encierre los números de Fibonacci con una precisión sorprendente? Para aquellos que cuestionan la existencia de la Yarda Megalítica la respuesta debe ser, sí. Sin embargo, creo que estas medidas son demasiado precisas y encajan en forma exacta con una interpretación simbólica como para que quede demasiada duda acerca de la intención de los constructores.

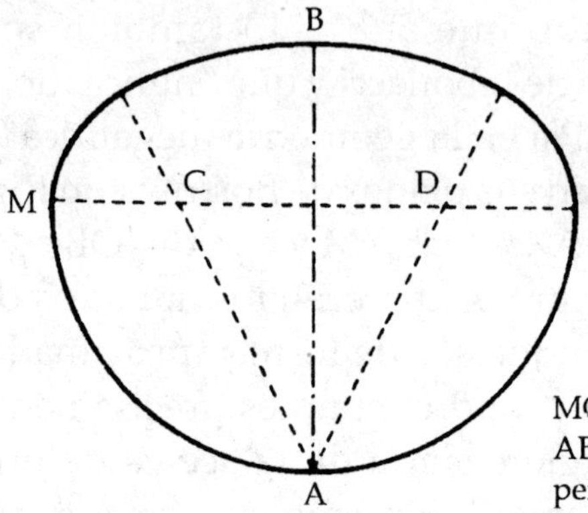

MC/MN = 1/4
AB/MN = 0.8091
perímetro/MN = 2.8746

Figura 49. Círculo Aplanado Tipo B Modificado

Esto se puede confirmar si examinamos el círculo en Whitcastles cerca de Lockerbie, Escocia. El aspecto poco imponente de este círculo, ahora casi totalmente velado por un denso sembradío de abetos, no disminuye la belleza y la importancia del teorema Pitagórico que representa. Porque si la investigación de Thom es correcta, entonces este Círculo Aplanado Tipo B Modificado, como lo llamó de manera prosaica, y que parece ser único en su clase, personaliza, de manera singular, el paradigma Pitagórico de los tres mundos.[10] Está formado por tres círculos iguales cuyas circunferencias atraviesan entre sí sus propios centros y es semejante a la construcción presentada en el último capítulo para mostrar la conexión entre la Capilla de Nuestra

Señora de Glastonbury y los Círculos de piedras areniscas azules de Stonehenge, excepto que aquí los tres círculos están a igual distancia. Es además, semejante a la *vesica piscis* (arco ojival) y se le puede llamar la doble *vesica*. Como *la vesica* representa al Logos en relación con lo Limitado y lo Ilimitado, en este caso el Logos, el tercer término, no es una posibilidad, sino que se ha realizado plenamente y por lo tanto, representa la Tríada, a la que también se le llamaba *Harmonia,* Armonía. Para los Pitagóricos, a estos tres términos se les conocía como el Limitado, el Ilimitado y el Logos, mientras que para Platón eran el Mismo, el Otro y la Esencia.

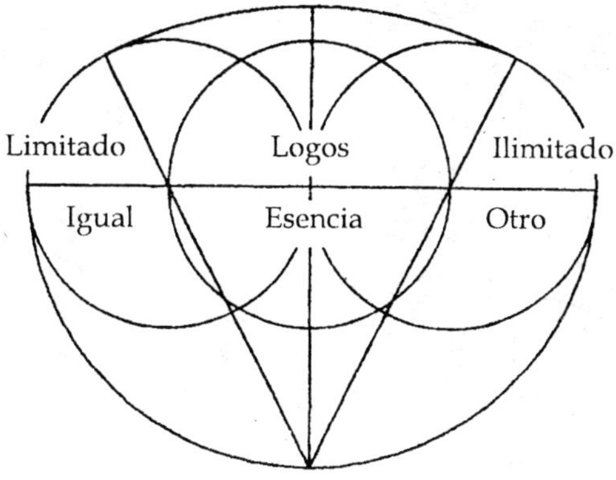

Figura 50. Simbolismo de la Esencia del Logos (principio activo del mundo, el Verbo, Hijo de Dios)

Whitcastles es uno de los muchos círculos para los que Thom no proporcionó la verdadera construcción geométrica. Le tocó a mi colega Colin Forsyth deducir de los cálculos de Thom, que si AB/MN = 0.8091 cuando MN = 1, entonces cuando MN = 2, AB = 2 x 0.8091 = 1.6182, que equivale a la Divina Proporción o Sección Áurea ¡en tres lugares de los decimales! Él fue también quien llegó a la conclusión de que ésta se podía construir alrededor de tres círculos iguales, basándose en el cálculo de Thom que era MC/MN = ¼. La exactitud espectacular de esto se confirma en el plano del lugar, en donde Thom da BO como 34 YM. Esto significa que OA = 21 YM y BA = 55 YM.[11] Pero 21, 34 y 55 también son números de Fibonacci.

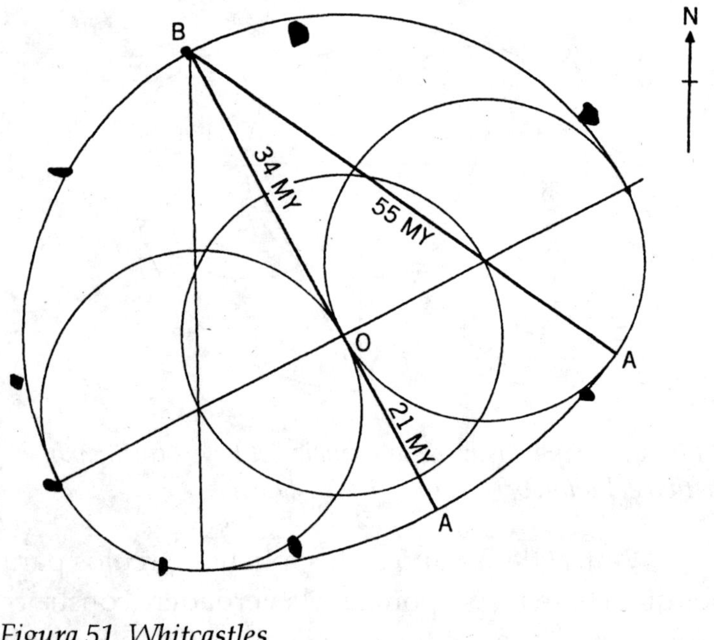

Figura 51. Whitcastles

Así, Whitcastles, como el Templo Druida, Allan Water y Borrowston Rig, representan la Divina Proporción. Su simbolismo no podía ser más claro, consistente y trascendental. Es difícil no llegar a la conclusión de que también fue planeado de forma consciente.

Cambiando del Círculo Aplanado Tipo B Modificado de Thom, a lo que él llamó simplemente Círculo Aplanado Tipo B, surge una figura igualmente impresionante pero más conocida, porque tanto Keith Critchlow en su obra *Time Stands Still* como John Michell en *Old Stones of Land's End*, señalan que ésta fue construida alrededor de una *vesica piscis.*[12] Una vez más Thom no muestra cómo se construyó geométricamente, pero proporciona la pista necesaria al decirnos que *MC/MN* = $^1/_3$. De esto se puede deducir que *C* y *D* son los centros de dos círculos iguales cuyas circunferencias atraviesan entre sí sus propios centros. Además, Thom da la razón matemática de los ejes *MN/AB* como 1 a 0.8604. Si *MN* se toma como 2, entonces *AB* = 1.72, que se aproxima lo suficiente a 1.732 ó $\sqrt{3}$.[13] El análisis de Critchlow de Long Meg en Cumbria (Condado del noroeste de Inglaterra), es un ejemplo de esto.[14]

Así pues, una vez más nos encontramos de regreso en el mundo conocido del paradigma Pitagórico del Logos Potencial, la *vesica piscis*, la razón $\sqrt{3}$ en el 37 x 64 de I*esous Christos* y el plano o diseño gráfico gótico. La única diferencia es que hemos descubierto que está englobado en el Tipo B

Aplanado de los círculos de la Gran Bretaña megalítica.

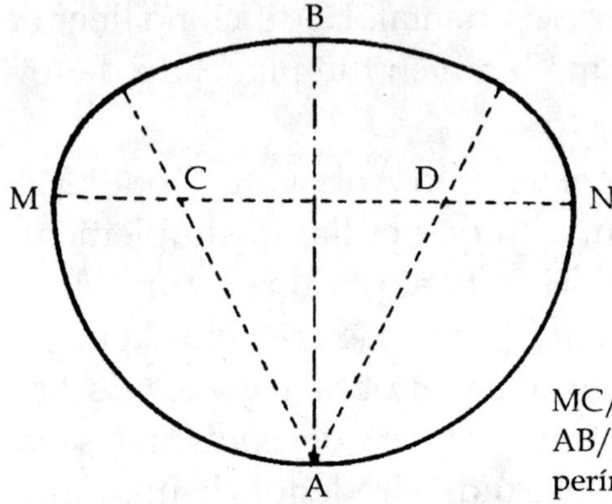

MC/MN = 1/3
AB/MN = 0.8604
perímetro/MN = 2.9572

Figura 52. Círculo Aplanado, Tipo B

¿Acaso facilitará este hecho el que nosotros podamos creer que tal vez exista una posibilidad de que hubo una conexión entre la *vesica* especulativa dentro del Círculo Interno de piedras areniscas azules en forma de U o de herradura, que fue construido en Stonehenge, y la *vesica* que Bligh Bond identificó en la Capilla de Nuestra Señora en Glastonbury? ¿Tiene algún significado el hecho de que la *vesica* (ojiva), con su razón matemática de √3, sólo se sabe que haya sido utilizada en la planeación de dos tradiciones arquitectónicas en el mundo, el megalítico y el gótico, y que éstas, aunque separadas por más de 3,000 años, se levantaron en el mismo suelo del noroeste de Europa?

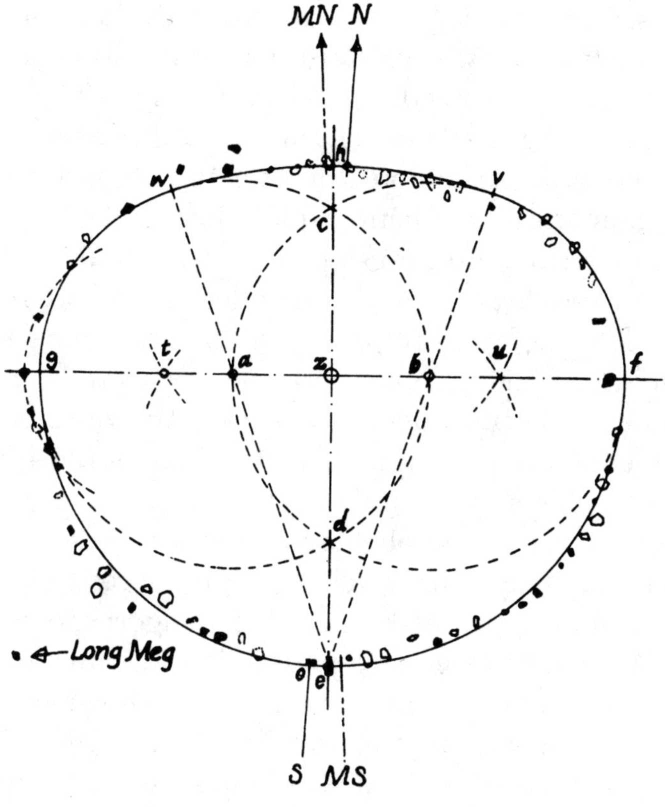

Figura 53. Long Meg

Después de esta expedición por el amplio campo de la investigación del Profesor Thom, podemos deducir que no sólo se trata de la geometría de los círculos de piedra Pitagóricos, sino que es un argumento tan fuerte que se podría suponer que de verdad hubo alguna conexión histórica real entre aquellos que los construyeron y los que en Grecia, se reunían alrededor del mismo Pitágoras, 2,000 años más tarde. Si seguimos la lógica de la prueba geométrica *per se* (por si misma), entonces es muy legítimo que se pueda contemplar esta posibilidad. Sin embargo, si esto fuera así, implicaría que Pitágoras dio su nombre a un sistema de conocimientos numérico y geométrico que había heredado y no descubierto. Pero esto es precisamente lo que Clemente de Alejandría dio a entender cuando nos dijo que la filosofía "floreció en la antigüedad entre los bárbaros, quienes esparcieron su luz sobre las naciones y después llegó a Grecia". Anteriormente comentamos que lo que Clemente llamaba filosofía, pudo haber sido la tradición de la filosofía de la sabiduría, de la que el Pitagorismo fue parte muy importante. Si éste fuera el caso, entonces todo lo que hemos descubierto acerca del Pitagorismo de la Gran Bretaña megalítica podría dar fundamento al hecho de que tanto Clemente como Diógenes de Laertes mencionaran a "los Druidas entre los Galos... y a los filósofos de los Celtas", entre los que tenían esta filosofía de la sabiduría antes de que llegara a Grecia. También ayudaría para explicar la afirmación que hizo Clemente, basada en el escrito de Alejandro Polyhistor, *On the Pythagorean Symbols*, que decía que Pitágoras era un seguidor de los habitantes de Galacia, que pudo haber sido interpretado como "un estudiante de los galos o druidas".

Por supuesto que no era ningún secreto que Pitágoras había aprendido su filosofía de la sabiduría de otros y que él no la inventó. Como se mencionó con anterioridad, sus últimos biógrafos dicen que pasó muchos años viajando a todos los centros de sabiduría del mundo antiguo que se conocían entonces, en especial a Babilonia y Egipto. En efecto, ya que Alejandro Polyhistor dice también que "Pitágoras era alumno de Nazarato, el Asirio", y que era "oyente de los Brahmanes" así como de los Galatae o habitantes de Galacia, podemos suponer con toda razón, que él había aprendido de los hombres sabios de *todos* los países, quienes habían sido ilustrados en la filosofía aún antes que los griegos, como mencionan Clemente y Diógenes de Laertes.

Como se trató en el Capítulo 7, a Pitágoras se le consideró como el que trajo a Grecia la sabiduría de los países bárbaros y entre los que se creía había heredado esta sabiduría, se mencionan, por supuesto, a los filósofos Druidas y Celtas. De esto se deduce que los Druidas eran Pitagóricos y que ellos mismos fueron los herederos del proto-Pitagorismo que hemos identificado en los círculos megalíticos. Ninguna de estas propuestas es tan insubstancial como parece. De hecho, ambas se han vuelto más sólidas de lo que se demostró previamente en el Capítulo 6, "La Opción Pitagórica".

Si suponemos, por lo tanto, que aceptamos el Pitagorismo druida y la continuidad de la cultura druida-megalítica, como se ha probado de forma razonable, podemos proceder a preguntar si existe alguna evidencia real que compruebe un vínculo histórico o legendario entre los Pitagóricos griegos y la antigua Gran Bretaña. Por extraño que parezca, sí lo hay y se centra en la supuesta identidad del mismo Pitágoras.

17

El Apolo de los Hyperboreans

Aunque en nuestros días existe mucha ignorancia respecto a la identidad real de Pitágoras, en el mundo antiguo era normal aceptar que él fuera, como dijo Claudio Aelian, "de un origen superior a los mortales" y que fuera en efecto, no menos que la encarnación de un dios. De la misma manera, parece haber un consenso general en cuanto a cual dios personificaba, ya que Claudio Aelian también señala: "Aristóteles dice que Pitágoras era aclamado por la gente de Crotona como Apolo el Hyperborean"; y Diógenes de Laertes afirma que "en la opinión de sus discípulos él era Apolo, el que vino de los Hyperboreans". Iamblichus también sostuvo que "una de las interrogantes era: ¿Quién eres tú,

Pitágoras? porque dicen que eres Apolo el Hyperborean". Al comentar sobre estas citas, J.A. Philip en su obra *Pythagoras and Early Pythagoreanism* lo explica:

> Se dice que Pitágoras es Apolo porque Apolo es el dios de la Purificación, y es probable que también lo digan porque él es el legislador. Además, es llamado Apolo el Hyperborean porque el Apolo de Delfos viene de una región lejana del Norte, en donde se le rinde un culto perfecto.[1]

Este consenso clásico relacionado con el origen divino de la identidad de Pitágoras provoca preguntas como éstas: ¿Quiénes eran los Hyperboreans y de dónde vinieron? Los estudiosos de los clásicos han dado una gran variedad de respuestas. Stuart Piggott, de forma un tanto predecible y siguiendo la opinión de Heródoto, cree que los Hyperboreans eran meramente míticos en el sentido de que en realidad no existieron, y que su ubicación estaba en la Tierra del Nunca-Nunca, comparable a las llanuras de Elíseo, o al reino de la fantasía de Homero, el Radamanto. Piggott tiene bases para creer esto, ya que numerosos autores describen a Hyperborea en términos idealistas y místicos, como Pindar, quien dice que nunca fue abandonado por la Musa, que por todas partes se veían doncellas bailando, se oía el sonido de arpas y flautas, sus habitantes no conocían ni la enfermedad ni la vejez, y que en lugar de trabajar o de pelear, pasaban su tiempo en celebraciones. Plinio de igual manera afirma:

> ... su país es una región que está siempre iluminada por el Sol; de temperatura encantadora y agradable, libre de todo viento nocivo y aires dañinos. Sus habitantes, ya sea que estén en los bosques o en los huertos, en donde veneran a los dioses, tanto solos como en compañía o en congregaciones: no conocen la discordia, ni están familiarizados con la enfermedad.

De acuerdo con tales descripciones irreales y fantásticas, Piggott puede referirse a los Hyperboreans como "los más distinguidos de todos los que reclaman el título de Salvajes Nobles de la antigüedad" y puede descartar a todos esos eruditos, antiguos y modernos, que han estado influenciados por la ilusión de su realidad histórica, ya que han sido víctimas del temido "Primitivismo Suave", el cual, como lo hemos visto antes, consideraba que había sido un verdadero flagelo entre los Alejandrinos en su exaltación por los Druidas.[2]

Sin embargo, para Aristeas, el viajero griego y sacerdote de Apolo, en el siglo VII a. C., Hyperborea era un lugar mundano. Él había escuchado de esta tierra legendaria, cuya gente llevaba una vida pacífica, feliz, virtuosa y vegetariana, venerando a

Apolo, así que decidió salir en su búsqueda. Su jornada lo llevó al noroeste de Sythia, en donde le dijeron que no debía continuar y que Hyperborea estaba hacia el Norte más allá de las montañas que producían oro. De acuerdo con Ward Rutherfor en su libro *Celtic Mythology*, estas montañas debieron ser la cordillera Altái, la cual, desde los tiempos más remotos, se había asociado con la magia suprema y con el chamanismo:

> Es de las gentes que viven ahí, que proviene la palabra "chaman" y con toda seguridad, si alguno puede afirmar que tiene una relación especial con lo divino, es el chaman. Es la región de los magos Bon que ayudaron a dar cuerpo al Taoísmo chino y al Tantrismo hindú, así como al Budismo Tibetano; en medio se yergue el Monte Sagrado Meru, la morada de los Siete Sabios que se mencionan en el Rig Veda. Es un gran centro... Un lugar en el que nuestro mundo y el otro mundo se encuentran. En realidad al Monte Meru se le ha llamado "El Centro del Mundo".[3]

Rutherford opina que se ha dejado influenciar mucho por Geoffrey Ashe respecto a la ubicación de Hyperborea, ya que éste último en su libro *Avalonian Ancient Wisdom* y en algunas otras publicaciones más recientes como *Avalonian Quest*, ha tratado de persuadir que Hyperborea se originó en esta región, aunque ha habido otros eruditos que la han equiparado con territorios como Libia y China. Es la teoría de Ashe la que parece tener más peso porque se suma a una conjetura, la cual afirma que la mayor parte del conocimiento esotérico que originalmente se asociaba con esa región, se expandió más tarde a otras zonas geográficas, una suposición que parece ajustarse a las semejanzas entre el Taoísmo, el Tantrismo, el Budismo Tibetano y el Chamanismo, como indicó Rutherford. Resumiendo el aspecto occidental de esta teoría, en su libro *Mythology of the British Isles*, Ashe dice:

> Después de Aristeas, otros griegos escribieron sobre los Hyperboreans; perdieron de vista al explorador pionero y el lugar de origen Altáico que él había identificado, desplazándolos hacia el Occidente, confundiéndolos con otra gente. No tenían ninguna base sólida para hacer eso, sin embargo, esta expansión por un territorio tan extenso, hizo que supuestamente se desviara la influencia Altáica. Los Hyperboreans se ubicaron en Escitia, al norte del Mar Negro, en la parte alta del Danubio y en los Alpes. Reaparecieron en el occidente Celta y dieron señales de volverse célticos.[4]

Así que, según Ashe, los griegos fueron ubicando a Hyperborea, cada vez más hacia el Oeste, lo que correspondía a la "supuesta desviación de la influencia Altáica". Esto explica por qué, siguiendo el pensamiento del explorador del siglo V, Hecateo, en el siglo III a. C., Diódoro Sículo podía asegurar que Hyperborea era "una isla frente a Galia", la cual, como Robert Graves asegura en su libro *The Greek Myths*, al igual que otros, "está identificada con certeza" como Britania.[5] La conclusión a la que llega Ward Ruthherford siguiendo el pensamiento de Ashe, es que si los Hyperboreans eran "en realidad tan incompatibles con el resto de la gente del mundo, los que estaban en la antigua Britania pudieron haber sido un grupo migratorio que precedió a los celtas en las Islas Británicas".[6] Esto suena lógico, pues aunque Hyperborea bien pudo haber estado ubicada originalmente en la cordillera Altái, para el siglo V a. C. bien *podía* haber sido identificada ya como la antigua Britania, como atestigua Hecateo, citado por Diódoro.

Es posible que la teoría de Geoffrey Ashe sea correcta en principio, pero también puede existir cierta influencia derivada de la descripción que impulsa al caso hasta una asociación más temprana de Hyperborea con la antigua Britania. Si tomamos en cuenta todo lo que hasta ahora se ha dicho en este estudio sobre los Druidas y los Pitagóricos, se podría discutir que aunque la fuente de Hecateo y de Diódoro se considere tardía, es posible, sin embargo, que esté basada en una tradición que sea aún más antigua de lo que se supone, como parece revelar un examen detallado del texto. Esto es lo que dice Diódoro:

> Por nuestra parte, ya que hemos visto que es conveniente hacer mención de las regiones de Asia que se encuentran al Norte, creemos que no estará fuera de nuestro objetivo discutir los relatos legendarios de los Hyperboreans. Entre los que han escrito sobre los mitos antiguos, Hecateo y algunos otros dicen que, en las regiones más allá de la tierra de los celtas (es decir Galia) yace en el océano una isla de no menor tamaño que la de Sicilia. Esta isla —continúa el relato— se encuentra en el Norte y está habitada por los Hyperboreans, a los que se les da ese nombre porque su morada está más allá del punto de dónde sopla el viento del Norte (Bóreas), y que la isla es tanto fértil como productiva en todos los cultivos, y como tiene un increíble clima templado, produce dos cosechas cada año.[7]

Diódoro continúa evocando las leyendas que Hecateo relataba con respecto al vínculo que tenía Apolo con Hyperborea:

> Por otra parte, se narraba la siguiente leyenda relacionada con esto: Leto, la madre de Apolo y Ártemis, por Zeus, nació en esta isla y por esa razón Apolo es honrado entre

> ellos por sobre todos los demás dioses; a los habitantes se les consideran de cierta manera sacerdotes de Apolo, ya que diariamente y de forma continua alaban a este dios con cantos y lo honran de manera insólita.[8]

Sin duda alguna, ésta es la fuente o un ejemplo de la clase de fuente, de la cual creció esta creencia, y fue citada por Aristóteles, Claudio Aelian, Diógenes de Laertes, Iamblichus y otras autoridades clásicas mencionadas con anterioridad, en la que se menciona que Pitágoras era la encarnación de Apolo, el Hyperborean. El resto del relato de Diódoro y Hecateo es de tal importancia, que debe examinarse frase por frase. El siguiente párrafo habla de una antigua amistad entre los Hyperboreans y los griegos, como se puede ver en la visita de Abaris, a quien Martin Hengel cita en conexión con fuentes Pitagóricas referidas en el Capítulo 12:

> Nos informan que los Hyperboreans, también tienen un idioma que es característico de ellos; que tienen una disposición muy amistosa para con los griegos y en especial con los atenienses y los habitantes de Delos, quienes han heredado esta buena voluntad desde los tiempos más remotos. El mito también relata, que ciertos griegos visitaron a los Hyperboreans y les dejaron valiosas ofrendas votivas que ostentaban inscripciones

en letras griegas. De la misma manera, Abaris, un Hyperborean, fue a Grecia en tiempos antiguos y renovó la buena voluntad y el parentesco de su gente con los habitantes de Delos.[9]

Figura 54. Recinto de las Doncellas de los Hyperboreans en Delos

En relación con estas antiguas visitas de reciprocidad entre los habitantes de Delos y los Hyperboreans, es fascinante notar que hasta nuestros días, cerca de las ruinas del recinto de Apolo, se puede ver un espacio amurallado con un rótulo que dice: "Las Tumbas de las Vírgenes Hyperboreans". Geoffrey Ashe en su libro *The Ancient Wisdom*, retoma el relato sobre este tema:

> En Delos también se contaba la historia de dos doncellas de Hyperborea, Arge o Hekaerge y Opis. Ellas llegaron en el tiempo en que el culto de Apolo y Ártemis empezó ahí y murió en la isla. Su supuesta tumba estaba dentro o detrás del templo de Ártemis, y se les tributaron honores casi divinos.[10]

La fuerza de esta tradición también es testificada en un estudio reciente de William Philip Chapman titulado *Karistos: City State and Country Town*. Karistos, era un lugar de una isla vecina, donde evidentemente se hacía escala en el peregrinaje de Hyperborea a Delos, ya que él escribe: "en el edificio de Karistos —hay vestigios arqueológicos en donde un sacerdote presidía las ofrendas de los Hyperboreans. Heródoto nos dice que cada año eran llevados a un barco en Karistos y trasladados a Tinos y después a Delos". También menciona que "la similtud de Karistos con una ciudad debe haberse fortalecido gracias a una tradición de inmigrantes del Norte y el descenso de Dryopian, que estaba conectado muy de cerca con la veneración de Apolo".[11]

La visita de Abaris se menciona con tanta frecuencia en las biografías de Pitágoras, que es importante saber más acerca de él antes de proseguir con la cita de Diódoro. Iamblichus menciona a un tal "Sythian, que venía de los Hyperboreans a ver a Pitágoras, como ejemplo de la disposición que el Maestro mostraba hacia la corrección y educación de los visitantes de otras tierras, de acuerdo con sus capacidades individuales". Iamblichus da esa explicación porque Abaris era un anciano y "no tenía habilidades ni había sido iniciado en la ciencia de los griegos"; Pitágoras "no le exigió empezar con los teoremas introductorios, ni con los periodos de silencio, ni con las largas conferencias, sin mencionar otras pruebas, sino que de inmediato lo consideró apto para poder escuchar sus doctrinas y de forma muy breve, lo instruyó en su tratado *Sobre la Naturaleza*, en el de *Sobre los Dioses*".[12] Todo esto confirma la opinión de los cronistas de los Druidas de la escuela Alejandrina, que dice que ellos aprendieron su filosofía de Pitágoras. Iamblichus continúa: "En aquel tiempo, regresaba de Grecia a su país, para consagrar el oro que había reunido al dios de su templo entre los Hyperboreans. Como estaba de paso por Italia, vio a Pitágoras y lo identificó como el dios del que él era un sacerdote". Debido a esta sorprendente identificación y reverencia, Abaris le dio a Pitágoras una lanza sagrada que él aceptó "sin sorprenderse... como si él fuera realmente un dios".[13]

La lanza que Abaris dio a Pitágoras parece haber sido más bien algo así como un palo de escoba de bruja, porque tenía el poder de transportar a Abaris hasta lugares inaccesibles como "ríos, lagos, pantanos, montañas y lugares semejantes". También le dio el poder para desterrar vientos y pestes de las ciudades. En otro pasaje, Iamblichus nos dice que a Abaris se le llamaba *"el que caminaba por el aire"* por su manifiesta habilidad para volar sobre su palo de escoba. Muchas personas llegaron a pensar que Pitágoras podía hacer lo mismo porque se le veía platicando con sus discípulos en dos lugares, a gran distancia uno del otro y en el mismo día. Este pasaje hace que la lanza parezca como una sencilla explicación para el fenómeno real de la bilocación que reportan los Yoguis en el Oriente, y también algunos gurús tales como Sai Baba y el místico católico Padre Pío. También es posible que esté relacionado con el poder tradicional entre los adivinos celtas para activar su "doble" o doppelgänger (el fantasma o doble de una persona).

Si podemos justificar lo de la lanza de Abaris con una explicación simple y gráfica de su habilidad para lograr la levitación, salir de su cuerpo y viajar, para activar su doble o cualquier otro don psíquico personal como quiera se llame, entonces tal vez hay una explicación igualmente inteligente para la narración que nos habla del muslo de oro de Pitágoras, mencionado en varios lugares pero particularmente en conexión con Abaris, "entonces con seguridad llevó a solas a Abaris y le mostró su muslo de oro, como una aclaración de que no estaba del todo equivocado en la opinión que tenía de su verdadera naturaleza". Porfirio, al contarnos la misma historia, dice: "Es bien sabido que le mostró a Abaris, el Hyperborean, su muslo de oro, para confirmar su opinión de que él era Apolo, el Hyperborean, cuyo sacerdote era Abaris".[14] Varios autores han insinuado que el muslo de oro pudo haber sido una marca de nacimiento, un tatuaje o algún tipo de prótesis en la cadera, pero todas éstas son explicaciones demasiado frívolas. Pensando en términos Pitagóricos más simbólicos, es digno de mención el hecho que en la tradición matemática de la vetusta China, remontándonos hasta 1100 a. C., Chou Kung, autor de uno de los más antiguos tratados científicos, escribe sobre *Chow-pi*,[15] "el fémur de Chow". Esta nomenclatura tan extraña se derivó de dos caracteres de escritura (letras compuestas) *Keu* y *Koo*, que se utilizaban para designar la base y la altura de un triángulo y que originalmente significaban la Pierna y el Muslo. Aunque esto parezca una referencia abiertamente extravagante, para nuestro asombro descubrimos que el *Chow-pi* es, en efecto, un ensayo de lo que en Occidente llamamos el teorema de Pitágoras.

Si llegáramos a abrigar la idea de tal simbolismo paralelo, entonces "el muslo de oro" sería un código o clave para "el teorema más importante". Además, cuando recordamos cómo "la sección" se conoció después como "la proporción divina" o "la sección Áurea" o "La regla de oro", el uso de la expresión "de oro" pudo haber indicado que Pitágoras reveló el secreto más recóndito de su secta, la proporción matemática de la letra griega φ (psi) y sus "propiedades mágicas" como en el triángulo de base

1, de altura $\sqrt{\varphi}$ y hipotenusa φ, la cual, como se explicó en el capítulo 10, era la geometría secreta detrás de las proporciones de la Gran Pirámide. Sin importar lo estrafalario que esto parezca, debemos acostumbrarnos a la idea de que así como los mitos griegos utilizaban un lenguaje simbólico que era diferente, pero que también estaba vinculado a las abstracciones de los filósofos, del mismo modo en la vida de Pitágoras, las leyendas están separadas pero a la vez relacionadas con los secretos matemáticos y cosmológicos.

Estas narraciones sobre Abaris son suficientes para confirmar los lazos entre Pitágoras y los Hyperboreans, los cuales aunque se presentan como si sólo se tratara de un vínculo entre un maestro y su discípulo agradecido, también era un intercambio recíproco de sabiduría, ya que, como hemos visto, Abaris tenía dones proféticos y artes mágicas que podía enseñar a Pitágoras. Como Ward Rutherford dice en su obra *Pitágoras*: "Uno puede correr el riesgo de opinar que Abaris era un médium y si en realidad no ayudó a Pitágoras a desarrollar sus talentos, por lo menos lo reconoció como alguien que era igual a él".[16]

Así es que tenemos ya un indicio de que Pitágoras no sólo era "un oyente de los habitantes de la Galia", como asegura Clemente de Alejandría, sino también que, a través de Abaris, los antiguos griegos compartían cierto parentesco lejano con los antiguos britanos. Ahora regresaremos a terminar la sección sobre los Hyperboreans según Diódoro Sículo:

> También se relata que el dios visita la isla cada diecinueve años, periodo en el cual se lleva a cabo el retorno de las estrellas al mismo lugar; por esta razón, los griegos llamaban al periodo de los diecinueve años "el año Metonímico". Al tiempo de esta aparición del dios, él toca la cítara y baila toda la noche sin parar, desde el equinoccio de primavera hasta la salida de las Pléyades, para expresar de esta manera su deleite por sus éxitos.[17]

Si el pasaje se interpreta de manera literal, es tan poco comprensible como la idea de que el muslo de oro de Pitágoras era una marca de nacimiento, un tatuaje o algún tipo de prótesis en la cadera. Despierta la curiosidad más no da luz al entendimiento. Sin embargo, si tratamos de discernir su significado desde un punto de vista simbólico, es mucho lo que se puede revelar.

Giorgio de Santillana y Hertha von Dechend, en el libro *Hamlet's Mill,* llegaron a conclusiones sorprendentes en su búsqueda del origen de la mitología a escala mundial, lo que tal vez pueda ayudarnos a comprender por qué Apolo tuvo que viajar a Hyperborea en el festival lunar especial de cada diecinueve años. En un afán por resumir sus descubrimientos, Santillana y von Dechend manifestaron:

> Antes que nada, todos los grandes mitos del mundo tienen un origen común. Además, la geografía del mito no es la de la Tierra. Los lugares que se mencionan en un mito están en los cielos y las acciones son las de los cuerpos celestes. En pocas palabras, el mito era un lenguaje para que un vasto y complejo cuerpo de conocimientos astronómicos, se perpetuara.[18]

Ahora bien, aunque todas estas afirmaciones nos sorprenden en cierto sentido, también son evidentes por sí mismas porque todos sabemos que los dioses y las diosas griegas y romanas, eran con frecuencia o planetas o constelaciones. Por ejemplo, los planetas eran Zeus o Júpiter, Cronos o Saturno, Hermes o Mercurio, etcétera. También las constelaciones del Zodíaco, aunque regidas por divinidades planetarias, tenían sus propias características divinas.

Santillana y Von Dechend casi no mencionan a Apolo, pero su propuesta principal de que "los lugares que se señalan en un mito están en los cielos y las acciones son las de los cuerpos celestes" puede muy bien aplicarse a Apolo. Si empezáramos a adoptar este simbolismo celestial y astronómico a lo que Diódoro y Hecateo nos dicen acerca de que él venía a Hyperborea para el festival del Año Metonímico, el primer paso radical que tendríamos que dar sería proponer que, en cierto sentido, él *era* el. Año Metonímico, es decir, sus acciones "son esos cuerpos celestiales", en este caso, la Luna en sincronización con el Sol. Ward Rutherford en *Celtic Mythology* cree que éste es el hecho y señala hacia una conexión con Stonehenge, y también con los Druidas. Cuando él comenta sobre el pasaje de Diódoro y de Hecateo dice:

> La referencia de los diecinueve años es muy significativa ya que éste es el periodo del ciclo Metonímico, así llamado en honor del astrónomo griego Meton, quien lo utilizó como un medio para lograr que los años lunares y solares estuvieran sincronizados. Diecinueve años representan de forma aproximada el periodo entre un eclipse y otro (realmente vienen a ser 18 años $11^1/_3$ días). El Profesor Fred Hoyle ha demostrado que el llamado Círculo de los Agujeros de Aubrey en Stonehenge, el círculo de 56 cavidades en el exterior de los trilitos, bien pudo haber sido diseñado para la predicción de los eclipses utilizando un sistema de marcadores; y aunque el movimiento de éstos es bastante complejo, pudieron haber sido operados con una exactitud considerable. Además, esto puede explicar de manera satisfactoria las encarnaciones de Apolo cada diecinueve años, ya que si ese es

> el periodo entre los eclipses, ¿qué podría ser más lógico que el Sol estuviera ausente del firmamento, porque la deidad que lo gobernaba estaba ausente del firmamento debido a que estaba visitando a sus adoradores terrestres? Pero el calendario Coligny, la evidencia arqueológica clave de la astronomía druida, también está basado en los diecinueve años o ciclo Metonímico, y como Piggot señala, bien pudo haber sido el curso de entrenamiento del que César decía duraba veinte años, en realidad diecinueve, y que de esta forma correspondía a la época druida.[19]

Esta parte de la narración de Rutherford resulta muy oportuna en nuestra investigación ya que en uno de los párrafos ha relacionado al Apolo del ciclo Metonímico con los Druidas y con Stonehenge.

La teoría de Hoyle que dice que el Círculo de los 56 Agujeros de Aubrey en Stonehenge era utilizado para predecir los eclipses, se ha discutido al igual que otras teorías. Sin embargo es significativa, ya que Robin Heath señala en su obra *The Key to Stonehenge*, que 56 es un número solar y lunar si se toma el año solar como de 364 días, ya que 28(56 ÷ 2) x 13 = 364. Así que, si el marcador del Sol se mueve 2 agujeros cada 13 días y el marcador de la Luna 2 agujeros diariamente, el polo solar completará exactamente un circuito de los Agujeros de Aubrey cada año y el polo de la Luna habrá completado 13.[20]

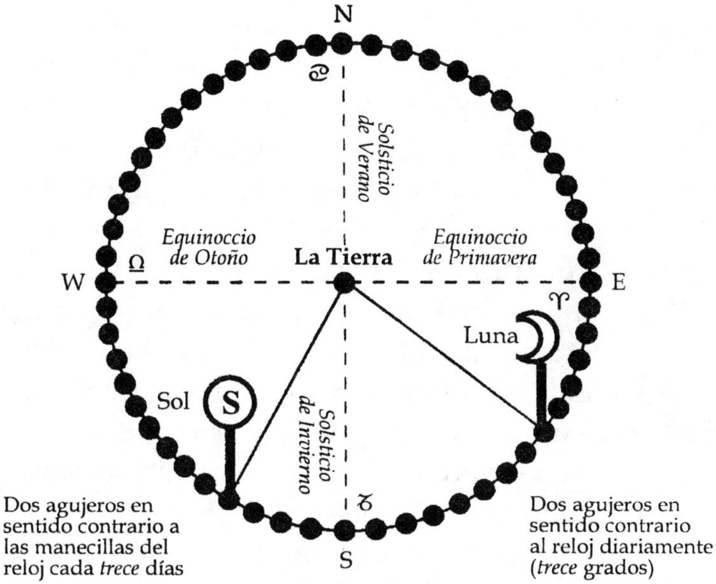

Figura 55. El Calendario de Aubrey de 56 Agujeros

En estos términos, es curioso que los Esenios también utilizaran un Calendario de 364 días como según se sabe y explica en forma detallada Yigael Yadin en *The Temple Scroll.*[21] Los versados en la materia generalmente lo llaman el año solar para distinguirlo del año lunisolar como lo hace la corriente principal del Judaísmo. En realidad así lo designa Robin Heath en el párrafo anterior, como el único año de 364 días que sincroniza el año solar con el lunar con cierto grado de precisión. Los Esenios aseguraban que ellos acataban un sistema más sagrado, el cual fue cambiado por los sacerdotes del Templo de Jerusalén. ¿Qué tan antiguo era y de dónde había venido? ¿Acaso ofrecen posibles respuestas las especulaciones que se presentan en este capítulo y en el siguiente?

Aún cuando esta interpretación del Círculo de los Agujeros de Aubrey pueda parecer un poco forzada, existe un consenso general en cuanto a que el camino empedrado, marcado por los 40 agujeros señala el punto que más se aproxima al Norte del ciclo de la Luna, mientras que la Piedra Final, cuya orientación es ligeramente diferente, tiene una aproximación muy cercana al amanecer en el solsticio de verano. De esta manera, sin importar cuán cuestionado sea el objetivo de los Agujeros de Aubrey, se podría asegurar que, puesto que la ubicación de éstos y de la Piedra Final también se remonta hasta la época de Stonehenge I, cerca del año 3000, el objetivo astronómico más remoto de Stonehenge era tratar de sincronizar la Luna con el Sol. Está a discusión qué tanta precisión se logró, pero en esencia, la investigación arqueológica moderna, en especial la que aúna a la arqueología y a la astronomía, parece que confirma la descripción de Diódoro y de Hecateo, si se considera a Apolo como la personificación mitológica del ciclo lunisolar en este sentido.

Es un tanto extraño que esta sincronización lunisolar se repita como un eco en la geomatria del Canon Menor porque, como se demostró con anterioridad, *chodesh* y *lebanah*, que significan Luna nueva y Luna llena respectivamente, tienen ambas el número 33, mientras que *shemesh*, Sol, tiene el número 55. La suma de estos dos números es 88, que es el valor de *Apollon* en el Canon Menor.

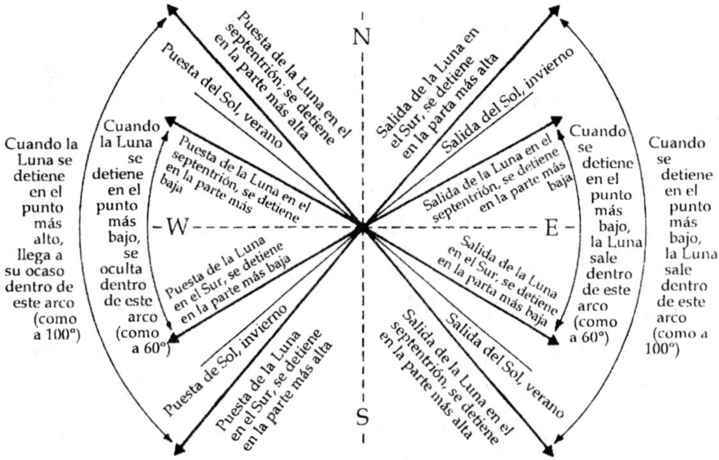

Figura 56. Las Direcciones de la salida y de la puesta del Sol y de la salida y de la puesta de la Luna en Stonehenge

Tal vez no sea lo más apropiado saltar de la mitología griega a la gematria hebrea y volver de nuevo, pero hasta ahora ya se ha dicho lo suficiente como para señalar que la numerología de los dos idiomas está mucho más vinculada de lo que se ha pensado, especialmente en relación con el Canon Menor a diferencia del Canon Mayor. Ahora, una vez ya establecido en el capítulo anterior que, el sistema de conocimiento numérico Pitagórico o proto-Pitagórico se puede rastrear para poder averiguar su origen, remontándonos hasta por lo menos alrededor del año 3000 a. C. a los círculos de piedra megalíticos de la antigua Britania, sería legítimo deducir que ambos idiomas surgieron más tarde de la misma sabiduría antigua como expresiones distintas, pero relacionadas. No sabemos con claridad *cómo* sucedió esto, pero que *así fue* se atestigua por las innumerables conexiones numéricas y geométricas que ya hemos observado.

El número 88 como Sol-Luna en hebreo y *Apollon* en griego, nos lleva de regreso a circunscribir el cuadrado cuyos lados están representados por el número 11, el modelo cósmico básico que ha aparecido en forma recurrente a lo largo de este estudio, ya que 88 = 44 x 2. Éste fue el número para *tekton*, el maestro artífice o "carpintero" y también para *arithmos*, la palabra original para aritmética, número y numeración, de la que Simone Weil nos dijo que Platón consideraba idéntica a Logos. Ahora también la podemos ver como el matrimonio o la unión del Sol y la Luna, los principios masculinos y femeninos.

Asimismo es extraordinario darse cuenta de la cercana concordancia de estos números con las medidas reales de Stonehenge, porque podemos recordar que la circunferencia interior del Círculo de Sarsen es de 45 Varas Megalíticas a diferencia de 44 en el modelo, y el diámetro del Círculo Exterior de piedras areniscas azules es de 29 Yardas Megalíticas ÷ 25 = 11.6 Varas Megalíticas, a diferencia de 11 en el modelo.

Existen otras coincidencias sorprendentes que resultan de la gematria griega que pudieran indicar que Stonehenge era realmente el recinto de Apolo, el Hyperborean y por lo tanto de Pitágoras. Por ejemplo, la palabra Hyperboreans es *Huperboreoi*, que en el Canon Menor es 131 y esto, de acuerdo a Thom, es la circunferencia "casi exacta" en Varas Megalíticas, del Círculo de Agujeros de Aubrey.

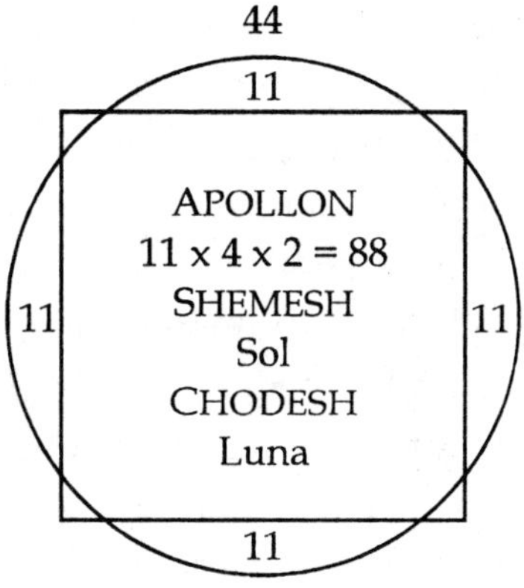

Figura 57. Apollon como la proporción Sol :Luna

Liddell y Scott se refieren al templo de Apolo como *Appollonion*, que en el Canon Menor es 128. Esto es 2^7 (2 x 2 x 2 x 2 x 2 x 2 x 2) que coincide con la séptima octava y por lo tanto con el Coma de Pitágoras, (microintervalo que representa la quinta parte de un tono), la discrepancia entre afinar en octavas y afinar en quintas, una anomalía armónica que fascinó a los antiguos. Por analogía, esto se tomó como la expresión microcósmica de la diferencia macrocósmica entre el año lunar y solar, como lo señala David Tame en *The Secret Power of Music.*[22] Así que una vez más, se podría sostener la posibilidad que este número represente una correspondencia entre la sincronización del Sol con la Luna en la gematria de *Appolonian* y entre los postes, para señalar la alineación entre los Agujeros y la Piedra Final en Stonehenge.

Colocando a *Apollonion* junto con *Huperboreoi,* obtenemos 128 + 131 que equivale a 259, el cual se descompone en factores como 37 x 7 que reúne al 37, el número para *chokmah,* sabiduría en el Canon Menor con el 7, el número asociado con la Luna, ya que 7 x 4 = 28, el mes lunar. Esto no es todo, ya que 37 también se puede asociar con *Apollo,* diferenciado de Apollon, una variación ortográfica como se hizo notar antes, que es 74 en el Canon Menor griego. Puede decirse que 74 como 2 x 37, tiene la misma raíz primaria que *chokmah* y de esta forma, de acuerdo a la lógica de la geomatria, considerarse que está construida y fundamentada en ella, como también puede ser el caso de 37 x 64, el nombre de Jesucristo. De acuerdo con esta interpretación, la sabiduría, como la expresión de la raíz primaria de 37 vendría primero. Apollo, como 74 x 37 x 2, sería una evolución de ésta y Jesucristo como 2368 ó 37 x 64, sería una personificación posterior. Ya que el diámetro medio del Círculo Sarsen puede tomarse como "la gran medida" de Stonehenge III, la que equivale a

37 Yardas Megalíticas, se podría decir que el culto hubiera sido primero a la sabiduría y después a Apolo. John Michell proporciona la circunferencia del grupo o fila exterior como 370 Yardas Megalíticas, que concordaría con este dato desde el periodo temprano de Stonehenge I. También sería lo mismo si convirtiéramos *Apollonion Huperboreoi* en *A Apollonion Huperboreoi,* ya que obtendríamos 296, que equivale a 37 x 8. Éste es un número muy poderoso cuyo simbolismo nos puede llevar a una variedad de direcciones, pero que para nuestros objetivos actuales se puede tomar como el cuadrado de 74 (74 x 4 = 296) que representaría a Apollo, o como un cuadrado circunscrito de 37. De los dos, el último tal vez sea el más significativo porque es otra expresión del matrimonio entre el cielo y la Tierra en relación con la raíz primaria de la sabiduría, de Apollo, de Jesucristo y del Círculo Sarsen. De cualquier forma, es la gematria del "Templo de Apollo, el Hyperborean", y sin duda es extraordinario que, como un todo y en sus partes constitutivas, coincida con medidas tan significativas como las de Stonehenge.

¿Es extraordinario o es de esperarse? Ya hemos demostrado que Stonehenge, como otros círculos megalíticos menos conocidos de la antigua Britania, se ajustan a un análisis proto-Pitagórico que implica a los proto-Pitagóricos como los constructores. También hemos expuesto que de acuerdo a las leyendas que registraron Diódoro y Hecateo, había

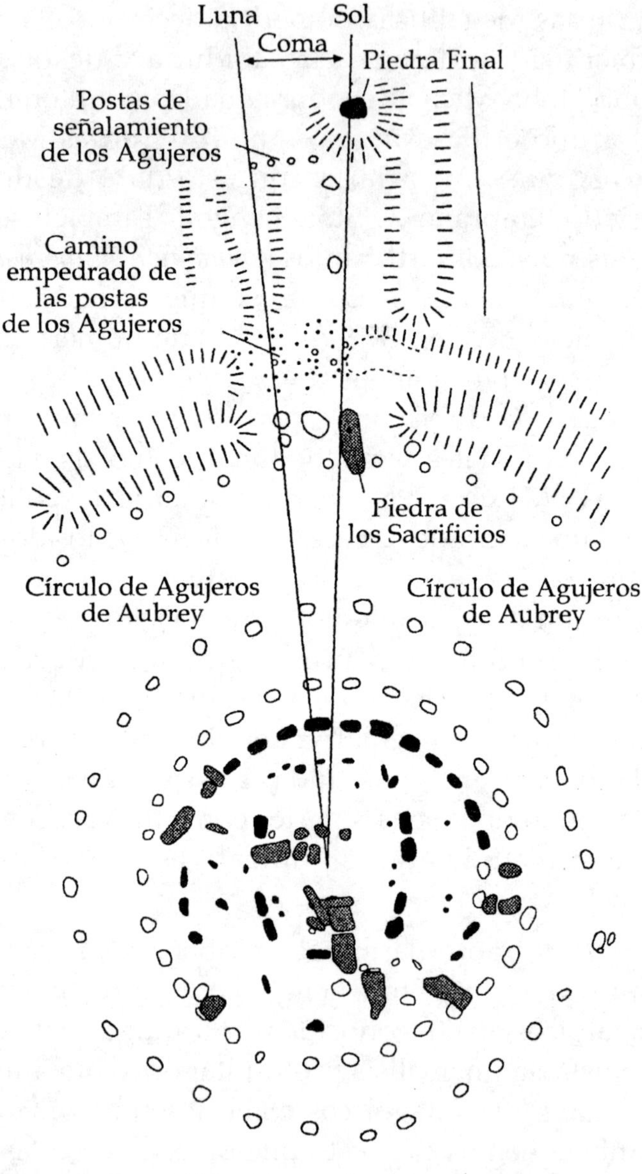

Figura 58. Coma Pitagórica en Stonehenge

muchos lazos que unían a la antigua Britania y a la antigua Grecia. Tal vez ya sea tiempo de someter a consideración el hecho de que detrás de esas leyendas, se asentaban eventos históricos reales; que ocultas dentro de la mitología, había verdades que eran demasiado complejas y prístinas para poderse expresar de cualquier otra forma.

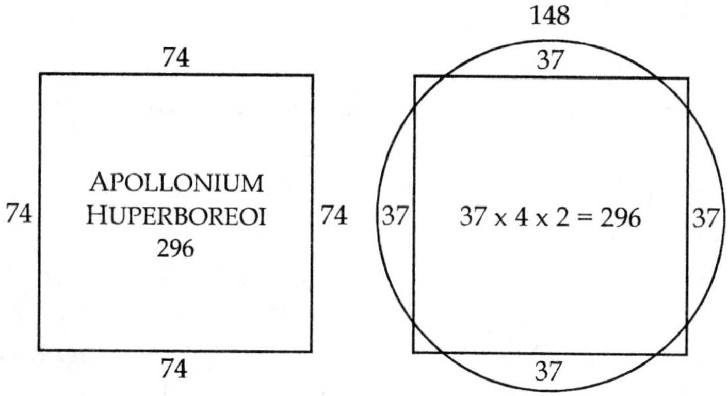

Figura 59. Apollonion Huperboreoi y el Templo de Apolo de los Hyperboreans

Quizá ya se deba plantear que la relación que había entre los proto-Pitagóricos que construyeron Stonehenge y el mismo Pitágoras, puede explicarse mejor a través de la creencia de los discípulos en cuanto a que él era en realidad "Apolo, el que vino de los Hyperboreans"; y de que es posible que Abaris estuviera en lo correcto al reconocer que Apolo era el dios de quién él era un sacerdote. A la mejor Diódoro tenía razón en sus narraciones de Hecateo y es probable que Hecateo haya narrado ciertas verdades relacionadas con la transferencia de una antigua sabiduría de Apolo desde Hyperborea hasta Grecia. El hecho de que Pitágoras fuera considerado por otras autoridades en la materia como "oyente de los druidas de la Galia y de los filósofos de los celtas" y de que esta opinión va aunada a todas las demás fuentes, de las cuales se supone él aprendió, corroboraría lo anterior. De igual modo, la auténtica antigüedad de Stonehenge sería en efecto, un factor claro, no sólo para indicar que la sabiduría Pitagórica fue llevada de Hyperborea a Grecia, sino que también se pudo haber originado ahí, porque se estima que Stonehenge I, se remonta hacia el año 3000 a. C., fecha mucho más temprana que la que se da para la Gran Pirámide, o sea alrededor del año 2600 a. C. Algunos refutan estas fechas y aseguran que las Pirámides y tal vez los Círculos de Piedra son mucho más antiguos. Sin embargo, de acuerdo con opiniones actuales, sería razonable afirmar que ya que Stonehenge I pudiera tener más antigüedad, bien podría haberse sostenido que fue la morada, el origen, el fundamento y la fuente de la tradición Pitagórica. El simbolismo numérico de sus medidas, como ya lo hemos visto, indicaría que fue en realidad el Templo de Apolo, el Hyperborean. Esto sería también lo que Diódoro y Hecateo indicaron con tanta precisión cuando hablaron del templo de Apolo en el último párrafo de su famosa narración.

> ...Y también hay en la isla un magnífico recinto sagrado de Apolo y un insigne templo que es de forma esférica y que está adornado con muchas ofrendas votivas. Además, hay una ciudad que es sacrosanta para este dios y la mayoría de sus habitantes tocan la cítara, casi de forma continua tocan este instrumento en el templo y cantan himnos de alabanza al dios que glorifica sus acciones.[23]

En donde quiera que "el recinto sagrado" y "la ciudad" hayan estado, es lógico suponer que el "insigne templo" que es "de forma esférica", se refiere a Stonehenge. Se ha refutado que Stonehenge no es de forma esférica sino circular, pero ¿no podría ser que las palabras griegas *sphairoeide to schemati* que son utilizadas significaran que pertenecían, no a una bóveda arquitectónica sino a la esfera de los cielos? A la luz de todo lo que se ha afirmado respecto a Stonehenge como observatorio, creo que esto sería posible.

Siendo así, podemos concluir que Stonehenge fue en realidad el Templo de Apolo, el Hyperborean y que como tal, junto con los otros monumentos de la civilización megalítica entre los cuales era el principal, se le consideró como la morada, el origen, el fundamento y la fuente de la tradición Pitagórica.

En el Capítulo 12 se discutió "La Conexión con los Esenios"; que Jesús, además de lo que haya sido, con toda probabilidad fue un Pitagórico Esenio. ¿Qué pasaría si no fue *un* Pitagórico sino más bien *el* Pitagórico? ¿Qué tal si él era el mismo Pitágoras, el *nuevo* Pitágoras? Las sorprendentes semejanzas entre sus enseñanzas y las de los Esenios, y entre los Esenios y los Pitagóricos como ya hemos compendiado, sugerirían enfáticamente esta posibilidad. Si él vino para personificar, realizar y renovar la tradición de los Gentiles, así como la sabiduría filosófica bíblica, de la que el sistema Pitagórico era parte integral, entonces es permisible sugerir que él era el nuevo Pitágoras como el nuevo Josué o el nuevo Moisés.

Y si algo de verdad hay en esto, entonces ¿no se podría también insinuar que él era el nuevo Apolo de quien se decía que Pitágoras era la encarnación? Esta identificación no fue en efecto desconocida por los primeros padres de la Iglesia. Y si se puede decir de él, que en cierto sentido fue el nuevo Apolo, ¿no podría afirmarse que fue el nuevo Apolo, el *Hyperborean*? Si de Pitágoras se creía que no sólo era Apolo, sino Apolo, el Hyperborean, entonces de la misma manera también de Jesús, como el nuevo Pitágoras, podría pensarse que era el nuevo Apolo, el *Hyperborean*. Si fuera este el caso, debió entonces haber sido muy importante para él poder ir a la antigua Britania Hyperborea, porque al hacerlo tocaría y se acercaría a la fuente de sabiduría de Apolo y de Pitágoras. Hubiera sido como regresar al nacimiento mismo de este poderoso río, que había fluido hacia el Sur a través de varios milenios para esparcir sus aguas vivificantes sobre todo el mundo hasta entonces conocido. Hubiera significado reconocer el origen de la verdad que él había venido a encarnar. Hubiera sido, humanamente hablando, regresar a casa.

De acuerdo con esta interpretación, la pregunta ¿y acaso se posaron esos pies? tendría que contestarse sin lugar a dudas de forma afirmativa. William Blake con los poderes psíquicos de un vidente, de manera intuitiva dio el salto hacia una pregunta retórica que nos ha llevado otros doscientos años poder contestarla. De la misma manera, el punto de vista de Dobson de que Jesús vino a los Druidas tendría que sostenerse, porque, como hemos visto, los Druidas eran los herederos y los guardianes de esta sabiduría antigua.

Tal vez el "sagrado recinto" de Apolo del que habla Diódoro era Avebury. Quizá la "ciudad" era Glastonbury. Nadie lo sabe, pero lo que podemos decir es que una serie de leyendas que relatan que Jesús sí fue a esos lugares con José de Arimatea, han sobrevivido a las depredaciones de los siglos y son un testimonio de la tradición de la sabiduría que se remonta hasta por lo menos el año 3000 a. C. Esta tradición, esta sabiduría, podría con toda verdad decir a través de Jesús: "Antes de que Abraham fuera, Yo ya existía".

18

Los Pilares de la Sabiduría

¿Qué hay en cuanto a la conexión hebrea con Stonehenge? ¿Es totalmente fantasiosa e improbable, o existe alguna evidencia comparable a las leyendas de Apolo el Hyperborean, que pueda persuadirnos de un vínculo que no sea por completo ficticio? Se mencionó con anterioridad que el 116, la semicircunferencia en Yardas Megalíticas (YM) del Círculo de Sarsen, era el número para "Josué, el Mesías" y para "El Santo de los Santos" en el hebreo del Canon Menor. También se hizo notar que el 37, el diámetro medio del Círculo de Sarsen en (YM) era el número para la sabiduría y para "Santo o Sagrado"; que el 29, el diámetro del Círculo Exterior de piedras areniscas azules, correspondía a

"Adonai", el Señor; y que el 116 se podía ver como 29 x 4, y por lo tanto, como el cuadrado imaginario, igual a la circunferencia de Sarsen, que de forma exacta circunscribía al Círculo Exterior de piedras areniscas azules. ¿Acaso todas estas equivalencias simbólicas son una simple casualidad o nos hablan de alguna conexión entre dos culturas olvidadas?

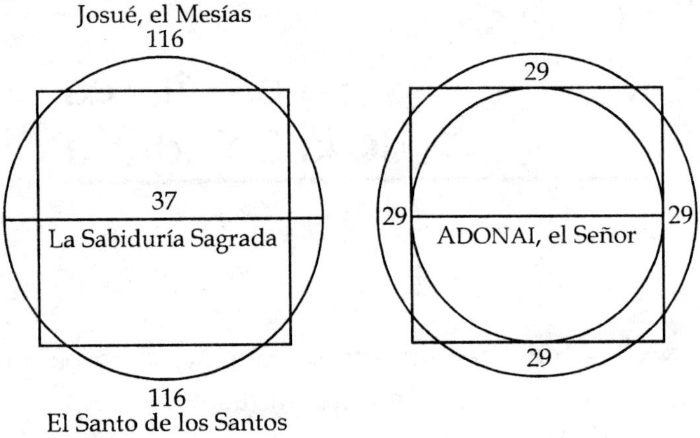

Figura 60. Las Divinidades hebreas en Stonehenge

No creo que sea posible contestar esta pregunta con algo que admita que la relación griega podría valorarse. No parece haber textos equivalentes a los de Diódoro y Hecateo para poder continuar. Sin embargo, hay ciertos indicios que aunque no signifiquen nada más que una posibilidad, vale la pena examinar. El más impresionante es la presencia de una hilera de piedras grandes erguidas en Tel Guézer cerca de Tel Aviv, Israel. Algunas de éstas miden más de 10 pies de altura, otras son más pequeñas y en su conjunto son un espectáculo imponente.

La teoría respecto a estos monolitos, que es la que generalmente se acepta y la que describe Carl F. Graesser en un artículo muy importante en *The Biblical Arqueologist "Standing Stones in Ancient Palestine"*,[1] señala que éstos, así como otras piedras más pequeñas que fueron encontradas en diferentes partes del país, eran monumentos históricos conmemorativos de eventos como victorias, teofanías, alianzas o entierros. Se llamaban *masseba*, en plural *massebot*, y se cree que estas piedras de Tel Guézer fueron un monumento para conmemorar a diez pueblos o tribus de cananeos que llegaron a este sitio en cierta forma de confederación o alianza legal, y que cada piedra representaba a un pueblo o a una tribu. Sin embargo, es evidente que esta interpretación sea una simple conjetura porque no existe ni un ápice de evidencia que la apoye. Las piedras no tienen ninguna inscripción y no se encontró mención alguna de los diez pueblos o tribus cananeas.

Si observamos las piedras con una nueva mirada morfológicamente hablando, son tan semejantes a los monumentos megalíticos del noroeste de Europa, que parecen estar fuera de lugar, por lo que es difícil dejar de pensar que son de origen europeo. Se fechan entre los años 1800 y 1600 a. C., lo que puede coincidir con la tercera o última fase de las construcciones megalíticas y es más, están alineadas de tal forma que señalan al Norte y al Sur, lo que de inmediato nos recuerdan las hileras de piedras de la antigua Britania, en especial la que está enfilada de Norte a Sur en Callanish, en la isla de Lewis, de la que el Profesor Thom comentó muy al principio de sus investigaciones:

Figura 61. Tel Guézer

> Esto fue algo extraordinario, porque sabía que hacía 4000 años no estaba la Estrella Polar para ayudarlos a alinearlas. ¿Cómo lo hicieron? ...lo único que se me ocurre es que pudieron haber utilizado cuerdas de plomada para avistar detenidamente y observar las estrellas que con lentitud giraban alrededor del polo.

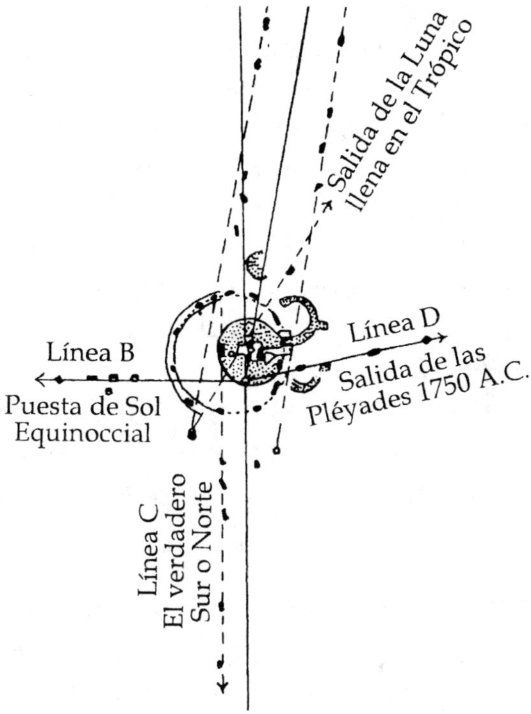

Figura 62. Circulo megalítico de Callanish de norte a sur

La fecha que da Thom para esta alineación data de alrededor del año 1800 a. C., exactamente la misma que se ha dado para Tel Guézer.[2]

Aunque los arqueólogos han comparado los *massebot* de Tel Guézer con otras piedras mucho más pequeñas, tales como las que colocó Josué en Guilgal, las han denominado también, igual que a toda el área a su alrededor, "Lugar Alto" (templo o altar semita construido en alguna colina), porque, como señala William Dever, se han hecho muchas conjeturas respecto a que así era el "prototipo de los Lugares Altos paganos" que aborrecían los profetas israelitas, con la diferencia de que las *piedras* estaban erguidas en comparación con los pilares, para representar el culto (*asheroth*) a la Diosa Asherah".[3] Secundando esta opinión, Carl Graesser pelea y trata de contestar a la pregunta: ¿Por qué entonces, si las piedras eran la muestra de uno de los Lugares Altos de los cananeos, éste no fue destruido por los invasores e iconoclastas devotos de Yahvéh junto con todos los demás? Su respuesta es ingeniosa ya que dice que fue porque los *massebot* no tenían ninguna inscripción:

> ...diversos individuos podían atribuir con facilidad *diferentes* significados a la *misma* piedra y no hubiera sido difícil que se reemplazara la connotación de un determinado *masheba* con el correr de los años y el cambio de generaciones. Las opiniones tan diversas con relación a los *massebot* en el Antiguo Testamento son un excelente ejemplo de esta fluidez y cambio de significado.[4]

La única respuesta obvia parecería ser ésta, excepto que tal vez los habitantes de Tel Guézer hubiesen continuado apoyando tanto a la antigua religión de Canaán como a la nueva religión de Israel. Por lo menos esto se encuentra implícito en las referencias de los libros de Josué y de Jueces en el Antiguo Testamento, en donde se expresa que Yahvéh estaba molesto porque sus seguidores no habían destruido Guézer como se les había instruido. (Josué 16:10, Jueces 1:29).

¿O podría ser que en una época anterior, lo que después se llamó "cananeo" fuera parte integral de la religión israelita? Ésta es la explicación que es posible deducir del libro *The Great Angel* de Margaret Barker, quien afirma que hubo en Israel un "Testamento anterior al Antiguo Testamento", el cual fue substituido y hasta cierto punto suprimido en el siglo VII a. C., por una Reforma asociada con un grupo que se conocía colectivamente como los reformistas del Deuteronomio y que etiquetaron a muchas de las características genuinas de la religión tradicional como "cananeas" y por lo tanto paganas. Entre éstas estaba el aspecto femenino de la deidad, llamada por lo general *Asherah* y a la que se le asociaba con los pilares llamados *Asherim*, los cuales por tradición, estaban relacionados con los árboles sagrados, las piedras y los altares. Todos fueron prohibidos por los reformadores:

> Los patriarcas establecieron altares rurales y tenían árboles sagrados y pilares; hacia fines del siglo VII, todas estas prácticas fueron prohibidas por los reformistas del Deuteronomio; sin embargo, esta proscripción es, en sí misma, una prueba de que tales

pilares, árboles y altares, en aquel tiempo, todavía formaban parte de la piedad popular.[5]

Barker continúa sus observaciones al extender esta interpretación a las piedras erguidas de Tel Guézer, en especial cuando dice que los reformistas fueron los que exigieron que todos los sitios de culto local se integraran a "la memoria colectiva de la gente" y se volvieran "conmemorativos de eventos del pasado de Israel".[6] En otras palabras, si el Lugar Alto que se encuentra en Tel Guézer *pudo* haber subsistido gracias a los iconoclastas devotos de Yahvéh porque no tenía ninguna inscripción, es posible que se hubiese interpretado como la conmemoración de algún evento del pasado de Israel; pero es más creíble pensar que perduró porque se mantuvo como lugar de culto de la antigua religión para aquellos que, en los siglos subsecuentes, siguieron creyendo que los reformistas del Deuteronomio habían sido usurpadores y no reformistas de la antigua fe.

Los monolitos de Tel Guézer cobran un significado y una importancia totalmente nuevos, si se consideran como una reliquia de lo que representaba un Lugar Alto, *no* del paganismo de los cananeos, sino del "Testamento anterior al Antiguo Testamento" de Israel y de Judá, el que, para una minoría o tal vez para la mayoría de la gente de aquel tiempo y de quienes les siguieron, consideraban como la verdadera religión. Estos monolitos se librarían de la censura a la que estuvieron sometidos por más de 2500 años y serían aceptados como lo que realmente son: los *Asherim* de un lugar de culto israelita antes del Deuteronomio. Al suceder esto, dejarían de ser secundarios y se volverían importantes, porque representan los cientos de sitios locales de culto, que los reformistas clasificaron como cananeos y ordenaron se destruyeran en nombre de su monoteísmo masculino y centralizado.

Al liberar a Tel Guézer de esta condena, a la misma *Asherah* se le permite ser de nuevo la antigua consorte de Yahvéh, como se le describe en una inscripción recientemente descubierta en Kuntillet Carjurd, en la que, junto con otras evidencias, Margaret Barker basa su teoría. *Asherah* es, o representa, a la diosa Madre, conocida también como Anath e Ishtar. Barker dice que todavía subsisten tantos vestigios de la religión israelita antigua, que es posible afirmar que "la antigua diosa era indistinguible de Yahvéh, ya que simplemente era el aspecto femenino".[7]

Este aspecto femenino de Yahvéh, aunque ya ha desaparecido de manera oficial, se perpetuó en la forma de la sabiduría, *chomah* y es esta tradición la que generó la literatura de la sabiduría durante el periodo entre los dos Testamentos, mismos con los que nos hemos familiarizado en este estudio. Los principales elementos de esta tradición reprimida se fortalecieron hasta que en el Nuevo Testamento cobraron importancia:

> Rescatamos de la mejor manera posible, tanto de fuentes bíblicas como de otras que no lo son, la reforma de Josías y de los reformistas del Deuteronomio; ese parece haber sido un tiempo en el que no sólo las creencias paganas que iban en aumento fueron suprimidas, sino que la Sabiduría también se eliminó, aunque su presencia nunca se olvidó. Se abandonó la visión de Dios y de las cosas celestiales, las huestes celestes y los ángeles, se declararon impropias para el pueblo escogido, se retiró el arca y con ella la presencia de Yahvéh que ésta representaba; el papel del sumo sacerdote se modificó en cuanto que ya no era el ungido. Todas estas características del culto antiguo aparecerían más tarde con el cristianismo.[8]

Lo que Margaret Barker insinúa es que, el Nuevo Testamento y la figura de Jesús no pueden ser comprendidos sin que se reconozca que él personificó los principales elementos que habían sido eliminados de esta antigua religión, y que fue esto lo que lo puso en conflicto con las autoridades religiosas, quienes representaban la tradición de los reformistas del Deuteronomio. Aunque no menciona nada en forma explícita acerca de que la antigua fe tuviera relación con los Pitagóricos y la tradición proto-Pitagórica, como la hemos descrito, mucha de su tesis podría ser considerada en estos términos. Esto queda claro si aplicamos lo que ella dice acerca de la sabiduría, a lo que ya se ha mencionado sobre la antigua sabiduría, en especial, respecto a sus dimensiones universales. Si tiene razón al asegurar que, el objetivo principal de los reformistas del Deuteronomio fue expulsar todos los aspectos de su religión tradicional que pudieran parecerse a las religiones de los Gentiles, entonces se estaría reemplazando en efecto, una amplia, internacional y ecuménica espiritualidad por un sectarismo estrecho y chauvinista. En este caso, la sabiduría, cuya naturaleza misma era universal, hubiera tenido que ser destituida de sus verdaderas características y ser nacionalizada. Es evidente que lo lograron al volverla un sinónimo de la Ley, del Torá, negando tanto como fuera posible que era del género femenino.

Pero aun cuando la sabiduría se hizo legalista y neutral, su verdadera naturaleza siguió viviendo en la conciencia de la nación y resurgió con mayor fuerza en el siglo II a. C., en especial en la *Sabiduría de Salomón,* en la cual volvió a ser la consorte de Yahvéh, quien la amaba.

> Ella glorifica su noble nacimiento al vivir con Dios,
> pues el Señor del universo la amó.
> Está iniciada en la ciencia de Dios,
> y le guía en la elección de sus obras.
>
> (*Sabiduría,* 8:3f)

En un pasaje como éste, es posible reconocer la misma figura de la sabiduría de la que se habla en el capítulo 8 de Proverbios, aquella que descubrimos con anterioridad en la obra de la creación, como la que estaba al lado de Yahvéh, *amon*, el maestro artífice. Este reconocimiento es aún más palpable en el Libro de la Sabiduría de Salomón, Capítulo 7, en donde se le presenta como la que formó todo, "porque la que todo lo hizo, la Sabiduría, me lo enseñó". De hecho es en este capítulo, más que en ningún otro, en donde se une lo que planteó Margaret Barker con el concepto de la antigua sabiduría antes descrito, ya que ella dice:

> El poder para crear, vigilar y ordenar la creación estaba íntimamente ligado con el conocimiento de la creación. Fue este tema del poder creador lo que constituyó el meollo de la crisis de Israel en lo relacionado con la tradición de la sabiduría. Por el conocimiento de un orden natural se concedió poder sobre la creación y de esta manera, dio al hombre sabio una condición divina.[9]

La sabiduría estaba aunada al conocimiento de un orden natural. "Éstos eran los secretos que Salomón conocía, los secretos del arte de la sanación, la astronomía... y lo que es más importante, la cosmología":

> FueYahvéh quien me concedió el conocimiento verdadero de cuanto existe;

quien me dio a conocer la estructura del
mundo y las propiedades de los elementos,
el principio, el fin y el medio de los tiempos,
los cambios de los solsticios y la sucesión de
las estaciones,
los ciclos del año y la posición de los astros,
la naturaleza de los animales y los instintos de
las fieras,
el poder de los espíritus y los pensamientos
de los hombres,
las variedades de las plantas y las virtudes de
las raíces.
Cuanto está oculto y cuanto se ve, todo lo
conocí,
porque la que lo hizo todo, la Sabiduría, me lo
enseñó.

(*Sabiduría*, 7:17-21)

Aunque Margaret Barker no examina la dimensión cosmológica en detalle, este pasaje pone en claro que estamos hablando de una tradición de la Sabiduría que bien podría llamarse Pitagórica. Al especificar las estructuras del mundo, las propiedades de los elementos, los cambio de los solsticios, las estaciones del año y la posición de los astros, reconocemos la forma de pensar cosmológica de los Pitagóricos, así como lo podemos hacer al pormenorizar el conocimiento de los animales, de los seres humanos, los espíritus y las plantas curativas. También es posible advertir la determinación de Martin

Hengel al describir los temas que estudiaban los Esenios y por supuesto podemos escuchar un eco reconocible de la *disciplina* de los Druidas, como la describieron las fuentes de origen romano y alejandrino. De hecho, estamos de regreso dentro de una estructura conceptual de lo que anteriormente denominamos la tradición filosófica de la sabiduría, de la cual el sistema Pitagórico formó parte de manera muy importante.

Hemos manifestado un origen universal para esta tradición, de Egipto a Escitia, de la India a Hyperborea. Asimismo hemos planteado que la sabiduría, *chokmah* 37, no sólo es el factor primo para Apolo y Jesucristo, sino que como 37YM, también es el diámetro medio del Círculo de Sarsen y de aquí la Gran Medida y espíritu tutelar de Stonehenge III. Después de todo lo que se ha citado de Margaret Barker, ya no parece ser un absurdo o lo que sea, sostener la idea original basada en una semejanza morfológica, de que es posible que exista una relación entre los monolitos de Tel Guézer y los del noroeste de Europa, en especial el Círculo Megalítico de Callanish edificado más o menos al mismo tiempo. Entonces podemos preguntar: ¿Existe alguna otra evidencia que pueda ayudar a cambiar la idea de una mera especulación morfológica a algo un poco más substancial? Sí la hay, y está basada en el hecho de que las piedras de Tel Guézer están orientadas de Norte a Sur. Durante las excavaciones se movieron y reemplazaron, pero no cabe duda alguna acerca de su alineación original. Tal vez nunca se sabrá si en realidad fueron colocadas o no hacia el verdadero Norte, sin embargo, una simple lectura con la brújula en el sitio en donde se encuentran, confirma la opinión de R.A.S. Macalister, quien a principios de siglo afirmó que estaban alineadas en el Norte magnético.[10]

¿Por qué este hecho debería ser tan importante? Porque entre los hebreos de la antigua religión antes del Deuteronomio había una mitología referente al Norte tan fuerte y enigmática, como la de Hyperborea entre los griegos.

La palabra hebrea para "Norte" es *tsaphon* y su uso dentro del Antiguo Testamento es generalmente, directo o recto. Sin embargo, hay algunos textos que revelan un significado más complejo. Entre éstos, el que más llama la atención es "el monte de la reunión en el extremo Norte", en la visión de Isaías en la montaña de los dioses. El rey pagano se ha vuelto tan arrogante que aspira a ascender hasta los dioses:

> Tú que habías dicho en tu corazón:
> "Al cielo voy a subir,
> por encima de las estrellas de Dios
> alzaré mi trono,
> y me sentaré en el Monte de la Reunión,
> en el extremo Norte.
> Subiré a las alturas del nublado,
> me asemejaré al Altísimo". (Isaías 14:13)

Es evidente que había una montaña mitológica en el extremo Norte, en donde los dioses se reunían. Esto suena como a un Olimpo Semítico y los humanistas están de acuerdo en aceptar esta comparación. Algunos van aún más lejos y la equiparan con otras montañas sagradas del mundo antiguo.

De acuerdo con A.F. Kirkpatrick, este monte santo en el extremo Norte que corresponde al "Olimpo de los griegos, era el *Meru* de los habitantes de las Indias orientales, el *Alborg* de los persas, el *Aralu* de los asirios y de los babilónicos".[11] También se asociaba con el Monte Sión, ya que en el Salmo 48 leemos:

> Grande es Yahvéh, y muy digno de loa
> en la ciudad de nuestro Dios;
> su monte santo, de gallarda esbeltez,
> alegría de toda la Tierra;
> el Monte Sión, confin del Norte,
> ciudad es del gran Rey. (Salmo 48:2-3)

Algunos intérpretes han señalado que el "confín del Norte" no puede ser una descripción geográfica del Monte Sión, sino que más bien es una referencia mitológica asiática. Como dice H.C. Leupold: "Parece que el escritor utiliza la expresión como algo comúnmente conocido entre los Gentiles, cuyo uso implica que ellos imaginaban en sus fábulas sobre Sión que Dios en realidad habitaba ahí".[12]

¿En dónde estaba esa otra montaña sagrada del Norte, esa otra Sión mitológica, la morada de los dioses? ¿Se encontraba en el Monte *Meru* o en el *Alborg* o en el *Aralu*, o como el mismo Monte Sión, señalaban todos hacia un prototipo común mucho más al Norte? La famosa visión de Ezequiel del carro de Yahvéh nos puede dar un indicio, porque la visión misma venía no sólo del Norte, sino de un viento huracanado *del* Norte: "Y mientras miraba, vi un viento huracanado que venía del Norte, una gran nube con fuego ardiente..." (Ezequiel 1:4) La imagen de un viento fuerte del Norte tiene un sorprendente parecido con Bóreas, el viento del Norte de los griegos. Al aunar esto con la creencia de que había un Edén o paraíso en el monte de Dios (Ezequiel 28:11-16) y que se creía que en la parte Norte de los cielos había un jardín de rectitud (Enoch 77:3), empieza a surgir algo así como una versión bíblica de Hyperborea, la tierra más allá del viento del Norte, cuyos habitantes dichosos no conocían ni la discordia ni la enfermedad.

Pero esta semejanza tan sorprendente no termina aquí, porque el mismo versículo que habla de "un viento huracanado que venía del Norte", posiblemente se refiera a otra conexión, igual de fuerte, con Hyperborea. El versículo completo dice:

> Mientras miraba, he aquí que vi un viento huracanado que venía del Norte; una gran nube con fuego fulgurante y resplandores en

torno, en el medio del fuego, como si fuera bronce centelleante.

En *The White Goddess,* Robert Graves señala que la palabra hebrea traducida en el RSV como "bronce centelleante" es *hashmal* que normalmente se interpreta como "ámbar", como dice el AV. Geoffrey Ashe comenta en su libro *The Dawn Behind the Dawn*: "El ámbar, una piedra del Norte de los países Bálticos estaba relacionada, de acuerdo a algunos, con los Hyperboreans..."[13] De esto y de otros fragmentos de evidencia, Graves procede a exponer la idea de que el Apolo de los Hyperboreans y el Yahvéh de Israel eran, hasta cierto punto, el mismo.[14] Aunque parezca insólito, es innegable que había algo muy extraño acerca del *Maaseh Merkabah,* el "Trabajo de la Carroza", juzgando por la forma en que los Rabinos guardaban su secreto con tanta reserva, por lo tanto, la idea de Graves puede tener algún sentido. Yo estaría de acuerdo en que los dos Dioses están relacionados muy de cerca a través de una tradición antigua, universal y previa al Deuteronomio de la sabiduría, y también la diosa, la consorte original de Yahvéh, cuyo nombre es el factor primo para Apolo 74 (37 x 2). Ya he discutido que las tradiciones griegas y hebreas, aunque distintas una de la otra, están pese a todo, mucho más relacionadas de lo que en general se cree. He fundamentado esto al comparar sus tradiciones Pitagóricas y he llegado a la conclusión de que ambas se derivan de una fuente común proto-Pitagórica, a la que he identificado, en lo referente a su expresión griega, con una gran posibilidad de que se encuentre en la Britania megalítica antes del año 3000 a. C. Ahora bien, parece que la mitología hebrea del extremo Norte con sus conceptos del "Monte Sión en el extremo Norte" y "el viento huracanado del Norte", pueden tal vez llevarnos de regreso a la misma fuente.

Esto resulta bastante asombroso y sin embargo también es de esperarse si estamos tratando con diferentes expresiones de la misma tradición original de la sabiduría, como lo he mantenido. Suponiendo que éste fuera el caso, ¿existe alguna otra dimensión en las evidencias que pueda llevarnos hacia esta conclusión? Sí la hay, y viene de la dimensión de los astros. Regresemos a la propuesta de Santillana y Dechend que dice que "los lugares que se mencionan en el mito están en los cielos y las acciones son las de los cuerpos celestes", y si lo aplicamos a la misma Sabiduría, podemos preguntar: ¿Quién era la Sabiduría? ¿En dónde estaba su morada nórdica, a la cual se referían los centros de sabiduría del Sur? La respuesta que ya he dado es que era el Círculo de Sarsen en Stonehenge, cuyo diámetro o Gran Medida es 37 YM, el número primo de la Sabiduría. Asimismo he afirmado que, porque el número para *Chesed*, Santo, es también 37, podemos decir que el Círculo de Sarsen está dedicado a la Sabiduría Sagrada. Sin embargo, la propuesta de Santillana y de Dechend sugiere también una nueva pregunta: ¿En dónde estaba la morada celestial de la Sabiduría de la que el Círculo Sarsen es el complemento terrenal? Tal vez la hilera de piedras de Tel Guézer y por supuesto de Callanish, nos den la clave, ya que al señalar al Norte, apuntan hacia el polo de los cielos. Era parte de la mitología de todas las montañas sagradas afirmar que su cúspide tocaba o llevaba al Polo Norte celestial, alrededor del cual los astros giraban. Geoffrey Ashe dice, refiriéndose al Monte Meru:

> Meru tenía un paraíso, como el Safon cananeo, y una morada de los dioses. Arriba de su cúspide estaba el polo, y los cielos giraban alrededor de él como si fuera un pivote. Las leyendas iraníes y algunas otras describen la misma montaña. Entre los budistas se le conoce como Sumeru. Algunos afirman que tiene un templo en la cumbre. En otros relatos se dice que el templo tiene una capitel dorado que nosotros vemos como la Estrella Polar.[15]

Los Pilares, el Asherim de Tel Guézer y de Callanish, señalan hacia la Estrella Polar, pero como el Profesor Thom, con toda razón, nos hizo notar, cuando se erigieron las piedras no había estrella Polar. Entonces, ¿cómo se podía identificar el polo en sí? Por las Guardas de la Osa Mayor (dos estrellas de gran magnitud que apuntan directamente a la Estrella Polar). La Osa Mayor o Ursa Mayor es la constelación circumpolar más sobresaliente. Una vez más Geoffrey dice:

> Como dijo Filón, la Osa Mayor tiene un claro valor para la humanidad por el uso práctico que se le da para encontrar la dirección en la navegación. La palabra ártico viene de la palabra que el griego utiliza para el "Norte" y significa literalmente el lugar del Oso. Lo que es más importante, la porción de bóveda celeste que ocupa es centrípeta y es algo más que una simple área indefinida. La constelación gira alrededor de ella; las dos guardas de la Osa Mayor guían la vista hasta el centro de la bóveda celeste, una leyenda del Norte dice que pareciera que la constelación estuviera atada a la Estrella Polar. Era considerada aún más que el centro, cuando ninguna estrella aislada definía el polo. Homero hablaba de ella como si "siempre estuviera girando alrededor del mismo lugar". Sus rotaciones marcaban el centro del firmamento, su eje, el pivote sobre la montaña del mundo.[16]

Ashe apoya todo lo que se dijo acerca de la importancia astronómica y mitológica de la Osa Mayor, con una gran cantidad de referencias respecto a la posición central del número siete en el simbolismo antiguo, a través de todo lo que se conocía del mundo. Esto lo demuestra de una manera convincente diciendo que se deriva de las siete estrellas de la Osa Mayor, a las cuales está ligado de manera indisoluble. De sus extensas investigaciones sobre este tema, concluye que la Osa Mayor, no la numerología, es la fuente primaria de todos los sietes y al referirse al escritor teosófico Gerald Massey, está de acuerdo con él en que "la primera forma del número místico SIETE estaba representado en el firmamento por las Siete estrellas de gran magnitud de la Osa Mayor".[17]

Al regresar al lado Pitagórico de todo este asunto, es curioso descubrir que *Arktos*, Oso, en el Canon Menor griego es 88, el mismo número de Apollon, tekton y arithmos-Logos; mientras que He Arktos, el Oso, es 96, el mismo número de Kosmos y Ieosous, también en el Canon Menor. Tal vez nos preguntemos una vez más si es mera casualidad y si aún el hecho de volver a cualquier argumento que se base en la gematria, equivalga a enlodar las aguas. Sin embargo, es todavía más fascinante descubrir que en donde Job dijo: "Quién hizo a la Osa y a Orión" (Job 9:9) y "¿conduces a la Osa con sus crías?" (Job 38:32), la palabra hebrea, que la versión autorizada traduce como "Arcturus", es *Ash;* Ayin Shin, cuyo número en el Canon Menor es 37. ¿Por qué debería ser 37, el número para la constelación de la Osa en la gematria hebrea? y ¿por qué tendría que ser también 37, el número para *chokmah,* la sabiduría? Sin contestar directamente estas preguntas, es posible afirmar sin embargo que, como la morada celestial de la Sabiduría estaba en la Osa Mayor o Ursa Mayor y de acuerdo a las reglas convencionales de la gematria que hemos venido observando, la Osa y la sabiduría tienen el mismo número y ambas están relacionadas con el número 7.

Si éste es el caso, ¿es posible entonces asegurar que los siete pilares de la sabiduría, son las siete estrellas de la Osa Polar?

> La Sabiduría ha edificado su casa,
> ha labrado sus siete columnas.
>
> (Proverbios 9:1)

Tal parecería que es así, si nos apoyamos en los postulados de la cosmología de Pitágoras: "Como es arriba, es abajo", "como es el mayor, es el menor" y "los dioses y (las diosas) son números". Así pues, ¿sería posible deducir de estos mismos axiomas basados en la razón, que el Círculo de Sarsen en Stonehenge era una representación cósmica de las rotaciones circumpolares de la Osa Mayor? Yo creo que sí se puede y que también es válido inferir que los círculos y las piedras erguidas de la Era Megalítica, en donde quiera que se encuentren, aunque estén dedicadas a otros números y a otras deidades, pueden ser llamadas sencillamente "Los Pilares de la Sabiduría".

Todo esto parece apoyar nuestro argumento anterior de que el Jesús histórico era la personificación de la sabiduría antigua y universal que había sido reprimida por los reformadores disidentes y chauvinistas del Deuteronomio. Si el diámetro del Círculo Sarsen representa la Sabiduría Sagrada, entonces la semicircunferencia de 116 Yardas Megalíticas (YM) representa el Santo de los Santos, *Kodesh ha Kodeshim* 116, y Jesús, el Mesías, *Yehoshua Meshiach* 116. Si esta numerología geométrica tiene algún significado, entonces podemos decir con certeza que Jesús está relacionado con la sabiduría como la circunferencia de un círculo está relacionada con su diámetro. Una repercusión persistente de esto se encuentra en el número para Galilea, como GLIL, que es 37 y que simplemente significa "círculo".

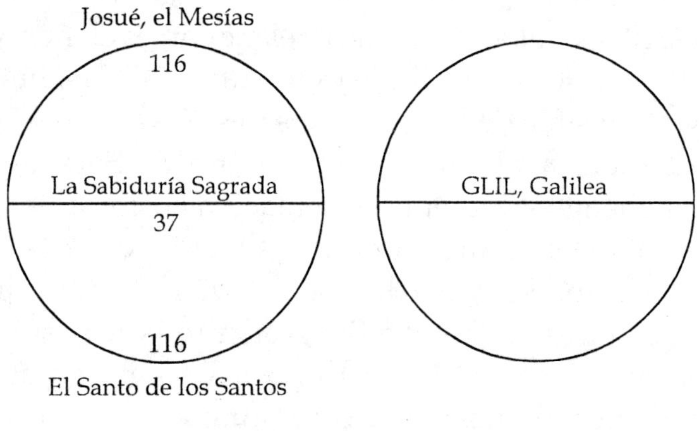

Figura 63. La Sabiduría Sagrada y los Círculos Glil-Galilea

Desde esta perspectiva, es posible entender lo que William Blake quiso decir cuando preguntó: ¿Fue la antigua Britania la Sede Original de la Religión Patriarcal? La respuesta que le tendríamos que dar es afirmativa en el entendimiento de que los Druidas fueron los herederos y guardianes de la tradición proto-Pitagórica de la Britania megalítica, que bien pudo haber sido la fuente, o una de las fuentes tanto de la sabiduría hebrea, como de la griega. De esta forma, bien se podría aceptar la posibilidad de que los ancestros de los judíos pudieron "derivar su origen de Abraham, Heber, Sem y Noé, quienes eran druidas..." También es posible que estemos de acuerdo con el testimonio que cita Blake para asegurar esto, ya que nos dice más adelante "...como los Templos Druidas (que son los Pilares Patriarcales y los Huertos de Roble) de los que toda la Tierra puede testimoniar en nuestros días". Aquí, tendríamos que permanecer agnósticos respecto a "toda la Tierra" y concentrarnos sólo en Israel. De igual forma, tendríamos que substituir Matriarcal por Patriarcal, porque, como se ha visto, los Pilares eran consagrados a las diosas, o por lo menos aYahvéh y su consorte. Pero teniendo en mente estas advertencias, en realidad es posible interpretar a Blake en los términos que se han presentado anteriormente.

Pero, ¿qué sucede con los Huertos de Robles? Queda claro que hasta ahora hemos estado hablando de círculos de piedra y de hileras de piedras, pero no de árboles. Los Druidas practicaban su culto en huertos, no en círculos de piedra, entonces, ¿cómo puede haber una conexión? Tal vez la respuesta pueda encontrarse en la hipótesis de que aun cuando los druidas no construyeran monumentos de piedra, sin embargo pudieran haberlos utilizado para sus ya conocidas observaciones cosmológicas y astronómicas. No obstante, existe la posibilidad de que su culto y sus estudios generales los realizaran en huertas y bosques aislados. De cualquier modo, la continuidad de la tradición entre las culturas de la Edad de Piedra (Periodo Neolítico) y la de Hierro, como se planteó antes, llevaría a suponer que los monumentos de piedra pudieron haber precedido a los de madera. A este respecto es curioso que las investigaciones de Margaret Baker nos lleven en esta dirección, porque nos dice que se suponía que el *Asherah*, el símbolo de la diosa, con frecuencia se hacía de madera y aún más, que era en sí un huerto:

> El *Asherah* debe haber sido algo que representaba a alguna diosa. Es posible que fuera algo hecho de madera, tal vez un árbol o la representación de un árbol, ya que podía ser plantado (Deuteronomio 16:21. El *Asherah* era construido cerca o debajo de un árbol (1Reyes 14:23; 2Reyes 17:16). La LXX (Septuaginta) traducía la palabra o como "árbol" como en Isaías 17:8 y 27:9 o con más frecuencia como "cipo" en 1Reyes 16:33, en donde Ajab hizo un *cipo*. La tradición judía que se registró en el Mishnah indica que un *Asherah* podía ser un árbol sagrado o un árbol bajo el cual estaba un ídolo.[18]

Todo parece justificar la afirmación de Blake en cuanto a que el Asherah y el Asherim eran semejantes a, si no es que provenientes de, los huertos de cedro druidas de la antigua Britania. Tan es así que de hecho, gracias a Margaret Barker, podría resultar difícil hacer sentido a todas estas sorprendentes semejanzas en alguna otra forma.

19

El Trono de Zafiro

William Blake invitó a cenar a los profetas Isaías y Ezequiel. Durante tan extraordinaria ocasión, supuestamente clarividente y profética, el último lo instruyó en la supremacía del genio poético:

> Entonces Ezequiel dijo... nosotros, los de Israel, enseñamos que el Genio Poético (como tú ahora lo llamas) fue el primer principio y todos los demás sólo se derivaron de éste que fue la causa de nuestro desprecio por los Sacerdotes y los Filósofos de otros países, y de profetizar que por fin se probaría que todos los Dioses se originaron en los nuestros y estaban subordinados al Genio Poético.[1]

Aunque Blake fue el único personaje Romántico que tuvo el privilegio de tener acceso al profeta de manera audiovisual, el verdadero Libro de Ezequiel del Antiguo Testamento logró cautivar a los literatos británicos de finales del siglo XVIII, ya que fue muy leído y considerado de mucha inspiración. Brian Hepworth en su obra *The Rise of Romanticism, Essential Tests,* lo califica junto con John Locke, George Berkeley, Joseph Addison y William Collins, como un libro de gran influencia en el cambio de una comprensión y sensibilidad clásica a una bíblica, en especial en lo que se refiere a la noción de "lo sublime", tan importante en esa época. A Ezequiel se le consideraba el más excelso de todos los profetas hebreos porque era impetuoso, vehemente y apocalíptico, y por lo mismo causaba la sensación de una mayor "consternación placentera" y admiración temerosa. Hepworth llega hasta asegurar que su presencia en la literatura del siglo XVIII, proporciona una descripción casi completa de la trayectoria de la imaginación creativa. Nos explica:

> Desde el inicio, la luz engalanada simbolizaba la iluminación del infinito, un concepto con igual influencia en el lenguaje alegórico y poético, que en cualquiera que se derivara de la *Óptica* de Newton. Para Burnet, "el Trono Zafirino" significaba "el Óvulo Terrenal", un mundo más elevado que el nuestro, actual y finito. Para Joseph Spence, su visión, paralela a la profecía de Homero, era *"un orientalismo",*

> la representación de una revolución inspirada en una confusión de la luz en el firmamento.[2]

Es evidente por éstas y otras referencias como la de Young en *Night Thoughts,* la de Smart en *A Song to David,* y la de Blake en *The Four Zoas,* que no todos los escritos de Ezequiel reflejaron tanta inspiración como el primer capítulo, el que Hepworth cita en su totalidad. Ésta es la famosa visión del "Carro de Yahvéh" con todo el esplendor de su lenguaje alegórico, en donde la piedra de zafiro en forma de trono era sin lugar a dudas lo más impresionante. Por ejemplo, William Collins en su obra *Ode on the Poetical Character,* describió al Creador cuando colocaba la Musa de la Poesía junto a él "en el trono zafirino"; Thomas Gray, en su libro, *The Progress of Poesy,* habló del "trono viviente, el esplendor zafirino"; y Wadsworth en *The Excursion* vio un gran trono que parecía salir de una montaña nebulosa que giraba como un torbellino:

> Justo en el centro, en donde aparecía el
> intersticio de un lugar abierto, un objeto
> como un trono bajo un pabellón refulgente
> permaneció fijo, y se podían ver
> representaciones inmóviles de utensilios
> comunes, pero de un tamaño enorme,
> glorificados substancialmente; tal como
> fueron contempladas en forma de visión por
> los Profetas hebreos; formas misteriosas de

extraordinaria supremacía para poder admirarse con temor reverente.

¿Cuál fue la realidad detrás de la visión de Ezequiel que parecío tan importante para éstos y otros trabajos de gran influencia Romántica tales como el de Keats, *Hyperion* y el de Macpherson, *Ossian*?

Algunas referencias correspondientes al Antiguo Testamento indican que fueron diseñadas de acuerdo al modelo de la experiencia que tuvo Moisés cuando recibió las tablas de La Ley en el Monte Sinaí:

> Moisés subió con Aarón, Nadab y Abihú y setenta de los ancianos de Israel; a sus pies había como un suelo de zafiro tan puro como el mismo cielo. (Éxodo 24:9-10)

El origen o derivación del Sinaí se confirma con otra referencia igualmente clara, relacionada con el fuego:

> El rostro de la gloria del Señor aparecía a la vista de los hijos de Israel como fuego devorador sobre la cumbre del monte.

Parecería que Ezequiel se había remontado seiscientos años en su imaginación y estaba experimentando de nuevo la vivencia de la gran manifestación divina a Moisés que se había vuelto paradigmática para las gentes de Israel. ¿Acaso se había ido en forma retrospectiva al prototipo de experiencia de la que Moisés en el Sinaí había sido una expresión posterior? Tal pregunta no tendría sentido si no fuera por la evidencia presentada en el último capítulo, la cual indicaba que la situación geográfica del Monte Sinaí así como la del Monte Sión, bien pudieron haberse considerado una expresión histórica meridional de la montaña mitológica de los Dioses, ubicada al Norte. También debe considerarse que toda la visión de Ezequiel se refiere a "un viento huracanado proveniente del Norte" y que en el centro de la visión, vio una figura a la vez divina y humana, a la que le salía de lo que podía ser su cintura algo que no era de "bronce brillante" sino de ámbar, la piedra preciosa del Noroeste de Europa que era sagrada para Apolo, mas no para Yahvéh.

Puesto que parece haber cierta solidez en estas referencias relativas a la región nórdica en cuanto a que llevan a la posibilidad de que en última instancia, la montaña sagrada del lejano Norte pudiera haber sido el etéreo Polo Norte y que la morada celestial de *chokmah*, la sabiduría, pudo haber sido la constelación circumpolar de la Osa Mayor, ¿podríamos preguntarnos si la visión de Ezequiel estaría describiendo una experiencia en esencia relacionada con el Norte? Esta pregunta también no tendría fundamento a no ser porque de alguna forma, las descripciones de la aurora boreal y las luces del Norte que Harald Falck-Ytter hace en su obra *Aurora*, presentan semejanzas impresionantes con lo que el profeta percibió. A lo mejor esto parecería una sugerencia improbable y sin embargo, las similitudes son tan marcadas, que vale la pena examinarlas en detalle.

Aquellos que han vivido la experiencia tan impactante de contemplar las manifestaciones luminosas polares en lo alto del firmamento nocturno, siempre quedan plenos de admiración y sorpresa ante esta maravilla. Fridtjof Nansen, un explorador noruego del ártico es un ejemplo de esto y en 1904, cuando desde su barco rodeado por el hielo escribía su obra *Fram*, dijo:

> Esta tarde subí a cubierta con el ánimo bastante melancólico, pero me quedé absorto desde el momento en que salí. Era algo sobrenatural — ¡las luces del Norte centellaban con fuerza sobre un firmamento de incomparable belleza, con el esplendor de todos los colores del arco iris en pleno! Pocas veces o más bien nunca había visto una gama de colores tan brillantes. Al principio dominaba el amarillo, pero de forma gradual fue oscilando hacia el verde; después, un rutilante rojo rubí empezó a asomarse en la parte baja del arco. Enseguida apareció desde el lejano horizonte occidental, una como serpiente enardecida que parecía

> contorsionarse en el firmamento, resplandeciendo cada vez más y más mientras se acercaba. Se fraccionó en tres y todas centelleaban refulgentes para luego cambiar de colores. La serpiente que apuntaba al Sur se volvió roja como un rubí con manchas amarillas; la del centro se tornó amarilla y la que apuntaba al Norte, tomó la tonalidad de un blanco verdoso. Un haz de rayos recorría a los lados de las serpientes como empujados a través de ondas etéreas, igual que como sucede antes de una borrasca. Las serpientes parecían oscilar de atrás hacia delante, ya con fuerza, ya debilitándose, hasta que alcanzaron y rebasaron su cenit. Aunque yo llevaba ropa ligera y estaba temblando de frío, no pude apartarme hasta que el espectáculo terminó... Más tarde, cuando regresé a cubierta, las luces multicolores se habían desplazado hacia el Norte y se habían esparcido formando arcos incompletos sobre el firmamento. Si uno quisiera encontrar significados místicos en los fenómenos de la naturaleza, aquí, sin lugar a dudas, se hallaría una excelente oportunidad.[3]

Nansen observó que los colores que predominaban, es decir, primero el amarillo, después el verde y al final el rojo rubí, en particular traerían a nuestra memoria los colores de los semáforos, y por lo mismo, ¡evocaríamos más bien un color ámbar que un amarillo! Pero lo más interesante es que Nansen habla de un haz de rayos luminosos "que se movían como empujados a través de las ondas etéreas, de la misma manera que como sucede antes de una borrasca". Una teoría científica reciente explica la aurora polar como la descarga electromagnética que proviene de la emanación misteriosa del Sol conocida como viento solar. De aquí pudo originarse "el viento huracanado proveniente del Norte" que describe Ezequiel. Él también menciona la aparición de arcos incompletos. ¿Sería posible que estos fueran las ruedas, y las ruedas dentro de las ruedas del "carro" de Ezequiel?

> Miré entonces a los seres y vi que había una rueda en el suelo al lado de ellos, de los cuatro. El aspecto de las ruedas era como el brillo del crisólito. Tenían las cuatro la misma forma y parecían dispuestas como si estuviera una rueda dentro de la otra. (Ezequiel 1:15)

Nansen comienza por llamar a la aurora "sobrenatural" y termina sugiriendo que tiene "significados místicos". Se puede decir entonces, que él invita a que se interprete la visión de Ezequiel en estos términos. Esto se refuerza cuando nos damos cuenta de que la clave de su dimensión cósmica se da en la descripción de los cuatro seres vivientes, en especial sus cuatro caras. Después del versículo que habla del "bronce pulido" como ámbar, Ezequiel continúa:

Una ilustración danesa del siglo XVIII trató de representar esta visión.

Figura 64. Ilustraciones de un bosquejo de la Aurora, 1745

> En el centro aparecía la figura de cuatro seres, con forma humana, pero cada uno tenía cuatro caras... En cuanto al aspecto de sus caras, de frente era la cara de un hombre, pero la cara derecha era la de un león, la de la izquierda la de un toro y los cuatro tenían la cara de un águila en la parte trasera. Así eran sus caras.
>
> (Ezequiel 1:5, 10)

Aunque con toda probabilidad esta descripción provenga de una alegoría de las imágenes del Querubín del Templo de Salomón, estos cuatro seres simbolizan indiscutiblemente los cuatro elementos: el Aire (el hombre), el Fuego (el león), la Tierra (el toro) y el Agua (el águila); y también los cuatro signos fijos del zodiaco: Acuario (el hombre), Leo (el león), Tauro (el toro) y Escorpión (el águila, el símbolo elevado).

Puesto que los cuatro signos fijos representaban también a las cuatro direcciones y las cuatro estaciones, eran tomadas con frecuencia en la cosmología antigua como una forma abreviada de todo el zodiaco. Por lo mismo, como tienen significados cósmicos tan claros, es lógico suponer que el resto de la visión puede entenderse en términos cósmicos.

Si aceptamos que los cuatro seres vivientes en realidad representan los cuatro signos fijos del zodiaco y por consiguiente de todo el zodiaco, entonces podemos suponer que definen la totalidad de la bóveda celeste. Esto quedaría centrado en el Polo Norte del firmamento. Como tales, serían algo así como las costillas de una caja torácica de forma oval y en específico, serían como las divisiones fijas de la bóveda celeste, aunque no tendrían movimiento. Pero en la visión, los seres están en continuo movimiento, volando con sus alas, "podían avanzar en cuatro direcciones; donde el Espíritu les hacía ir, allí iban sin volver la esplada". ¿Cómo puede explicarse esta contradicción? ¿Cómo podían moverse los signos del zodiaco? Tal vez se nos esté diciendo que *parecían* moverse, que todo el firmamento *parecía* tener vida, vivificado con el Fuego y las luces de colores. Esto concordaría con una de las primeras teorías científicas importantes elaborada por Jean de Mairan (1678-1771), que indica que la aurora se originó en una "ignición de la luz zodiacal en la extensa atmósfera de la Tierra".[4] Esta luz zodiacal se puede ver con claridad en la eclíptica fuera de la atmósfera terrestre.

Pero son los detalles de la descripción de Ezequiel en cuanto a la forma en que se movían los cuatro seres vivientes, los que parecen relatos de primera mano de las luces del Norte. Él dice que en medio de los seres "se veían como brasas ardientes, como antorchas que se agitaban de acá para allá". (Ezequiel 1:13) "Estas antorchas que se desplazaban de lado a lado" entre los signos del zodiaco, se parecen mucho a las luces que se movían con rapidez y a la llama ardiente que se describe en la leyenda noruega *The King's Mirror*:

> La aurora también se asemeja a saetas punzantes que se disparan desde esta llama hacia el firmamento; éstas son de altura desigual y están en constante movimiento, primero una, después otra, lanzándose cada vez a mayor altura; y la luz parece resplandecer como una llama ardiente.[5]

Todos aquellos que realmente han visto las luces del Norte o aurora boreal, describen esta especie de saetas que se lanzan y las comparan a unos "carbones incandescentes, como si fueran antorchas que se mueven de un lado a otro". En su ensayo "The Ancient Mariner", Coleridge describe un despliegue de la aurora, en este caso de las luces del Sur. El movimiento de sus "banderines de fuego" es muy semejante a las antorchas de Ezequiel:

> El aire de la región etérea estalló con vida
> y cien banderines de fuego resplandecieron;
> de un lado a otro se movían apresurados de
> acá para allá y de dentro hacia fuera, las
> gráciles estrellas bailaban entre ellos. (307-311)

Ezequiel encuentra dificultad para poder enfatizar esta característica de movimiento como de saetas, ya que en el siguiente versículo repite: "Los cuatro seres iban y venían, lo mismo que el relámpago". (Ezequiel 1:14) También redunda respecto a la referencia que hace del relámpago, que una vez más es propia de las descripciones de la aurora. Por ejemplo, en uno de los relatos más antiguos de China, el término relámpago se utiliza como una metáfora de las luces del Norte. Estas analogías descriptivas pueden aplicarse también a la aparición de un arco iris. En 1874, Karl Weyprecht, un investigador científico del ártico, dio una reseña muy amplia de Franz Joseph Land, en la que describe franjas "de los colores del arco iris" y de "colores prismáticos",[6] como dijo Ezequiel: "Vi algo así como fuego refulgente que producía un resplandor en torno; semejante al arco iris que aparece en las nubes en un día de lluvia; tal era el fulgor que desprendía". (Ezeq. 1:28)

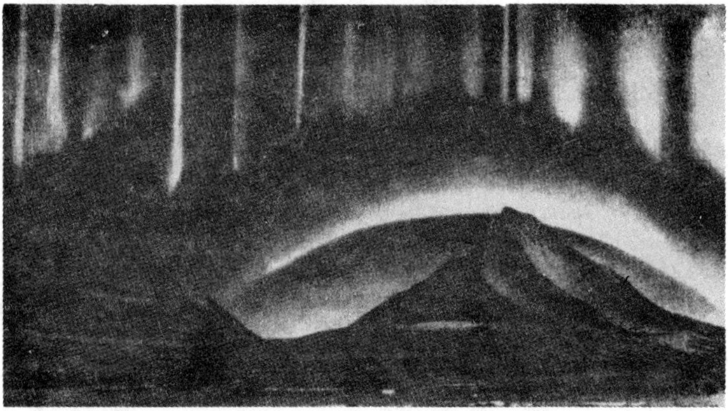

Figura 65. Las flamas lanzadas por la Aurora

El único punto débil en esta comparación es el elemento del sonido. Ezequiel dice que el ruido que producían las alas de los cuatro seres vivientes era "un ruido semejante al de un río caudaloso, o a la voz de Šadday, el trueno del Todopoderoso, o también al estruendo de un ejército". (Ezeq. 1:24). Esto contrasta de manera abrupta con el sonido del silencio que envuelve a las emanaciones nórdicas, mientras en lo alto se produce el despliegue de fuegos artificiales cósmicos. Sin embargo, se han escuchado algunos sonidos y también se han presentado testimonios de sonidos psíquicos internos:

> Numerosas leyendas, especialmente algunas de los habitantes de las indias orientales, de los esquimales y de los naturales de Laponia, así como relatos más recientes, narran cómo la aurora boreal o las luces del Norte, están acompañadas con frecuencia de sonidos suaves pero claros. Son como una especie de silbidos, crujidos o resonancias agudas... Este fenómeno acústico concomitante, puede tener en gran medida, una explicación psicológica: el despliegue de luces y colores tan intenso y grandioso, también puede evocar sonidos en la psique y en el oído del que lo observa. Son subjetivos y sólo se pueden escuchar internamente. Sin embargo, una parte de las múltiples descripciones señalan también hacia un fenómeno exterior objetivo.[7]

Eso basta en cuanto al epifenómeno de Ezequiel, todo el cual, excluyendo tal vez el sonido, ostenta una semejanza sorprendente con los relatos de las luces del Norte o aurora boreal. Ahora entremos al punto central, el corazón de la visión que se describe como "una figura con apariencia humana". (Ezequiel 1:26) Aquí regresaremos al bronce brillante o ámbar y al trono de zafiro:

> Encima de la cabeza de los cuatro seres había una bóveda. Y sobre ésta se veía como una piedra de zafiro en forma de Trono, y, erguida sobre él, una figura semejante a un hombre... Un fulgor como bronce brillante, algo así como si fuera ámbar, que parecía fuego, lo rodeaba todo en derredor. De lo que podía ser su cintura hacia arriba y hacia abajo, vi algo así como fuego refulgente que producía un resplandor en torno a él. (Ezequiel 1:26f)

¿Quién era este ser celestial? ¿A quién vio Ezequiel en el trono de zafiro? ¿Acaso fue una quimera, un espectro semejante a las caras que se forman en las nubes? ¿No por ventura fue sólo cierta configuración de las formas y colores de la aurora, que por un momento apareció asemejarse a un hombre en un trono? En los pasajes de los relatos modernos que se citaron con anterioridad, nos hemos topado con ciertos esquemas y movimientos que se describieron como serpientes, arco iris y arcos. Más aún, Ezequiel no dejó de repetir una y otra vez que él no vio realmente un trono sino sólo algo "que parecía un trono", que no era de zafiro, sino que sólo tenía "la apariencia de un zafiro". Tampoco vio una forma humana sino algo que tenía "el aspecto de una figura humana". Nótese el doble calificativo de "apariencia" y de "aspecto". Apenas pudo calificar lo que vio en realidad, más bien admitió que no eran más que simples figuras en el firmamento. Con todo, parece como si quisiera tratar de precisar lo que intenta comunicar, que no vio la cintura, sólo algo que "podía ser". Tampoco vio ámbar sino sólo algo que "era como" ámbar, ni vio fuego alrededor sino "algo así como un fuego" que rodeaba todo alrededor. Por lo tanto, a pesar de la fuerza de sus imágenes y de su lenguaje alegórico, existe un buen grado de falta de veracidad y solidez en todo lo que percibe. Nunca es el objeto en sí mismo sino sólo como era la apariencia de éste. Si en el lenguaje moderno, alguien tratara de utilizar de forma continua la frase "como si fuera" para describir lo que trata de decir, pensaríamos que tendría un problema de comunicación y trataríamos de ofrecerle alguna forma compasiva de ayuda. ¿Estaba Ezequiel en un estado de tensión psicológica o trataba de describir con sinceridad lo inenarrable?

En un afán de suponer esto último de manera generosa, podríamos hacer una reflexión importante en cuanto a los elementos esenciales; es decir que el ámbar, el fuego y la figura de apariencia humana no eran en principio inherentemente diferentes de los otros elementos esenciales de la visión. La única disimilitud era la forma. Así, el ser, quienquiera que fuera, estaba hecho de ámbar y fuego, del mismo modo que los otros aspectos de la visión estaban hechos de fuego, cristal, arco iris, etc. En otras palabras, él era un ser de luz, hecho de la misma materia insubstancial como todos los epifenómenos que lo rodeaban. Como tal, podría describirse como el

Espíritu de la aurora boreal, el Espectro de las luces nórdicas.

Es innegable que muchas tribus del Norte tenían mitologías que representaban a este ser. Para los indígenas canadienses de alrededor de Ottawa, era un ser llamado el semidiós Nanahboozho; para el siberiano Chuvasch, era el dios Suratan-Tura; y para los amerindios de la parte noroeste del Pacífico, era el Jefe de las Luces Nórdicas. Pero lo que más despierta la curiosidad desde la perspectiva de este estudio, es lo que Harald Falck Yttter afirma cuando dice que para los griegos este ser era Apolo y que estaba relacionado con la Tierra de Hyperborea:

> Los griegos también sabían de gente legendaria que habitaba en el Norte de Europa. Ellos hablaban de los Hyperboreans. El nombre significa más allá del Norte (el viento del Norte). Los Indígenas y los Esquimales los describieron como personas del lejano Norte que habitaban en el mundo de la aurora y que vivían en una tierra fértil, soleada y templada, liberados del peso del destino terrenal... Cuando llegaba el invierno a Grecia, el dios Sol, Apolo, se iba a donde estaban los habitantes del lejano Norte en la tierra de Hyperborea.[8]

Falck-Ytter dice que aquí hay un enigma. ¿Por qué el dios Sol, que representa la luz, tendría que irse a la oscuridad y el frío de la noche polar nórdica?

Aunque no hace ninguna referencia a Ezequiel ni al ser celestial de color ámbar sentado en el trono de zafiro, su respuesta concuerda a la perfección con la interpretación de la aurora boreal de la visión del profeta:

> En las tradiciones de los antiguos clarividentes y en los centros secretos de las religiones de la antigüedad, los griegos y sus iniciados no veían como el hombre moderno, sólo la oscuridad externa; ni tampoco sentían únicamente el frío físico del Norte terrenal. Ellos experimentaron cómo esta parte de la Tierra está impregnada de fuerzas de luz extrasensoriales y de una oculta actividad de calor. Junto con la luz solar externa, estas energías eran un elemento esencial del ser de Apolo. En el reino de Hyperborea, dicha luz extrasensorial se transformaba en iluminación visible, en el calor oculto que estaba en el flujo externo de los colores de la aurora.

Falck Ytter concluye: "Por lo tanto era una secuencia de eventos que se percibían de manera espiritual en esa región de la Tierra, cuando veían a Apolo durante la estación obscura, en donde las fuerzas solares extrasensoriales empezaban apenas a aparecer hacia el exterior en la aurora boreal".[9]

Esta descripción de Apolo como el Espíritu "extrasensorial" es realmente extraordinaria, a tal grado que es difícil dudar que lo que vio Ezequiel en el trono zafirino era un ser como Apolo. Aunque parezca sorprendente, en esta identificación existe una objeción sería: este espectro de Apolo se manifestaba en el Norte, en Hyperborea, pero no en el Sur, en Israel. No se nos dijo que Ezequial fuera al Norte, así que ¿cómo era posible que viese las luces nórdicas? Con toda probabilidad la respuesta yace en el recuento de que también se veían, aunque en muy pocas ocasiones, en tierras Mediterráneas y eran identificadas como venidas del Norte. Por ejemplo, Plutarco las observó entre los años 349 y 344 a. C. y en su *Meterologia* escribió: "En una noche clara se pueden ver numerosos fenómenos de la naturaleza que toman la forma de grietas y canales en colores de un tono rojo como la sangre". Aristóteles también las vio y trató de explicarlas desde un punto de vista científico. De igual manera, Séneca (4 a. C. - 65 d. C.) en su obra *Naturales Questiones* (1,14,1), nos dice:

> Hay varias clases de estos fenómenos de la naturaleza que se pueden observar. Se pueden ver los *bothyni* (abismos): una gran brecha en el firmamento, como un agujero cavado dentro un círculo dentro de una corona que lo circunda. Están los *pithai* (toneles): una masa redonda enorme como un barril que arde en un solo lugar, del que salen como disparos. Existen los *chasmata* (grietas): una parte del firmamento

se estabiliza y haciendo una abertura, por así decirlo, que arroja llamas.[10]

Si las luces del Norte fueron vistas en raras ocasiones tan al Sur como en Roma y Grecia, entonces es muy posible que se hubieran podido ver a unas doscientas millas hacia el Sur, en el Levante (nombre que se dio a los países del litoral oriental del Mediterráneo). De hecho, la originalidad de su espectáculo hubiera ayudado grandemente a su poder para evocar un sentido de teofanía. Por lo tanto, es muy posible que esto fuera lo que vio Ezequiel. ¿Acaso significa que el ser que él vio en el trono de zafiro era algo más que una configuración imaginaria de las luces del Norte?

El que este ser fuera de color ámbar de la cintura para arriba, sugeriría que simbolizaba a Apolo y, como nos ilustró Falck-Ytter, Apolo fue visto por los griegos en, o como las fuerzas solares extrasensoriales de la aurora. ¿Esto significa que en efecto él hubiera visto a Apolo? Una propuesta tan radical nos regresa a Robert Graves, quien afirmó que Apolo era primo de Yahvéh. Tal posibilidad tendría que ser admitida y ciertamente explicaría por qué la gematria de los nombres divinos embonan, tanto en el griego como en el hebreo, respecto a las medidas simbólicas de Stonehenge y la numerología de la Osa Polar. Esto confirmaría la propuesta hecha con anterioridad de que tanto las tradiciones griegas como las hebreas provenían de una fuente proto-Pitagórica que puede ser identificada como la antigua Britania megalítica.

¿Significaría que Apolo y Yahvéh son el mismo? Es probable que no.Tal vez primos, pero uno y el mismo, no. Sus números son diferentes y como "los dioses son números" la deducción es que sus características reflejan esa diferencia. Yahvéh como 26 tiene al 13 como su número primo, el cual lo vincula con El y Yah 15(15 x √3 = 26). Por otra parte, Apolo como 74 tiene al 37 como su número primo, y por lo mismo, como ya lo hemos visto, está relacionado con *chokmah*, sabiduría 37, y con Jesús 888 (37 x 24). Estos tres, Apolo, Sabiduría y Jesús ya se habían vinculado con el Norte, así que ¿cuál es nuevo elemento que por su correlación ha penetrado en nuestro intelecto a través del descubrimiento de que la visión de Ezequiel era la presencia de Apolo en medio del despliegue de las luces del Norte? ¿Qué lo integra a lo que ya se ha afirmado respecto a Jesús como la personificación de la antigua sabiduría, como el nuevo Pitágoras y el nuevo Apolo de los Hyperboreans?

La respuesta yace en el hecho de que después de Ezequiel, Daniel tuvo casi la misma visión en el siglo II a. C., pero esta vez, la figura confusa de Apolo en el trono de zafiro se volvió nítida, "venía como el Hijo de hombre" (Daniel 7:13); de igual forma les sucedió a otros durante los dos siglos anteriores a Jesús, en especial a un escritor apocalíptico llamado Enoch. Después se presentó con Jesús mismo, quien específicamente se identificó con esta figura del Hijo del Hombre. En otras palabras, la figura de la aurora de Apolo fue remplazada por la figura del Hijo del Hombre. Esto ya se había dado a entender en la genealogía numérica de Apolo como 37 x 2 proveniente de la sabiduría 37 y Jesús como 37 x 24 derivado de Apolo. Así que, ¿existe algún discernimiento realmente nuevo que pueda ofrecer la afirmación del vínculo entre esta visión de la aurora y el concepto del Hijo del Hombre? Sí lo hay, y tiene que ver con lo que se conoce como "La Ascensión", o exaltación, la cual era lo que llamaríamos en nuestros días, una experiencia fuera del cuerpo, en la que el rey o el profeta ascendía en su cuerpo astral a la montaña de los dioses, se sentaba en el trono divino y adquiría la sabiduría divina. Esta sabiduría se relacionaba con el aprendizaje de los secretos del universo. Margaret Barker explica:

> "Visión" y "exaltación" son palabras sumamente significativas, en especial si la exaltación significa "elevarse" en un sentido más amplio que el que se confiere a una condición social alta. Existen muchos ejemplos en el antiguo Cercano Oriente de figuras de la realeza que fueron elevados o llevados hasta la presencia de sus dioses... Por ejemplo, Emenduranki, el legendario séptimo rey de Babilonia, quien fue llamado a la presencia de los dioses para aprender los secretos de la

> creación y las técnicas adivinatorias, que se convirtieron después en propiedad exclusiva de los reyes... Tales figuras de ascensión eran bastante comunes... En la India, en el sudeste de Asia y en China existía el culto a los reyes que volaban o se elevaban.[11]

Más adelante, Margaret Barker compara a estos reyes que se elevaban con las figuras de los chamanes, quienes siempre parecen haber formado parte de la experiencia universal de la humanidad. Barker continúa con la descripción de su función y de su iniciación:

> La jornada celestial reforzó la creencia de que el mundo ordinario de la existencia humana y el mundo superior de su mitología, en algún tiempo estuvieron en armonía, la cual fue destruida por la acción de las fuerzas del mal. El chamán tenía que ahuyentar a estas fuerzas y así restaurar la armonía cósmica. Como resultado de su iniciación, tenían poderes que intensificaban su visión y su oído; el chamán podía penetrar con su vista en la misma naturaleza de las cosas y comprender los procesos de la vida misma. De esta manera se convertía en curandero. La forma más común para inducir la experiencia de una ascensión o elevación era por medio del ayuno, aligerar el cuerpo para que el alma pudiera volar, y una

> vez que la figura del chamán había ascendido a los lugares celestiales y conocía los secretos de la creación, disfrutaba de una vida que ya había pasado por la muerte y se convertía en un ser de otro mundo.[12]

Como Margaret Barker, Geoffrey Ashe, tiene mucho que decirnos acerca del chamanismo y afirma que existe en nuestros días, en ciertas partes del mundo. En Siberia, es evidente que todavía es parte importante de la vida comunal religiosa. También hace una observación que resulta trascendental, ya que dice que el chamán escala un poste o árbol que lo lleva hacia el reino celestial:

> La característica principal del universo del chamán es el centro cósmico, un enlace o eje que conecta la Tierra, el cielo y el infierno. Con frecuencia es representado como un árbol o un poste que se sostiene en el firmamento. Un chamán en estado de trance puede viajar fuera de su cuerpo de una región a la otra; le es posible subir hacia los cielos o seguir la ruta descendente. Al hacer esto puede encontrarse con los dioses y consultarlos.[13]

Este poste, eje o árbol, es de hecho el eje central del cosmos del que hablamos en nuestra exposición sobre las montañas sagradas de Meru, Olimpo, Alborg y Aralu, entre las que el Monte Sión y por supuesto el Monte Sinaí eran también ejemplos. Ya definimos que éstas estaban vinculadas a un prototipo del Norte que bien pudo haber estado relacionado con Stonehenge o con algunos otros lugares megalíticos, pero que en última instancia, se le identificaba como el Polo Norte celestial. Éste parece ser el mismo polo, o *axis mundi*, por el que el chamán subía o más bien volaba en su cuerpo astral, hacia el consejo de los dioses. Si agregamos esto a lo que Margaret Barker dice, entonces la deducción es que Ezequiel, Daniel, Enoch y Moisés en el Sinaí, no sólo practicaban el chamanismo y tenían experiencias fuera del cuerpo que les permitía ascender hasta la presencia divina, sino que también se podía hacer por la vía del *axis mundi* (eje del mundo), subiendo hasta el polo celestial, más allá de la fantasmagoría de las luces nórdicas y a través del orificio en el ápex de la esfera celeste, al que San Juan llama en el Apocalipsis la "puerta abierta en el cielo". (Apocalipsis 4:1)

La inferencia inequívoca es también que Jesús era el supremo iniciado de esta experiencia. Margaret Barker en *The Lost Prophet,* asegura que ésta era la razón por la que se llamaba a sí mismo el Hijo del Hombre. No sólo había experimentado la ascensión sino también había hecho el descenso como ser celestial; él apareció primero como la aurora boreal resplandeciente de Apolo y fue manifestándose gradualmente como Josué, el Ungido, y como Jesús, el Cristo. Tanto Ezequiel, como Daniel y Enoch hicieron el ascenso y después descendieron, pero fue sólo Jesús quien primero descendió y después ascendió porque era el ser celestial así como la encarnación terrenal. Éste es el significado de: "El que bajó, es el mismo que subió por encima de todos los cielos, para llenarlo todo". (Efesios 4:10) Jesús había estado ahí, estaba ahí y estaría ahí, y ésta era su identidad como el Hijo del Hombre. Es por eso que cuando el Sumo Sacerdote le preguntó: "¿Eres tú el Cristo, el Hijo del Bendito?" Jesús respondió "Sí, yo soy y veréis al Hijo del Hombre sentado a la diestra del Poder y venir entre las nubes del cielo" (Marcos 14:6l). De nuevo, Margaret Barker, cita el Evangelio según San Juan:

> Jesús había estado en la presencia de Dios y habla de lo que había oído y visto ahí: "En verdad, en verdad os digo: nosotros hablamos de lo que sabemos y damos testimonio de lo que hemos visto". (Juan 3:11); "el que viene de arriba está por encima de todos; el que es de la Tierra, es de la Tierra y habla de la Tierra; el que viene del cielo está por encima de todos" (Juan 3:31); "y si juzgo, mi juicio es válido, porque no estoy yo solo, sino yo y el que me ha enviado" (Juan:16); "lo que le he oído a Él, es lo que hablo al mundo" (Juan 8:26); porque yo no he hablado por mi cuenta sino que el Padre que me ha enviado, me ha mandado lo que tengo que decir y hablar". (Juan 12:49)[14]

¿Y qué sucede con todos los números que se han esparcido en forma tal vez desordenada a través de todo este estudio? ¿Tienen alguna importancia, o acaso la tradición del chamanismo, la ascensión astral, están desligadas de toda nuestra gematria? La respuesta podría ser que los números son muy importantes y son esenciales para la conciencia del chaman. De hecho, tal parece que determinan con qué dios o diosa va a hablar el chaman ya que representan las estaciones de la jornada celestial. Es claro que es importante saber el número de la estación de tu dios, de otra manera podrías encontrarte con el dios equivocado porque los dioses son definitivamente números. La explicación que a este respecto nos proporciona Geoffrey Ashe llega bastante lejos, al confirmar la teoría que se presentó con anterioridad en cuanto a que los círculos de piedra, ejemplificados de manera suprema en Stonehenge, fueron diseñados para englobar los atributos de estos números por medio de patrones geométricos asociados con cada uno de ellos:

> Siempre existe un factor numérico. El chaman sube a través de un número fijo de etapas, o desciende a través de un número establecido de fases infernales. Su número clave puede estar representado en su vestuario, por ejemplo, puede llevar algunas campanas como parte de éste. El número clave varía de chamán a chaman y de tribu a tribu... En un típico

> descenso Altáico hacia el mundo inferior, el chaman baja a través de siete niveles para encontrarse con Erlik Khan, el señor de los infiernos o del otro mundo, quien tiene siete hijos y siete hijas.[15]

Si esto es así, no es de extrañarse descubrir que a Pitágoras, el padre de la numerología en Occidente, se le asociara con el chamanismo. Esto se demuestra por sus reuniones de sanación y de bilocación; con la fundación de una comunidad mística que admitía a mujeres, una práctica del chamanismo más que del helenismo; y por la leyenda que nos dice que amansó a un oso. Esto último lo vincula con el Norte y en realidad, con el Apolo de los Hyperboreans, de quien, como ya lo hemos visto, se creía que era la encarnación. Mircea Eliade en su obra *Shamanism*, llegó a afirmar que los pocos personajes de la leyenda griega que se consideran chamanes, están relacionados con Apolo. Todos vienen del Norte, incluyendo a Abaris:

> Y se dice que fue del Norte, de la tierra de los Hyperboreans, el país de origen de Apolo, que vinieron a Grecia. Por ejemplo, uno de ellos fue Abaris. "Llevando en su mano la lanza de oro, prueba de su origen y vínculo con Apolo y su misión, pasó por muchas tierras expulsando las enfermedades y las pestes por medio de sacrificios de índole

> mágica, y alertando a la gente respecto a terremotos y otros desastres". (Erwin Rohde, *Psyche, the Cult of Souls and Belief in Immortality among the Greeks*, London, 1925 p.300). Una leyenda posterior lo describe volando por el aire sobre su lanza, como Musaeus. La lanza, que tenía un papel de cierta importancia en la mitología y la religión Escita, es símbolo del vuelo mágico.[16]

Una vez más de improviso, nos han llevado de regreso al tema que se trató en el capítulo "Apolo de los Hyperborians": la relación entre los proto-griegos y los proto-Pitagóricos en Hyperborea, que como ya lo asentamos pudo haber sido la antigua Britania.

Esta vez el vínculo es a través del chamanismo. ¿Será que por eso los primeros Románticos consideraron la visión de Ezequiel tan estimulante? ¿Acaso la experiencia de la ascensión de Ezequiel fue de cierto modo la de un chaman? ¿Se referiría Blake a lo mismo cuando escribió "traigan mi Carro de Fuego?" Aunque su referencia es específicamente de Elías (Reyes 2, 2:11) y no de Ezequiel, Elías era otro profeta de la misma tradición. Su ascenso al cielo en un carro de fuego, con caballos de fuego, en medio de un torbellino, fue tan espectacular que su sucesor, Eliseo, clamó: "¡Padre mío, Padre mío! ¡Carro y caballos de Israel! ¡Auriga suyo!".

¿Qué eran los "carros de Israel"? ¿Vehículos para que los chamanes iniciados ascendieran? ¿Tenían "la apariencia" de flamas rojas y ardientes, porque casi eran literalmente llamaradas solares lanzadas a la Tierra desde la aurora boreal? Esta interpretación tiene muchas posibilidades ya que existen tradiciones escritas por Falck Ytter, en las que se cree que las luces del Norte podían bajar hasta la Tierra. Por ejemplo, un indígena del lejano noroeste de Canadá recordaba:

> Cuando era niño, la gente consideraba a las luces nórdicas como mensajeros de nuestros espíritus. También decían que algunos hombres y mujeres podían hacer bajar las luces del Norte y obligarlas a obedecer sus mandatos. Sólo tienes que caminar afuera, frotarte las manos y silbar para que las luces del Norte bajen y canten y bailen para ti. Cuando fui un hombre joven, una vez lo intenté y funcionó.[17]

También existen algunos relatos más confiables respecto a la aurora boreal, en donde se dicen que no sólo descendía a la Tierra sino que también envolvía la cima de las montañas. ¿Fue éste el origen del Consejo de dioses del lejano Norte, los cuales bajaban para reunirse con los reyes, los profetas, los videntes y los chamanes que permanecían sentados en la cumbre de sus montañas sagradas? Dorothy

Ray relató una experiencia como ésta en Alaska en el mes de agosto de 1958:

> Una noche a finales de agosto, la cordillera de Brooks en Alaska, presentaba un resplandor tan brillante debido al fenómeno de la aurora, que parecía como si estuviera amaneciendo. Después de pasar dos años en el Norte, aprendí a mirar con ecuanimidad estos despliegues de luces deslumbrantes, pero este resplandor era diferente a los demás, tanto, como una hamburguesa con respecto a un T-bone. La aurora acababa de lograr lo imposible. Había bajado para reunirse con la Tierra a unos cuantos kilómetros de donde yo estaba. La cima de la montaña más alta de esta región, con una altura de casi 9,000 pies (2,700 metros) de rocas verticales, estaba sumergida por completo entre la bruma de la aurora polar.[18]

Dorothy relata que ella creía que era sólo una ilusión óptica, un espejismo; pero el fenómeno permaneció ahí sobre la montaña por más de 20 minutos, asentándose en la cúspide de cuando en cuando, con una precisión extraña, "lo que presencié era imposible según la ciencia".

Ahora bien, para completar esta interpretación Pitagórica de chamanes y de auroras, relacionada con Ezequiel, Daniel, Enoch y Jesús, es preciso que del macrocosmo volviéramos a aterrizar al microcosmo. ¿Qué equivalente microcósmico de todo esto podría servir en la vida de un individuo? Aparte de todos los números simbólicos que hemos examinado en relación con los alfabetos numérico-geométricos, existe una dimensión de experiencia subjetiva que parece confirmar todo lo que hasta ahora sólo nos ha parecido objetiva. Esto proviene de la interpretación de los sueños a través de la cual, Carl Jung se convenció de que los números eran inteligencias que podían trabajar de manera eficaz tanto en la psique interior como en el mundo exterior. Los números aparecieron de forma tan sistemática en los sueños de sus pacientes, que él llegó a la conclusión de que tenían una existencia independiente del conocimiento que nosotros tenemos de ellos:

> Tal parece que los números enteros son como los individuos y que poseen propiedades que no pueden explicarse bajo la suposición de que son unidades múltiples. Es evidente que la idea de que los números se inventaron para poder contar es absurda, ya que no son preexistentes al juicio o dictamen, sino que poseen propiedades que han sido descubiertas sólo en el transcurso de los siglos y supuestamente poseen algunas otras características que saldrán a la luz en el desarrollo futuro de las matemáticas.[19]

Figura 66. Aurora Polar en la Montaña

Jung también nos proporciona una interpretación microcósmica muy ilustrativa respecto a la Osa Mayor, ya que ésta se ha presentado también en los sueños. A la luz de todo lo que se ha dicho con anterioridad, resulta bastante fascinante que él se refiera a esta constelación tanto como "al carro" como "al propio yo".

> El "Carro" en el firmamento, el Carro de David, la Osa Mayor o el Carro Mayor de Charles...

> señalan al Polo celeste, que tiene un gran significado en la historia de los símbolos. Es un modelo de la estructura del "yo interior".[20]

Tal parecería entonces, que en realidad existe un equivalente microcósmico con relación a la visión macrocósmica que ya se ha descrito, y que se observa y experimenta en la vida interior de la psique del individuo. Que esto sea verdad podría confirmarse al relacionarlo con la ascensión misma del chaman, ya que muchas personas que han estado al borde de la muerte relatan cómo es que dejaron su cuerpo físico y viajaron fuera del cuerpo a lugares lejanos. Algunos dicen que se encontraron con un Ser de Luz que a veces han identificado como Jesús. En otras ocasiones han ascendido a los cielos y desde el espacio exterior vieron la ciudad Celestial, la Nueva Jerusalén, de la cual tuvo una experiencia semejante el apóstol San Juan, tal como lo escribió en el Libro del Apocalipsis. Una de estas personas fue George Ritchie, quien en su libro *Return from Tomorrow*, nos cuenta con detalles cómo Jesús lo guió en esa jornada:

> Después vi infinitamente a lo lejos, demasiado distante para poder identificar con cualquier clase de visión que yo conocía... una ciudad. Era resplandeciente y en apariencia interminable, con el brillo suficiente como para que pudiera ser vista sobre toda la inimaginable

> distancia que estaba de por medio. El resplandor parecía salir de las mismas paredes y calles de ese lugar, así como de seres que parecían moverse de acá para allá dentro de esa zona. De hecho, la ciudad y todo lo que había en ella, parecían estar hechos de luz; hasta la Figura que estaba a mi lado estaba hecha de luz. En aquel entonces yo todavía no había leído el Libro del Apocalipsis.[21]

Como los números de Jung y "el Carro" de la Osa Mayor, Goerge Ritchie se percató de la Ciudad Celestial en su experiencia fuera del cuerpo como si tuviera una existencia independiente de su propio conocimiento. La vivió como una realidad, una verdad objetiva dentro del estado consciente, profundo y subjetivo de su mente incorpórea. Del mismo modo, sintió de manera simultánea objetiva y subjetiva, que Jesús estaba ahí como "la Figura a su lado"; un ser de Luz a quien describió como "un Hombre hecho de luz, aunque esto no pareciera más creíble para mi mente que la inverosímil intensidad luminosa que constituía su Forma".

La vivencia de George Ritchie ha sido una de las más importantes de nuestros días, porque fue su testimonio lo que impulsó a Raymond Moody a comenzar la investigación que, en 1975, hizo posible la publicación del libro *Life after Life* (Vida después de la Vida).[22] Esta obra coadyuvó a efectuar una revolucionaria revalorización y aceptación del concepto de la vida después de la muerte, en el ya de por sí escéptico mundo occidental. Su experiencia vivencial también cobra importancia por su conclusión, ya que confirma desde el plano astral y etéreo, la descripción del Jesús a la que hemos llegado a través de nuestras investigaciones un tanto más prosaicas, porque este ser que le salió al encuentro como "Un Hombre hecho de Luz", cuya forma se constituía de "una inverosímil intensidad luminosa",[23] ostenta una extraordinaria semejanza con el ser de Ezequiel en el trono de zafiro, que tenía forma humana pero parecía "como si estuviera" envuelta por fuego y que "un resplandor la circundaba".

Concluiré diciendo que es muy probable que ésta sea la verdadera identidad del ser que inspiró a los escritores del Romanticismo, a las visiones bíblicas del Hijo del Hombre y a todos los personajes que ya hemos mencionado -Josué, el Ungido, La Sabiduría, el maestro artesano, y Jesús, el Gran Artífice. También es muy factible que sea la auténtica identidad del joven, hijo de María, quien fue a la antigua Britania con su "tío" José de Arimatea, para regresar a la fuente de ese divino flujo de conocimiento que originalmente había venido del Norte; del ser que tuvo que volver en su cuerpo físico a la Tierra por cuyas verdes montañas había transitado en su cuerpo etéreo muchos eones antes; del individuo que tuvo que retornar al Norte en donde su semblante Apolíneo había resplandecido durante siglos en el esplendor de la aurora; de aquel que tuvo que emprender la jornada física al Norte geográfico para proseguir la marcha como chaman hacia el Norte celestial y hacia el trono de Dios, porque "el que bajó, es el mismo que subió por encima de todos los cielos, para llenarlo todo".

Referencias

Capítulo 1

1. Thomas p.35
2. Chadwick, Henry p. 63
3. Gougaud p.20
4. Thomas p.44
5. Hardinge pp.1f
6. Barley and Hanson p.38
7. Tertullian p.87
8. Thomas p.43
9. Origen p.162
10. Thomas p. 43
11. Moorman pp.3f
12. Collinwood and Myres p.270
13. Clement p.8
14. Irenaeus I,10
15. Foster p.16
16. Eusebius p.130
17. Gildas p.20
18. Deansley p.4
19. McNeill p.16
20. Ashe, *Arthur's Avalon*, p.37
21. Usher p.54
22. Dorotheus of Tyre, p.479
23. Isidore of Seville, col. 152
24. Ashe, *Arthur's Avalon*, p.40
25. McNeill p.16
26. McNeill p.18
27. Deansley p.13

Capítulo 2

1. Moorman p.3
2. Collingwood and Myres, p.270
3. Thomas p.42
4. Scott, John p.43
5. Giles p.21
6. Treharne p.36
7. Treharne p.116
8. Treharne p.119
9. Treharne p.119
10. Treharne pp.128f
11. Deansley pp.12f
12. Deansley p.14
13. Martin 1517
14. Usher 1639
15. Ashe, *Arthur's Avalon*, p.47
16. Ashe, *Arthur's Avalon*, p.45
17. Ashe, *Arthur's Avalon*, p.45
18. Spelman p.5

Capítulo 3

1. Treharne p.116
2. Ashe, *Avalonian Quest*, p.145
3. Ashe, *Avalonian Quest*, p.149
4. Ashe, *Avalonian Quest*, p.149
5. Ashe, *Avalonian Quest*, p.149
6. Ashe, Mythology p.252
7. Gransden p.252

8. Carley pp.1-15
9. Pagels p.22
10. Eisenman and Wise pp.1-16

Capítulo 4

1. Ashe, *Arthur's Avalon*, p.301
2. Penhallurick p.142
3. Penhallurick pp.123-130
4. Dobson, Illustration
5. Caesar *De Bello Gallico* VI,13
6. Crawford p.53
7. Baring-Gould p.57
8. Spelman p.5
9. Dobson pp.24f
10. Dobson p.26
11. Dobson p.27
12. Ashe, *Avalonian Quest*, p.147
13. Ashe, *Avalonian Quest*, p.147
14. Ashe, *Avalonian Quest*, p.147
15. Dobson p.27
16. Lewis, H.A. p.17
17. Dobson, p.28
18. Lewis, H.A. p.10
19. Dobson, Illustration
20. Dobson p.34
21. Dobson p.34
22. Dobson pp.35-38
23. Dobson p.37
24. Dobson p.37
25. Ashe, *Arthur's Avalon*, p.302
26. Piggott p.162

Capítulo 5

1. Piggott p.163
2. Piggott p.164
3. Morgan p.67
4. Piggott p.164
5. Morgan p.73
6. Piggott p.165
7. Piggott pp.165-168
8. Kendrick p.27
9. Piggott p.159
10. Piggott p.10
11. Piggott p.20
12. Piggott p.9
13. Piggott p.23
14. Piggott p.114
15. Piggott p.95
16. Piggott p.96
17. Piggott p.96
18. Piggott p.117

Capítulo 6

1. Chadwick, Nora p. vii
2. Chadwick, Nora p.11
3. Piggott p.98
4. Chadwick, Nora p.65
5. Chadwick, Nora p.93
6. Hyppolytus I, xxv
7. Kendrick p.107
8. Chadwick, Nora pp.101f
9. Piggott p.117
10. Ellis p.233
11. Ellis p.233
12. Caesar *De Bello Gallico*, VI,14
13. Chadwick, Nora pp.101
14. Clement, *Stromata* I,XV,70,1
15. Clement, *Stromata* I,XV,71,3
16. Chadwick, Nora p.64
17. Mackie p.228
18. Wood p.30
19. Wood p.32
20. Thom, *Megalithic Sites*, p.3
21. Atkinson p.51
22. Atkinson p.51
23. Burl, *Stone Circles*, p.40

24. Burl, *Stone Circles*, p.42
25. Burl, *Stone Circles*, p.38
26. Burl, *Stone Circles*, p.39
27. Burl, *Avebury*, p.152
28. Chippindale p. 230
29. Heggie p.221
30. Heggie p.224
31. Heggie p.224
32. Heggie p.230
33. Heggie p.230
34. Hutton pp.113f
35. Mackie p.228
36. Mackie p.229

Capítulo 7

1. Philip pp.185-99
2. Aristotle 985, b 23-6
3. Fideler, *Pythagorean*, p.19
4. Fideler, *Pythagorean*, p.93
5. Aristotle 985, b 31-986, a 3
6. Fideler, *Pythagorean*, p.60
7. Fideler, *Pythagorean*, p.124
8. Fideler, *Pythagorean*, p.140
9. Philip p.3
10. Philip p.191
11. James, Jamie, *Music*m p.21
12. McLeish, *Number*, p.79
13. Neugebauer, p.93 and p.36
14. Tompkins, pp.186-87
15. Clement, *Stromata* I, xv, 71,3
16. Philip, p.188
17. Caesar, *Conquest of Gaul* VI, 13
18. McClain, *Myth of Invariance* and *Pythagorean Plato*
19. Copleston, Vol. I, p.37.
20. Butler, p.37
21. Ehrhardt p.44
22. Colson and Whitaker, p.13
23. Butler, p.24
24. Butler, p.24
25. Hopper p.73
26. Proclus, L 14,8
27. Butler, p.49
28. Butler, p.49
29. Butler, p.49
30. Butler, p.49
31. Butler, p.51

Capítulo 8

1. Weil, p.151
2. Weil, p.155
3. Weil, p.152
4. Weil, p.152
5. Weil, p.58
6. Weil, pp.157f
7. Weil, pp.159f
8. Weil, p.157
9. Weil, p.171
10. Weil, p.160
11. Weil, p.161
12. Weil, p.195 (*Ver también*, Plumer, p.314; Geldenhuys, p.344; Marshall, p.507; Goulder, p.525)
13. Bligh Bond and Simcox Lea, *Gematria*, p.16
14. Welburn, p.3
15. Welburn, p.98 and Smith, *The Secret Gospel*, p.15
16. Welburn, p.99
17. Welburn, p.25

Capítulo 9

1. Bligh Bond and Simcox Lea, *Apostolic Gnosis I*, p.27

2. Bligh Bond and Simcox Lea, *Apostolic Gnosis I*, p.37
3. Pagels, p.27
4. Eliade, *Encyclopaedia,* Vol.14, p.407 "Tertullian"
5. *Encyclopaedia Judaica,* Vol. 7, p. 370
6. *Encyclopaedia Judaica,* Vol. 7, p. 370-372
7. Bligh Bond and Simcox Lea, *Gematria,* p.3
8. Bligh Bond and Simcox Lea, *Gematria,* p.3
9. Crowley, *Equinox*, Vol. I, No. 5, p.2
10. Michell, *City of Revelation,* p.7
11. James, John, p.108
12. Sendrey p.69
13. Bligh Bond and Simcox Lea, *Gematria,* p.95
14. Bligh Bond and Simcox Lea, *Gematria,* p.95
15. Crossan
16. Vermes, *Jesus the Jew*
17. Mack
18. Lawlor, p.48 (*Ver también,* Huntley, Divine Proportion)
19. Bouleau, pp.74-76
20. Bligh Bond and Simcox Lea, *Apostolic Gnosis I*, p.24
21. Bligh Bond and Simcox Lea, *Apostolic Gnosis I*, p.24
22. Bligh Bond and Simcox Lea, *Apostolic Gnosis I*, p.27

Capítulo 10

1. Strachan, Chapter 2
2. Michell, *City of Revelation,* p.60
3. Michell, *City of Revelation,* p.68
4. Tompkins, pp.195f
5. Smith, *Jesus the Magician*, p.48

Capítulo 11

1. Liddell and Scott, p.797
2. Justin Martyr, Dialogue 88
3. Origen, *Against Celsus* 6:36
4. Guelich Vol 34 A, p.310; Branscomb p.100; Anderson p.159; Arindt and Gringrich p.816
5. Buchanan, p.178
6. Vernes, *Jesus the Jew*, p.21
7. Bligh Bond and Simcox Lea, *Gematria,* p.2
8. Case pp.16-19
9. Case, p.19
10. Case, p.21
11. Case, p.18
12. Patey, "Carpenter", p.254
13. Patey, "Carpenter", p.255
14. Patey, "Jesus", p.565
15. Patey, "Jesus", p.571
16. Patey, "Jesus", p.568
17. Vitrivius, Book III, Chap. I, p.74
18. Vitrivius, Book III, Chap. I, p.75
19. Doczi, pp.106-8
20. Brandon, and Eisenman and Wise
21. Fideler, *Jesus Christ,* Chap 3
22. Meyers and Netzer, p.11

Capítulo 12

1. Hengel, p.250
2. Hengel, p.210
3. Hengel, pp.228f
4. Hengel, p.229
5. Hengel, p.230

6. Hengel, p.232
7. Hengel, p.236
8. Hengel, p.238
9. Hengel, p.241
10. Hengel, p.243
11. Hengel, p.211
12. Hengel, p.243
13. Hengel, p.244
14. Hengel, p.245
15. Hengel, p.246
16. Hengel, p.247
17. Dupont-Sommer, p.39
18. Cook, p.133
19. Vermes, *Dead Sea*, p. xxv
20. Vermes, *Dead Sea*, p. xxv
21. VanderKam, p.92
22. VanderKam, p.160
23. VanderKam, p.161
24. VanderKam, p.162
25. Baigent and Leigh
26. Freedman and Greenfield, p.77
27. Betz and Riesner, p.137
28. Betz and Riesner, p.146
29. Pixner, p.79
30. Pixner, pp.73f
31. Betz and Riesner, p.151
32. Pixner, pp.76f
33. Betz and Riesner, p.152
34. Yadin, pp.86-96
35. Betz and Riesner, p.153
36. Thiede and D'Ancona
37. Betz and Riesner, p.155

Capítulo 13

1. Rad, p.152
2. Kidner, p.81
3. Oersterley, p.64
4. Cohen, p.50
5. Jones, p.102
6. Scott, RBY pp.68-72
7. Farmer, p.55
8. Hengel p.162
9. Hengel, pp. 162f
10. Hengel pp. 162f
11. Wilken p.108
12. Baumgartner, p.19 (*ver también,* RBY Scott, p.23)
13. Diogenes Laertius, *Vitae,* Introduction, I
14. Clement, Stromata, I, xv, 70,1

Capítulo 14

1. Jenkins
2. Boyer and Merchbach, p.62
3. Morgan, Donn F. p.112
4. Bligh Bond and Simcox Lea, Apostolic Gnosis I, *p.26*
5. Bligh Bond and Simcox Lea, Apostolic Gnosis II, *p.109*
6. Bligh Bond and Simcox Lea, Apostolic Gnosis II, *p.115*
7. Fideler, *Jesus Christ,* Chapter 4
8. Lawlor, p.35
9. Lawlor, pp.33f
10. Bradgon p.71
11. Bligh Bond and Simcox Lea, Gematria, *p.99*
12. Bligh Bond and Simcox Lea, Gematria, *p.101*

Capítulo 15

1. Michell, *View*, pp.128f
2. Roberts, Chapters 6-8
3. Michell, *View*, Chapter 5 (ver también Michell, *New Light*, Part II)
4. Michell, *View*, p.123

5. Michell, *City*, Chapter 8
6. Michell, *City*, p.54

Capítulo 16
1. Thom, *Megalithic Remains*, p.144
2. Thom, *Megalithic Remains*, p.146
3. Heath, p.36
4. Thom, *Lunar Observatories*, p.5
5. Chippindale, p.230
6. Thom, A.S., p.281
7. Thom, *Megalithic Sites*, pp.68-71
8. Cooper, p.179
9. Thom, A.S., pp.281-282
10. Thom, *Megalithic Remains*, p.18
11. Thom, *Megalithic Rings*, pp.300-302
12. Critchlow, *Time*, p.40
13. Thom, *Megalithic Remains*, p. 18
14. Critchlow, *Time*, p. 42

Capítulo 17
1. Philip, p.156
2. Piggott, p.93
3. Rutherford, *Celtic*, p.126
4. Ashe, *Mythology*, p.129
5. Graves, *Greek Myths*, Vol. I, p.80
6. Rutherford, *Celtic*, p.127
7. Diodorus Siculus, Book II, 46.4-47.1 p.37
8. Diodorus Siculus, Book II, 46.4-47.1 p.39
9. Diodorus Siculus, Book II, 46.4-47.1 p.39
10. Ashe, *Ancient Wisdom*, p.132
11. Chapman
12. Fideler, *Pithagorean*, p.80
13. Fideler, *Pithagorean*, p.80
14. Fideler, *Pithagorean*, p.128
15. Midonick, pp.71-73
16. Rutherford, *Pythagoras*, p.52
17. Diodorus Siculus, Book II, 46.4-47.1 p.41
18. Santillana and Dechend, Front cover flap
19. Rutherford, *Pythagoras*, p.124
20. Heath, p.18
21. Yadin, pp.84-86
22. Tame, pp.249-250
23. Diodorus Siculus, Book II, 46.4-47.1 p.39

Capítulo 18
1. Graesser, pp.34-63
2. Thom, *Stone Rows* II, pp.411-12
3. Dever, p.70
4. Graesser, p.35
5. Barker, *Angel*, p.21
6. Barker, *Angel*, p.21
7. Barker, *Angel*, p.57
8. Barker, *Angel*, p.15
9. Barker, *Angel*, p.63
10. Macalister, Vol. II, p.385
11. Kirkpatrick, p.264
12. Leupold, p.375
13. Ashe, *Dawn*, p.156
14. Graves, *White Goddess*, p.414
15. Ashe, *Ancient Wisdom*, p.95
16. Ashe, *Ancient Wisdom*, p.121
17. Ashe, *Ancient Wisdom*, p.124
18. Barker, *Angel*, p.55

Capítulo 19
1. Kazan, p.256
2. Hepworth, "Ezequiel"
3. Falk-Ytter, p.12
4. Falk-Ytter, p.53

5. Falk-Ytter, p.49
6. Falk-Ytter, p.26
7. Falk-Ytter, p.31
8. Falk-Ytter, p.40
9. Falk-Ytter, p.40
10. Falk-Ytter, p.46
11. Barker, *Angel*, p.39
12. Barker, *Angel*, p.39
13. Ashe, *Ancient Wisdom*, p.144
14. Barker, *Prophet*, p.57 (*Ver también*, Collins y Fishbane)
15. Ashe, *Ancient Wisdom*, p.144
16. Eliade, *Shamanism*, p.338
17. Falck Ytter, p.35
18. Falck Ytter, p.30
19. Jung, p.328
20. Ashe, *Ancient Wisdom*, p.125
21. Ritchie, p.72
22. Moody, Dedication (*Ver también*, Lorimer)
23. Ritchie, p.48

TÍTULOS DE ESTA COLECCIÓN

Adivinación y Magia del Antiguo Egipto. *E. L. Harris*
Ángeles. Cómo Invocarlos y Contactarlos. *Mark T. Halen*
Ángeles Compañeros Mágicos. *Silver Raven Wolf*
Ángeles Protectores Invisibles. *C. W. Leadbeater*
Cambios de la Tierra. Destino del Hombre. *M. Pogacnik*
Canción de Arturo. *John Matthews*
Cosmología Egipcia. *Moustafa Gadalla*
Descubre la Luz y Misión que Llevas Dentro. *M. Blachelanny*
El Camino de la Virtud. *James Vollbracht*
El Camino Místico y la Búsqueda del Rey Arturo. *D. Bryce*
El Kybalión. Tres Iniciados
El Libro Completo de las Pirámides. *Moustafa Gadalla*
El Libro de los Sacramentos. *E. J. Gold*
El Poder de los Lugares. *James A. Swan*
El Retrato del Maestro. *James F. Twyman*
El Secreto del Discípulo Amado. *James F. Twyman*
El Sendero de los Ángeles. *Isabelle Padovani*
Encuentros con la Virgen. *Adela Amado*
En la Compañía de los Ángeles. *David Lawson*
Evangelio de Quetzalcóatl. *Frank Díaz*
Jesús. El Maestro Constructor. *Gordon Strachan*
La Enseñanza Oculta de Jesús. *Ramiro A. Calle*
La Sagrada Magia de los Ángeles. *David Goddard*
La Torre de la Alquimia. *David Goddard*
Las Verdaderas Enseñanzas y Parábolas de Buda. *R. A. Calle*
Los Ángeles. *Nadine y Daniel Briez*
Los Ángeles sí Existen. *Louis Gerard Boleaux*
Los Evangelios. Claves e Interpretación. *R. A. Calle*
Los Grandes Iniciados. *Eduardo Schure*
Los Grandes Maestros de la Sabiduría. *J. G. Bennett*
Más Allá de la Muerte. *David Hyatt*
Muchos Caminos Una Verdad. *Carole Addlestone*
Oración de Paz. *James F. Twyman*
Tiernas Historias de los Beanie Babies. *Pam Knapp*
Tut-Ankh-Amen. La Imagen Viviente del Señor. *M. Gadalla*

Impreso en Offset Libra

Francisco I. Madero 31

San Miguel Iztacalco,

México, D.F.